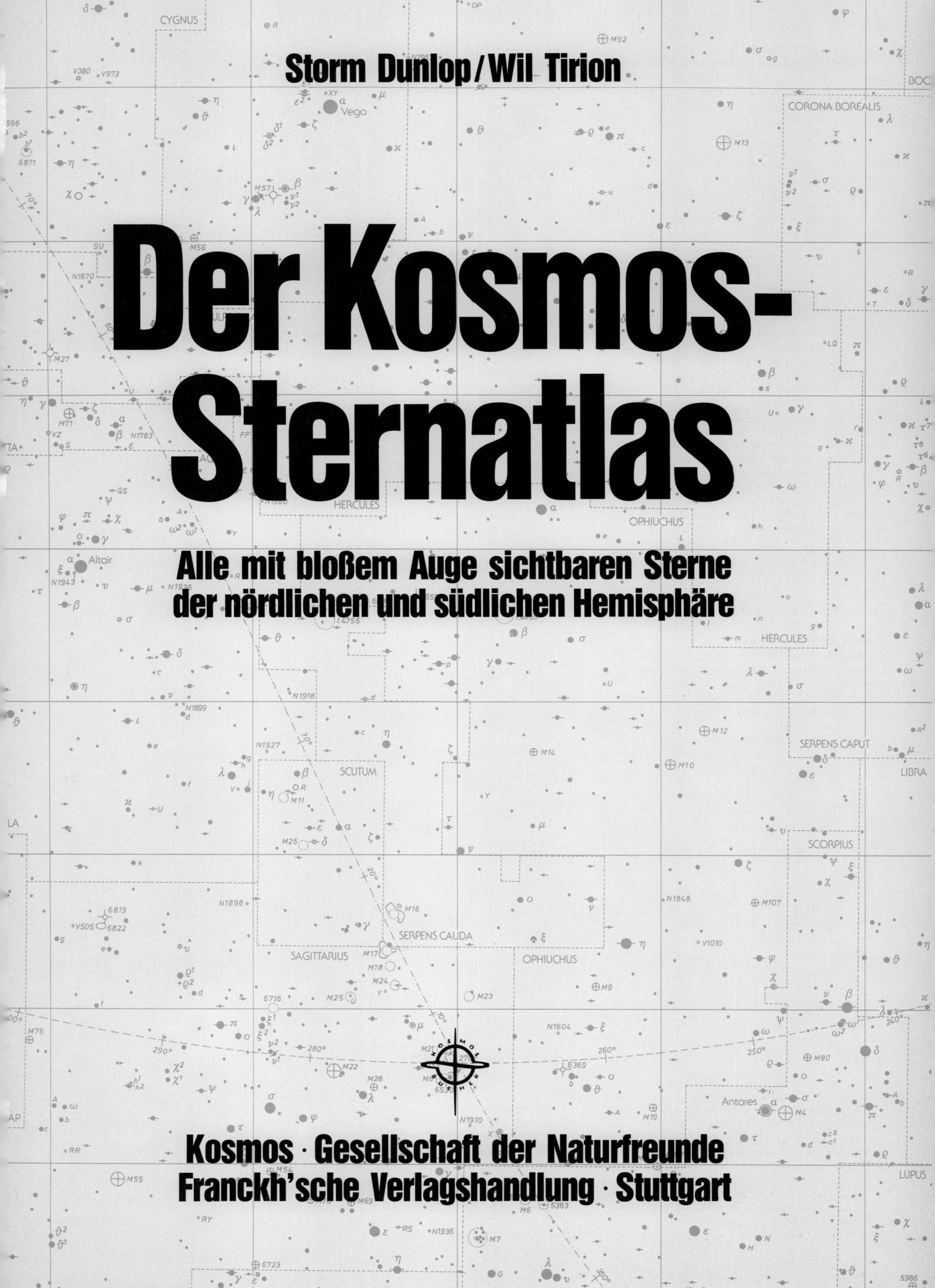

Storm Dunlop / Wil Tirion

Der Kosmos-Sternatlas

Alle mit bloßem Auge sichtbaren Sterne der nördlichen und südlichen Hemisphäre

Kosmos · Gesellschaft der Naturfreunde
Franckh'sche Verlagshandlung · Stuttgart

Aus dem Englischen übersetzt und bearbeitet von Rhea Lüst
Titel der Originalausgabe „Atlas of the night sky", erschienen bei Newnes
Books, Feltham, 1984 unter ISBN 0 600 35113 0
© 1984, Newnes Books, a Division of the Hamlyn Publishing Group Limited
Mit 9 Farbfotos, 9 Schwarzweißfotos, 28 z.T. mehrfarbigen Zeichnungen,
14 Sternkarten, 88 Sternbildkarten.

Einbandgestaltung von Edgar Dambacher unter Verwendung zweier Sternkarten
von Wil Tirion

Illustrationen:
Sternkarten für das Äquinoktium / die Epoche 2000.0, Seiten 12—33 Wil Tirion;
Sternbildkarten S. 24—67 und Zeichnungen S. 4, 5, 6, 7, 68 (Mitte rechts),
69, 70, 71, 74, 77 (unten links) Oxford Illustrators Ltd.;
Mondkarte S. 72—73 und Zeichnungen S. 75—76, 77 (unten rechts),
79 Tom Mac Arthur;
Zeichnung des Jupiter (S. 77 Mitte) mit freundlicher Genehmigung
von Dr. R. J. Mc Kim, Peterborough;
Zeichnung der Sonnenflecken (S. 68 Mitte links) Harold Hill, Wigan, Lancashire.
Die Wiedergabe der Sternbild-Zeichnungen wurde dem Concise Guide in
Colour: Constellations von Josef Klepesta und Antonin Rükl entnommen.
Die Planetenörter-Diagramme auf den Seiten 75 und 76 wurden nach den
Originaldiagrammen von Antonin Rükl (veröffentlicht im Amateur Astronomer,
Octopus books, Copyright Artia) angefertigt.

Fotonachweis:
W. Cobley, Cleethorpes — 69 oben rechts, unten links; Peter Gill — 5; Hale
Observatories — California Institute of Technology and Carnegie Institute of
Washington — 9; Hale Observatories — Charles T. Kowal — 11 Mitte; Hale
Observatories, Pasadena, California — 11 oben; Lick Observatory University
of California — 70; Royal Astronomical Society — Royal Greenwich Observatory
— 68; Royal Observatory, Edinburgh — 10; Science Photo Library — Ronald
E. Royer — 79; D. A. R. Simmons, Glasgow — 69 oben links, unten rechts;
University of Arizona, Tucson — Stephen Larson — 78.

CIP-Kurztitelaufnahme der Deutschen Bibliothek

Dunlop, Storm:
Der Kosmos-Sternatlas : alle mit bloßem Auge
sichtbaren Sterne d. nördl. u. südl. Hemisphäre /
Storm Dunlop ; Wil Tirion. [Aus d. Engl. übers. u.
bearb. von Rhea Lüst]. — Stuttgart : Franckh, 1985. —
  Einheitssacht.: Atlas of the night sky ⟨dt.⟩
  ISBN 3-440-05562-0
NE: Tirion, Wil:; Lüst, Rhea [Bearb.]

Der Kosmos-Sternatlas

Einführung – Koordinatensystem am Himmel

Astronomen müssen genaue Positionen der Objekte am Himmel angeben
können, ob es nun Fixsterne, Planeten oder andere Himmelskörper sind.
Sie benutzen dazu eine Methode, die der Längen- und Breiteneinteilung
auf der Erde sehr ähnlich ist (und die neuerdings auch bei anderen Objekten
des Sonnensystems angewendet wird). Das ist möglich, weil der Himmel
uns als ein kugelförmiges Gewölbe mit der Erde als Mittelpunkt erscheint,
obwohl das nicht der Wirklichkeit entspricht. Wegen der Erdrotation scheinen sich alle Himmelskörper täglich einmal über den Himmel zu bewegen.
Damit können wir einen *Nord-* und einen *Südpol* am Himmel definieren (um
die beiden Pole scheint sich alles zu drehen). Ferner wird ein *Himmelsäquator* festgelegt, der in derselben Ebene liegt wie der Äquator der Erde,
und Deklinationskreise (Dec), die den irdischen Breitenkreisen entsprechen. Die *Deklinationen* gibt man durch ihre Winkel nördlich (+) und südlich
(–) des Äquators an. Der Äquator selbst besitzt die Deklination 0 Grad.
Etwas schwieriger ist die Einführung der zweiten Koordinate *Rektaszension*
(RA), die der geographischen Länge entspricht. Man kann sie entlang des
Äquators messen, und da die Sonne zu ihrer scheinbaren Tagesbahn von
360 Grad 24 Stunden braucht, ist es naheliegend, als Meßgröße für die
Rektaszension eine Zeiteinheit zu nehmen (Stunden, Minuten und bei großer Genauigkeit Sekunden, wobei $24^h = 360°$, $1^h = 15°$, $1^m = 15'$ usw.).
Aber wo soll diese Messung beginnen? Zur Festlegung des Nullpunktes
nimmt man die scheinbare Jahresbahn der Sonne, die *Ekliptik,* zu Hilfe.
Diese ist gegen den Himmelsäquator um ungefähr 23,5° geneigt. Das entspricht dem Winkel zwischen der Rotationsachse der Erde und der Senk-
rechten auf ihrer Jahresbahn. Die Ekliptik kreuzt den Himmelsäquator an
zwei *Äquinoktialpunkten,* welche die Sonne an den beiden Tagen der Tag-
und Nachtgleiche durchläuft. Der Frühlingspunkt definiert den Übergang
der Sonne von der südlichen auf die nördliche Hemisphäre, und man wählte

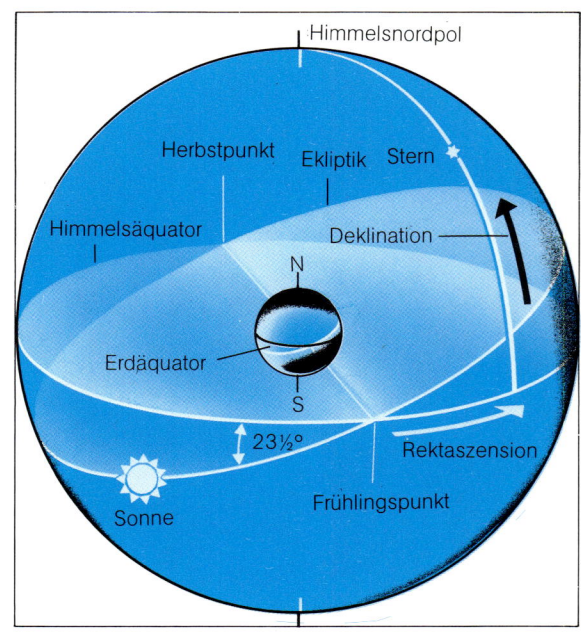

Der Ort eines Objekts am Himmel wird angegeben durch seine Rektaszension, gemessen auf dem Himmelsäquator von West nach Ost, beginnend am Frühlingspunkt,
sowie durch seine Deklination, gemessen vom Äquator zu den beiden Himmels-
polen.

Die Himmelspole wandern einmal in 25 800 Jahren um den Pol der Ekliptik. Die Abbildung zeigt die Verhältnisse am Nordpol. Zentrum ist das Sternbild Drache. Der
andere Pol liegt in Dorado, nicht weit von der Großen Magellanschen Wolke.

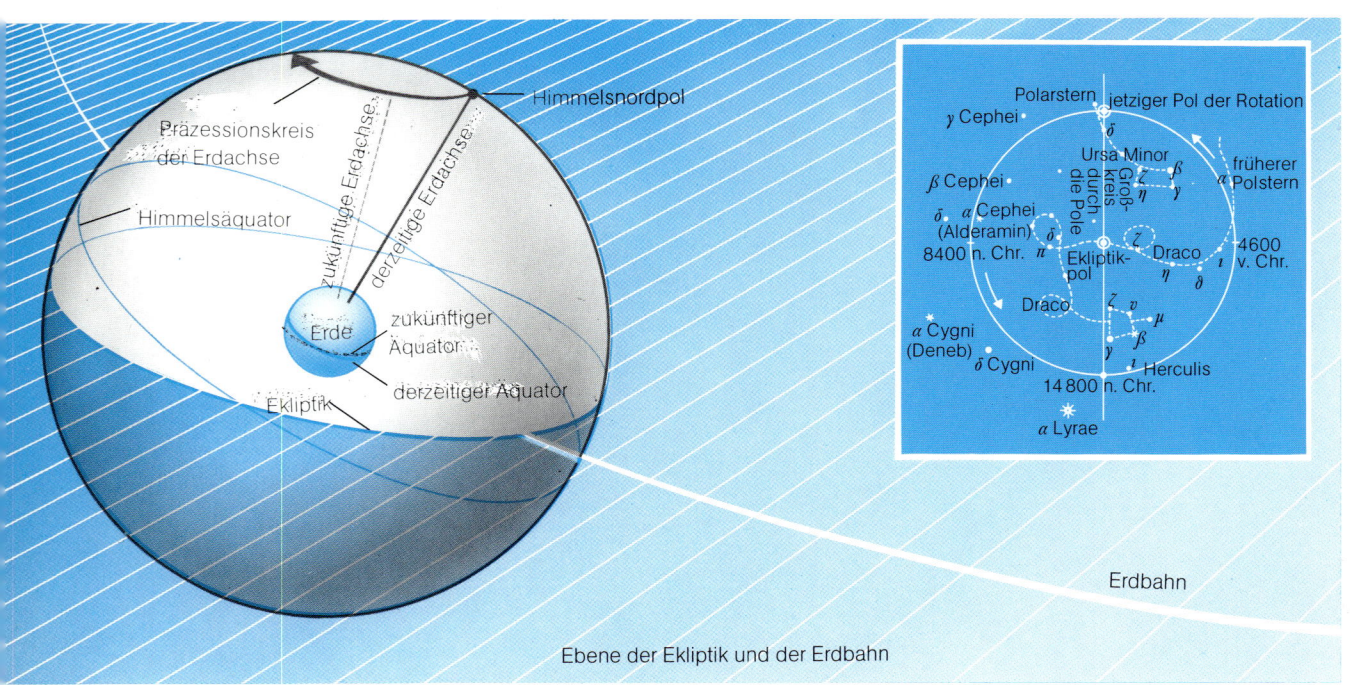

Ebene der Ekliptik und der Erdbahn

Augenblicklich zeigt die präze-
dierende Rotationsachse der
Erde auf den Polarstern, der
eine gute Orientierungshilfe am
Nordhimmel darstellt.

ihn als Nullpunkt der Zählung. Diesen Nullpunkt am Himmel bei 0^h (oder
24^h) Rektaszension und 0° Deklination nennt man nach dem Sternbild, in
dem er früher lag, den *Widderpunkt.* Er wird häufig durch das Symbol γ bezeichnet, das antike Zeichen für das Tierkreiszeichen Aries, den Widder.
Auf diese Weise lassen sich Sternkarten herstellen, die die Positionen der
Sterne (und anderer Objekte) sehr genau wiedergeben. So eine Position
kann z. B. RA = $17^h 40^m$, Dec = 28° 30′ sein, das entspricht der ungefähren
Lage des galaktischen Zentrums. Man muß allerdings noch folgende Kom-
plikation berücksichtigen. HIPPARCHOS, der griechische Astronom, entdeckte um das Jahr 140 v. Chr., daß sich die Lage der Äquinoktialpunkte
langsam, aber ständig verschiebt. Dieser unter dem Namen *Präzession* bekannte Effekt wird durch die Wirkung der Schwerkraft von Sonne und Mond
auf den Äquatorwulst der Erde hervorgerufen. Wenn diese beiden Himmelskörper in der Äquatorebene der Erde lägen, hätten sie wenig Einfluß.
Aber da die Ekliptik gegen die Äquatorebene geneigt ist, bewirken die verschiedenen Kräfte, u. a. auch die Erdrotation, daß sich die Erdachse auf dem
Mantel eines räumlichen Kegels langsam weiterdreht. Zu einem ganzen
Umlauf braucht sie 25 800 Jahre.
Das bedeutet, daß sich die Lage des Frühlingspunktes gegenüber den Hin-

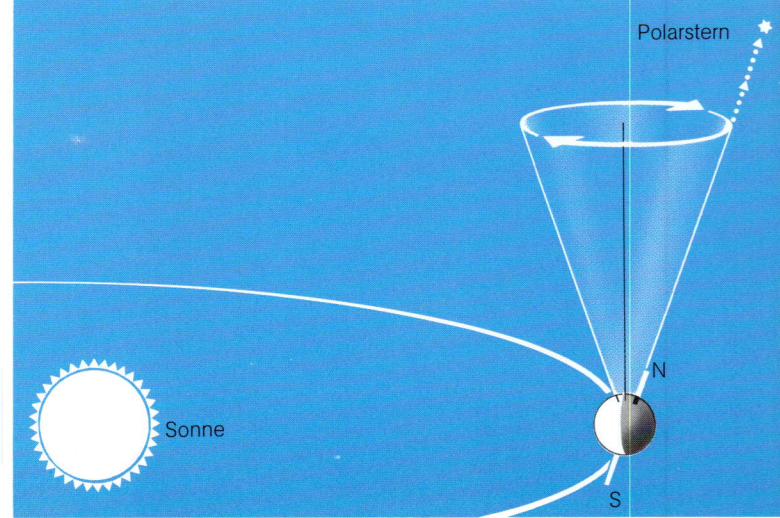

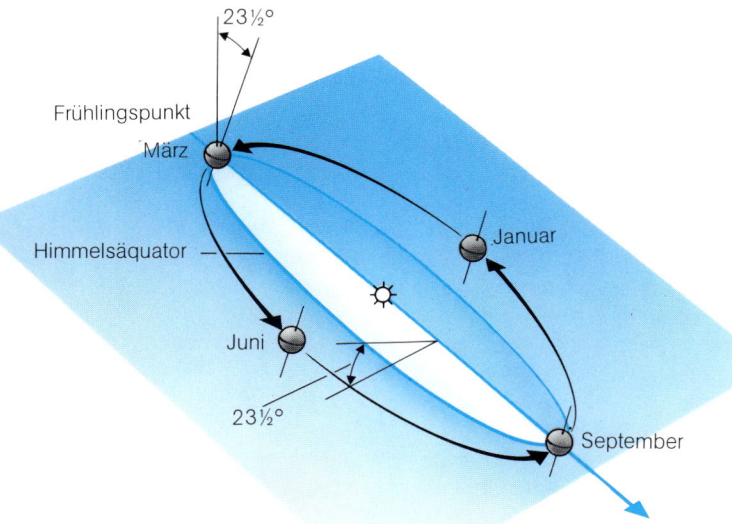

Frühlingspunkt
März
23½°
Himmelsäquator
Januar
Juni
23½°
September

Die Ekliptik definiert nicht nur den Frühlingspunkt und damit die Zählung der Rektaszensionen. Da sie auch die Bahnebene der Erde ist, dient sie als Bezugsebene für die Bewegung der Objekte im Sonnensystem.

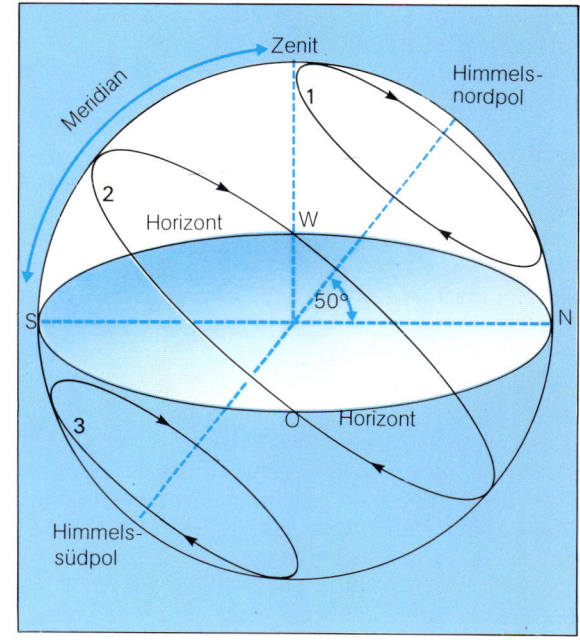

Die Höhe des Himmelspols über dem Horizont ist gleich der geographischen Breite des Beobachtungsortes (die Skizze gilt etwa für die Breite des Ruhrgebiets). In einem Winkelabstand von 90° minus Breite sind alle Sterne zirkumpolar (1), sie gehen nie unter. Sterne auf dem Himmelsäquator gehen im Osten auf und im Westen unter (2). In dem entsprechenden Gebiet am gegenüberliegenden Südpol liegende Sterne (3) kommen bei uns niemals über den Horizont. Die Sterne erreichen ihre Höchststellung im Meridian, der den Nord- und Südpol über den Südpunkt des Horizonts verbindet.

tergrundsternen um etwa 50 Bogensekunden pro Jahr in westlicher Richtung verschiebt und mit ihm das gesamte Koordinatensystem. Natürlich ist es nicht möglich, die Sternkarten ständig neu zu zeichnen. Deshalb fertigt man sie für feste Daten, *Äquinoktien* oder *Epochen* genannt, an. Sie liegen manchmal 25, aber gewöhnlich 50 Jahre auseinander. Immer wird ein Äquinoktium (eine Epoche) auf den 1. Januar des betreffenden Jahres festgelegt, genaugenommen auf 0.00^h Mitternacht des 31. Dezember / 1. Januar. Einige früher verwendete Äquinoktien waren 1875.0, 1900.0 und 1950.0. (Die Ziffer hinter dem Dezimalpunkt zeigt an, daß sich das Datum genau auf den Jahresbeginn bezieht.) Augenblicklich geht man auf das Äquinoktium 2000.0 über, und sämtliche Angaben und Sternkarten dieses Buches sind auch schon darauf bezogen. Beispielsweise sind die Positionen von Sirius, dem hellsten Stern des Himmels:

RA = 06^h 41^m 28.7^s Dec = −16° 38′ 46″ (1950.0) und
RA = 06^h 45^m 08.9^s Dec = −16° 42′ 58″ (2000.0).
(So genaue Positionen wird allerdings der Amateurastronom selten brauchen.)

Es sei nochmals betont, daß sich nur das Koordinatensystem bewegt, während die Stellung der Sterne zueinander fast konstant bleibt. Bei den nächsten Sternen lassen sich die Eigenbewegungen, die durch ihre individuelle Bewegung im Raum entstehen, mit empfindlichen Methoden messen. Aber es würde viele Jahrhunderte dauern, bis solche Veränderungen für Amateurastronomen wichtig würden. Die Begrenzungen der Sternbilder legte man für das Äquinoktium 1875.0 fest (damit sie mit einem wichtigen Sternkatalog übereinstimmen). Deswegen verschieben diese sich wie die Sterne langsam in bezug auf das Koordinatennetz.

Spuren der nördlichen Zirkumpolarsterne auf einer 2 Stunden belichteten Fotoplatte bei nicht nachgeführter Kamera. Die wahre Position des Pols ist durch den gemeinsamen Mittelpunkt der Kreisstücke definiert. Der Polarstern ist etwa 1° vom Pol entfernt.

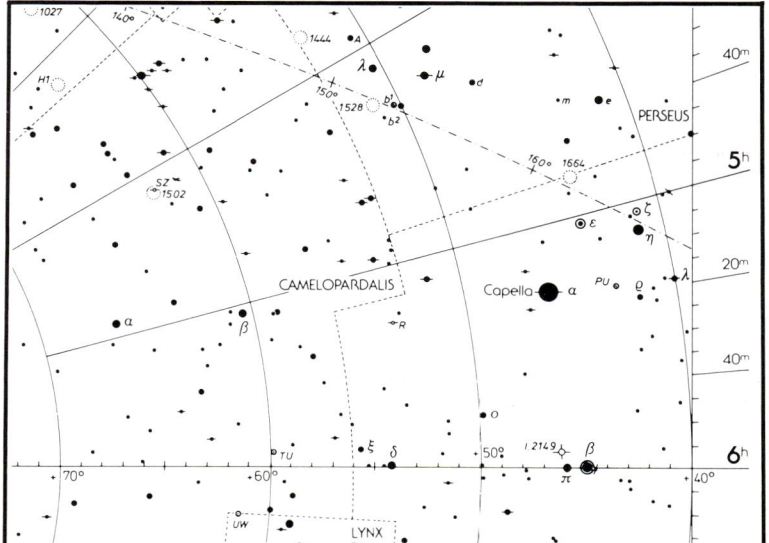

Der Betrag der Präzession ist nicht überall am Himmel gleich. Wie diese Kartenausschnitte zeigen, sind die Verschiebungen im Nordteil des Fuhrmanns im Laufe der 50 Jahre zwischen den Äquinoktien (Epochen) 1950.0 (links) und 2000.0 (rechts) sehr deutlich.

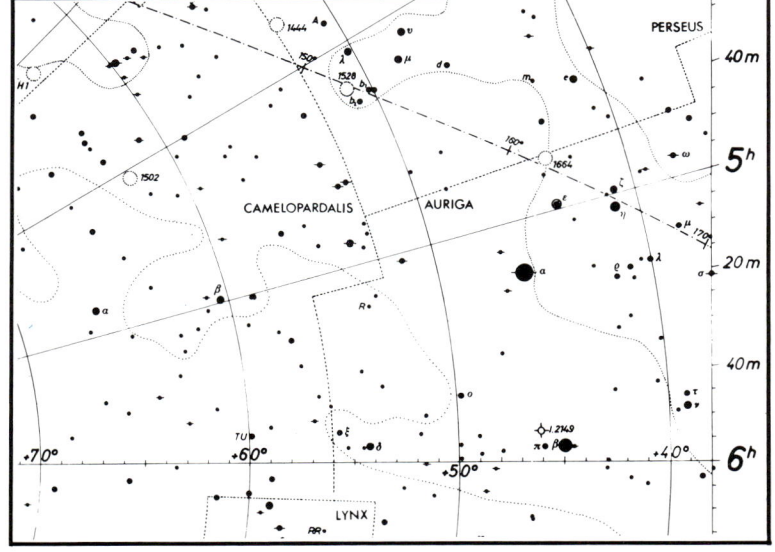

Die Sterne

Sternentfernungen sind schwer zu messen, da sie so riesig groß sind. Deshalb wird die mittlere Entfernung der Erde von der Sonne, die *astronomische Einheit* (AE) als Ausgangsmaß benutzt (1 AE = 149 597 870 km). Wenn die Erde sich auf ihrer Bahn bewegt, spiegelt sich das in einer kleinen Verschiebung der nahen Sterne gegenüber den weit entfernten Hintergrundsternen am Himmel wider. Diesen Effekt nennt man *Parallaxe.* Wenn man diesen kleinen Verschiebungswinkel messen kann, erhält man durch einfache Trigonometrie die Entfernung des Sterns. Um allzu große Zahlen zu vermeiden, definiert man als Einheitsentfernung das *Parsec* (pc, Parallaxensekunde). Es ist die Entfernung, in der der Radius der Erdbahn (1 AE) unter einem Winkel von 1 Bogensekunde erscheint, und sie entspricht 206 265 AE.

Außerdem drückt man Entfernungen mit Hilfe der Lichtgeschwindigkeit aus, die fast genau 300 000 Kilometer pro Sekunde (299 792,458 km/sec) beträgt. In diesem Maß ist eine astronomische Einheit etwa 499 Lichtsekunden, und ein Parsec entspricht 3,2616 Lichtjahren. Das Lichtjahr ist also kein Zeitmaß, sondern eine Entfernung!

Selbst die nächsten Sterne sind weiter als 1 Parsec vom Sonnensystem entfernt. Proxima Centauri hat eine Distanz von etwa 1,3 Parsec (4,27 Lichtjahre). Wahrscheinlich bildet dieser Stern zusammen mit den beiden etwas weiter entfernten Doppelsternkomponenten Alpha Centauri A und B ein Dreifachsystem. In der Tabelle sind die nächsten 20 Sterne aufgeführt, und die hellen Objekte sind in den Sternkarten eingezeichnet. Da sie der Erde so nahe sind, haben sie teilweise eine recht erhebliche Eigenbewegung (vgl. S. 5). Der in der Tabelle enthaltene Barnards Stern hat die außergewöhnlich große Eigenbewegung von 10,25 Bogensekunden pro Jahr. Wenn die Sterne zu weit entfernt sind und die Parallaxen zu klein, um gemessen zu werden, muß man andere Methoden der Entfernungsbestimmung anwenden. Häufig gründen sie sich auf statistische Aussagen über die Helligkeit und den Sterntyp des betreffenden Objekts.

Sternhelligkeiten werden in Größenklassen gemessen. Zunächst war dies nur ein sehr grober Hinweis auf die *Wichtigkeit* eines bestimmten Sterns. (Ein Stern der 2. Größe erscheint uns etwa halb so hell wie ein Stern der

1. Größe usw.) Im letzten Jahrhundert hat man diese Einteilung auf eine wissenschaftliche Basis gestellt. Ein Stern 1. Größe hat danach genau die hundertfache Intensität eines Sterns 6. Größe. Der Differenz von 1 Größenklasse entspricht ein Intensitätsverhältnis von etwa 2,5112. Dem Auge erscheint dieser Unterschied von einer Größenklasse allerdings als etwa doppelte Helligkeit.

Wichtig ist, daß die Helligkeit mit dem Zahlenwert der Größenklasse *abnimmt,* daß also ein höherer Wert der Größenklasse einem schwächeren Stern entspricht. Man stellte dann bald fest, daß einige der hellsten Sterne heller als erster Größenklasse waren. Man ordnete ihnen die Größenklasse 0 oder entsprechende negative Werte zu, damit sie in das Schema paßten. Unter den 20 hellsten Sternen der Tabelle sind vier mit negativen Größenklassen.

Da diese Größenklassen, wie wir sie von der Erde aus messen, ja die uns *erscheinende* Helligkeit eines Sterns angeben, nennt man sie auch *scheinbare Helligkeiten* (bezeichnet mit m = magnitudo). Zwei Sterne mit verschiedenen scheinbaren Helligkeiten können einmal wirklich verschieden

Die zwanzig nächsten Sterne

Stern	scheinbare visuelle Größe m	absolute visuelle Größe M	Spektralklasse	Entfernung (pc)
Proxima Centauri C	11,05	15,45	M5	1,31
Alpha Centauri A	−0,10	4,3	G2	1,34
Alpha Centauri B	1,7	6,1	K5	1,34
Barnards Stern	9,54	13,25	M5	1,81
Wolf 359	13,53	16,68	M8	2,33
HD 95735	7,50	10,49	M2	2,49
Sirius A	−1,45	1,41	A1	2,65
Sirius B	8,68	11,56	WZ*	2,65
UV Ceti A	12,45	15,27	M5	2,72
UV Ceti B	12,8	15,9	M6	2,72
Ross 154	10,6	13,3	M4	2,90
Ross 248	12,29	14,8	M6	3,15
ε Eridani	3,73	6,13	K2	3,30
L 789-6	12,18	14,60	M7	3,30
Ross 128	11,10	13,50	M5	3,32
61 Cygni A	5,22	7,58	K5	3,40
61 Cygni B	6,03	8,39	K7	3,40
ε Indi	4,68	7,00	K5	3,44
Prokyon A	0,35	2,65	F5	3,50
Prokyon B	10,7	13,0	WZ*	3,50

*WZ = Weißer Zwerg

Die nächsten Sterne. Mit nur drei Ausnahmen strahlen alle weniger Licht aus als die Sonne. Rote und Weiße Zwerge sind so lichtschwach, daß man sie nur in der unmittelbaren Nachbarschaft des Sonnensystems sehen kann. „A" und „B" bezeichnen die Komponenten eines Doppelsternpaars.

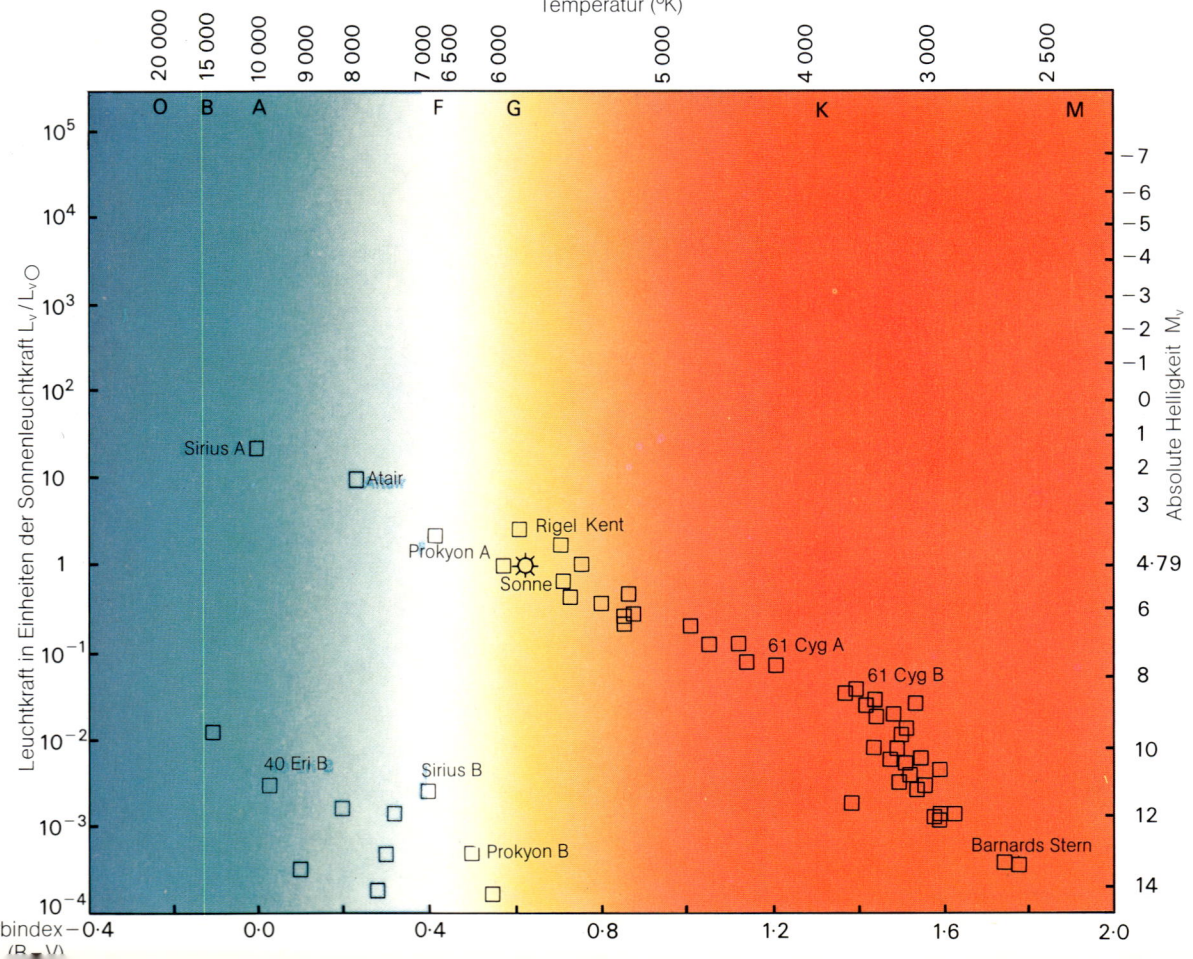

hell leuchten. Der Unterschied kann aber auch durch eine unterschiedliche Entfernung der Sterne von uns hervorgerufen werden. Bei bekannter Entfernung kann man die Helligkeit auf eine bestimmte Standardentfernung normieren. Man hat sich auf 10 Parsec (etwa 32,6 Lichtjahre) geeinigt. Diese normierte Helligkeit bezeichnet man als *absolute Helligkeit* (M). Sie erlaubt einen Vergleich der wirklichen Leuchtkraft verschiedener Sterne miteinander (s. Tabelle).

Manche Sterne erscheinen uns deutlich gefärbt. Es gibt weiße oder bläulich-weiße, wie z.B. Rigel (β Orionis) oder Wega (α Lyrae), orangefarbige wie Aldebaran (α Tauri) oder sogar tiefrote wie den unter dem Namen *Granatstern* bekannten Veränderlichen μ Cephei. Manche Doppelsterne wirken durch einen Kontrasteffekt farbig. Dafür ist Albireo (β Cygni) wohl das beste Beispiel. Vielen Beobachtern erscheinen diese Sterne grünlich und golden. Allerdings werden die Farbtöne hauptsächlich durch die Temperaturen der Sternoberflächen hervorgerufen, die von über 40 000°K bei den bläulichen bis zu 2500°K bei den tiefroten Sternen reichen.

Man kann die Sterne auch nach ihrem Spektraltyp klassifizieren. Diese Einteilung berücksichtigt verschiedene Merkmale, wie z.B. die sichtbaren Absorptions- und Emissionslinien, sie gibt aber gleichzeitig auch einen Hinweis auf die Temperatur. Ursprünglich wurden die verschiedenen Spektralklassen mit einer alphabetischen Buchstabenfolge bezeichnet. Heute beginnt die Skala mit O (für die heißesten Sterne), es folgen B, A, F, G, K, M. (Ein alter Merkvers lautet: Oh, Be A Fine Girl Kiss Me). Ferner gibt es einige Unterklassen, wie N, R, S, WR, WC und C (für die Kohlenstoffsterne); sie bezeichnen besondere spektrale Merkmale. Zusätzliche Buchstaben wie e (für Emissionslinien) und p (für „peculiarities", d. h. Besonderheiten) können weitere Informationen geben.

Wenn die absolute Helligkeit und die Spektralklasse (oder Temperatur) bekannt sind, kann man die Sterne in ein Hertzsprung-Russell-Diagramm (nach den Astronomen, die es entwickelten) eintragen. Die meisten Sterne liegen auf einer annähernd diagonal verlaufenden Linie, der *Hauptreihe*. Man würde erwarten, daß heiße Sterne immer eine große Leuchtkraft haben. Das Diagramm zeigt aber, daß es auch kühle, rote Sterne mit großen absoluten Helligkeiten gibt. Diese Sterne müssen sehr groß sein, um so viel Energie ausstrahlen zu können, und man nennt sie auch *Riesen* oder *Überriesen*. Antares, α Scorpii, ist ein gutes Beispiel für einen Überriesen. Er ist etwa 1000mal so groß wie die Sonne und übertrifft damit an Ausdehnung die Marsbahn. Hauptreihensterne bezeichnet man auch als *Zwerge*.

Temperatur und Lebenszeit eines Sterns werden weitgehend durch seine Masse bestimmt, obwohl die chemische Zusammensetzung auch eine Rolle spielt. Die Sterne großer Masse sind am heißesten, sie liegen links oben auf der Hauptreihe. Die meiste Zeit seines Lebens verbringt jeder Stern auf der Hauptreihe. In dieser Phase verbrennt er in seinem Inneren in Kernreaktionen Wasserstoff zu Helium. Wenn der Wasserstoff zu Ende geht, dehnt der Stern sich aus und entwickelt sich zu einem Riesen oder Überriesen. Sind noch später seine Energiequellen erschöpft, zieht er sich zu einem *Weißen Zwerg* zusammen — einem Objekt von etwa Erdgröße, aber von der Masse der Sonne. Oder er entwickelt sich zu einem noch exotischeren Objekt wie zu einem *Neutronenstern* oder zu einem *Schwarzen Loch*. Je höher seine ursprüngliche Masse war, um so rascher verläuft seine Entwicklung. In mehreren Phasen seiner Entwicklung ist ein Stern veränderlich und kann dann erhebliche Schwankungen in seiner Helligkeit zeigen.

Die zwanzig hellsten Sterne

Stern		scheinbare visuelle Größe m	absolute visuelle Größe M	Spektral-klasse	Ent-fernung (pc)
Sirius	α CMa	−1,45	+1,41	A1	2,7
Canopus	α Car	−0,73	−5,0	F0	60
Toliman	α Cen	−0,10	+4,3	G2	1,33
Arktur	α Boo	−0,06	−0,2	K2 p	11
Wega	β Lyr	0,04	+0,5	A0	8,1
Capella	α Aur	0,08	−0,6	G8	14
Rigel	β Ori	0,11	−7,0	B8	250
Prokyon	α CMi	0,35	+2,65	F5	3,5
Achernar	α Eri	0,48	+2,3	B5	43
Hadar	β Cen	0,60	−5,2	B1	63
Atair	α Aql	0,77	+2,3	A7	5,0
Beteigeuze	α Ori	0,80	−6,0	M2	200
Aldebaran	α Tau	0,85	−0,7	K5	21
Acrux	α Cru	0,9	−4,0	B2	125
Spica	α Vir	0,96	−3,4	B1	48
Antares	α Sco	1,0	−4,7	M1	53
Pollux	β Gem	1,15	+0,95	K0	11
Fomalhaut	α PsA	1,16	+2,0	A3	7,0
Deneb	α Cyg	1,25	−7,3	A2	500
Mimosa	β Cru	1,26	−4,7	B0	150

Die hellsten Sterne übertreffen alle die Sonne an Leuchtkraft. Einige sind sehr weit entfernt, aber sie leuchten trotzdem noch hell, da ihre absolute Helligkeit (M) sehr groß ist.

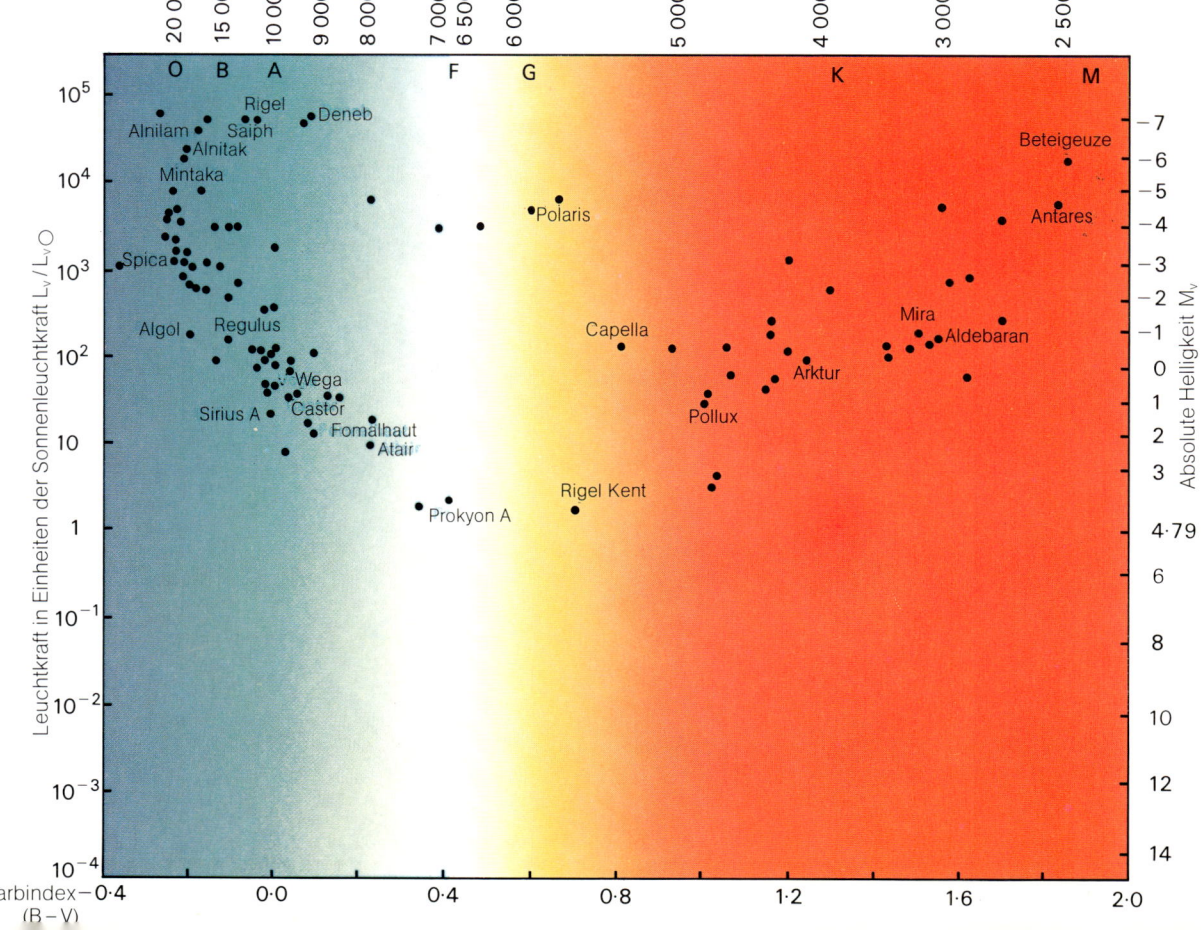

Doppelsterne

Viele Sterne sind doppelt. (Sie sind in den Sternkarten meistens mit einem horizontalen Strich durch den Stern markiert). Die weiter voneinander entfernten kann man mit freiem Auge trennen. Das bekannteste Beispiel ist wohl Alcor, nahe bei Mizar, ζ Ursae Maioris. Schon mit kleinen Teleskopen oder mit Ferngläsern sieht man viele Sterne doppelt oder dreifach. Manche fallen wegen der Farbunterschiede der einzelnen Sterne auf, andere wegen der Zahl der Komponenten. Zwei Typen sind zu unterscheiden: *Optische Doppelsterne,* die zufällig fast in der gleichen Sichtlinie liegen, aber im Raum weit voneinander entfernt sind, und *wahre Doppelsysteme,* in denen die Sterne umeinander laufen. (Auch bei Mehrfachsystemen muß man natürlich diese beiden Gruppen auseinanderhalten.) Die relativen Positionen der optischen Doppelsterne verändern sich nicht, abgesehen von der Eigenbewegung dieser Sterne. In wahren Doppelsternsystemen kann man die Bahnbewegung der Komponenten im Laufe der Jahre verfolgen. Abhängig von der scheinbaren Bahnform lassen sich in einzelnen Fällen die Komponenten leicht voneinander trennen (oder, wie man sagt, auflösen). Andere können so dicht beieinander stehen, daß die Trennung nicht gelingt. Einige Systeme – man nennt sie *spektroskopische Doppelsterne* – stehen so eng, daß sie auch in den größten Teleskopen nicht als zwei Sterne erscheinen.

Die große Zahl der Doppelsterne in einigen Himmelsregionen macht deutlich, daß Einzelsterne wie die Sonne eher Ausnahmen sind.

Veränderliche Sterne

Wenn die Bahnebene eines Doppelsternsystems genau mit der Erdbahnebene zusammenfällt, können die beiden Komponenten sich von uns aus gesehen zeitweise gegenseitig verdecken. So wird eine *Finsternis* hervorgerufen, die mit einer Abnahme der Gesamthelligkeit verbunden ist. Ein Diagramm, in dem die Helligkeit in Abhängigkeit von der Zeit aufgetragen ist, zeigt die wahren Verhältnisse. Der bekannteste Bedeckungsveränderliche ist sicherlich Algol, β Persei.

Es gibt viele andere Typen von veränderlichen Sternen. Man bezeichnet sie auf Sternkarten durch konzentrische Kreise, mit denen man das Maximum und Minimum ihrer Helligkeiten andeuten will. Oder man zeichnet einen einzelnen offenen Kreis, wenn sie nur im Maximum über die Grenzhelligkeit der Karte hinausgehen. Viele sind Einzelsterne in einer Evolutionsphase, in der sie pulsieren. Manche sind sehr regelmäßig, wie die Cepheiden, die nach ihrem Prototyp δ Cephei bezeichnet werden. Ihre Perioden lassen sich leicht messen. Sie stehen in einem festen Zusammenhang mit ihren auf andere Art ermittelten absoluten Helligkeiten. Damit spielen sie eine wichtige Rolle bei der Entfernungsbestimmung naher Galaxien, in denen man sie beobachten kann. Etwas weniger regelmäßig pulsieren die *langperiodischen Veränderlichen* (LPV-Sterne) mit Perioden von über 100 Tagen, gewöhnlich in der Nähe von einem Jahr. Mira, o Ceti, ist ein bekanntes Beispiel. Auch die *halbregelmäßigen Veränderlichen* („semi-regular" = SR) zeigen gelegentlich einigermaßen regelmäßige Helligkeitsschwan-

Unten links:
γ Cas, β Per (Algol), ε und η Aur sind berühmte Doppelsterne. RZ Cas (unten links) ist ein Bedeckungsveränderlicher, den man mit einem Fernglas beobachten kann.

Doppelsterne

Name		Bemerkungen
γ	And	gelb und blau
ζ	Aqr	weiße Sterne in 75 bis 100-mm-Fernrohren
γ	Ari	weiße 5ᵐ-Sterne
ε	Boo	orange und blaugrün in 75- bis 100-mm-Fernrohren
μ	Boo	m = 4,3 u. 6,5
ξ	Boo	gelb und orange
ζ	Cnc	Dreifachsystem in 100 mm-Fernr.
ι2	Cnc	einfaches Paar, m = 4,2 und 6,6
α	CVn	einfaches Paar
η	Cas	gelb und rot
α	Cen	gelbe Sterne, (3. Kompon. mit m = 11 ist Proxima Centauri)
β	Cep	blauer m = 3,3-Überriese mit m = 8,1-Begleiter
ζ	CrB	blaue Sterne
α	Cru	blau-weißes Paar
β	Cyg	einfaches Paar, gelb und blau

Name		Bemerkungen
o1	Cyg	einfaches Paar, orange und blau, dreif. in gut. Ferngl. oder 75-mm-Fernrohren
61	Cyg	orange St
γ	Del	gelbe St.
υ	Dra	weiße St. m = 5
16–17	Dra	einfaches blauweißes P., dreifach in 75-mm-Fernr.
δ	Eri	einfaches blauweißes Paar
o2	Eri	dreifach in 75-mm-Fernr. m = 4,5; 9,5 (Weißer Zw.) u. 11,2 (Roter Zwerg)
α	Gem	(Castor) blauweißes P. und Roter Zw.; jeder Stern ist doppelt (nur spektrosk.)
ρ	Her	einfaches Paar
95	Her	gelb und weiß
ε	Hya	m = 3,5 u. 6,9
γ	Leo	einfaches Paar von gelben St.
α	Lib	einfaches Paar m = 2,9 u. 5,3
β	Lyr	gelb, Kompon. bekannter Bed. Veränderl., blauer Begleiter
ε	Lyr	bekannter zweif. Doppelst. Einf. Paar, jedes dop. in 75- bis 100-mm-Fernrohr
β	Mon	weißes Dreifachsystem
σ	Ori	dreif., blau-weiß, blau, rot; vierf. in 150 mm-Fernr.
ζ	Pav	roter und weißer Stern
η	Per	orange und blau
β	Sco	blau-weißes P.
ν	Sco	dreif.-vierf. in 150-mm-Fernrohren
δ	Ser	weiße Sterne
ϑ	Ser	einfaches Paar
β	Tuc	dreifach
ζ	UMa	(Mizar) Begl. (Alcor) sichtb. bei guten Augen, dreif. in kleinen Fernr.
ξ	UMa	gelbe Sterne
γ	Vel	einf. blau weißes Paar, vierfach mit 75-mm-Instrum.
γ	Vir	gelb-weiße Sterne
γ	Vol	gelblich-weißer und gelber Stern

Veränderliche Sterne

Name		Bemerkungen
R	And	langperiod. Veränderl. (ca. 400 Tage), m = 6–15
ε	Aur	Bedeckungsv. (Per. 27 Jahre), m = 3,5–4,5
ζ	Aur	Bedeckungsv. (Per. 32 Monate), m = 5,0–5,5
γ	Cas	unregelm. Anstieg, wenn Materiehülle abgeschleudert
ρ	Cas	unregelm. Abnahme, m = 4,1–6,2
δ	Cep	Prototyp der Cepheiden (Per. 5,36 Tg.), m = 3,9–5,0
μ	Cep	halbregelm. tiefroter St., m = 3,6–5,1
o	Cet	(Mira), berühmt. langper. Veränd. (Per. 330 Tg.), m = 2,0 (gelegentl.) bis m = 10
R	CrB	normal m = 6,3, verblaßt unvorherges. bis m = 14–15
W	Cyg	halbregelm., rot, m = 5,0–7,6
χ	Cyg	langper. Veränd. (Per. 406 Tg.), extrem gr. Intervall m = 3,3–14,2
β	Lyr	Prototyp d. Unterkl. Bedeckgs.veränd. (Per. 12,91 Tg.), m = 3,3–4,2
β	Per	Prototyp d. Unterkl. Bedeckgs.veränd. (Per. 2,87 Tg.), m = 2,1–3,4
L2	Pup	halbregelmäßig, m = 2,6–6,0
R	Sct	halbregelmäßig, tiefe und flache Minima wechseln, m = 5,3–7,9

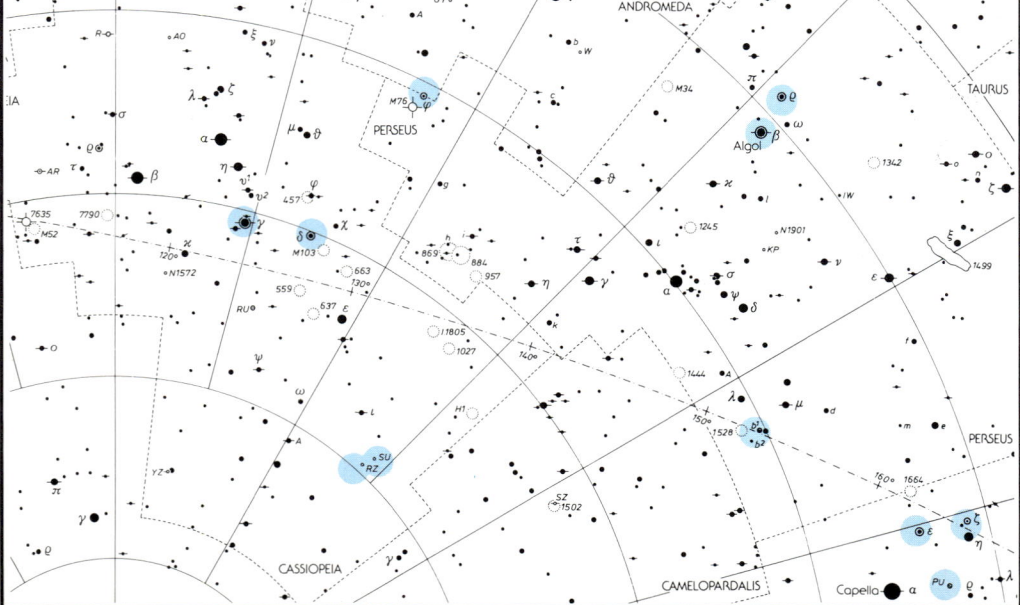

kungen. Die RV-Tauri-Sterne sind ähnlich, sie haben meist ein tiefes Minimum, das mit einem flachen abwechselt und deren Reihenfolge sich hin und wieder vertauscht. Sterne wie R Coronae Borealis sind normalerweise hell, können aber in unvorhergesehener Weise schwächer werden und monatelang dunkel bleiben. *Novae* (die in Wirklichkeit sehr enge Doppelsterne sind) sowie *Supernovae* sind sehr helle, plötzliche Ausbrüche.

Sternhaufen

In einigen Regionen des Himmels gibt es dichtere Gruppierungen von Sternen. In manchen kann man Einzelsterne erkennen, andere erscheinen dem bloßen Auge nur als schwache, verwaschene Flecken. Diese Flecken sind keine zufälligen Projektionen wie die optischen Doppelsterne, sondern echte Anhäufungen benachbarter Sterne. Viele werden durch ein M mit einer nachfolgenden Nummer bezeichnet. Damit wird gezeigt, daß sie in dem von dem französischen Astronomen Charles MESSIER zusammengestellten Katalog aufgeführt sind. Andere tragen die Numerierung des NGC (New General Catalogue). Einige sind so hell, daß man sie zunächst als Einzelsterne ansah. Deshalb bekamen sie richtige Namen.
Offene oder *galaktische Haufen* gibt es in vielen Größen und Formen. Sie können nur einige wenige, aber auch mehrere hundert Sterne enthalten. Ein paar von ihnen sind uns ziemlich nahe, wie z. B. die Plejaden oder die noch etwas größeren Hyaden, beide im Sternbild Stier. Die Gesamthelligkeit anderer Haufen bleibt unter der Helligkeit eines einzelnen schwachen Sterns, so daß man schon ein größeres Teleskop braucht, um sie genauer zu sehen.
Die Sterne in *offenen Haufen* sind astronomisch gesehen ziemlich jung. Sie bildeten sich erst vor kurzem aus einer interstellaren Staub- und Gaswolke. Wenn die Haufen altern, werden ihre Sterne allmählich durch die allgemeine Rotation der Milchstraße auseinandergetrieben. Die beiden kompakten Zwillingshaufen h und χ Persei sind z. B. erst 12 Millionen Jahre alt. Heutzutage bilden sich Sterne nur noch in den Spiralarmen unserer Galaxie. Deswegen finden wir offene Haufen auch meistens nahe der Mittellinie der Milchstraße. Da sie jung sind, sind ihre Sterne häufig heiße, blaue Objekte, obwohl auch einige ältere, rötere Sterne darin vorkommen. M 35 im Fuhrmann, M 44 (Praesepe) im Krebs und besonders das *Schmuckkästchen* in der Nähe des Sterns ϰ Crucis sind Haufen mit besonders auffallenden Farbkontrasten.
Kugelhaufen unterscheiden sich davon völlig. Sie können viele tausend bis zu einer Million Sterne enthalten, die eng zusammenstehend ein kugelförmiges Objekt bilden. Wie bei den offenen Haufen können wir auch hier die hellsten Objekte mit bloßem Auge sehen. M 13 im Herkules und M 22 im Schützen sind zwei Beispiele, aber ω Centauri am Südhimmel ist zweifellos der hellste und schönste. Im Gegensatz zu den offenen Haufen sind alle Kugelhaufen weit von uns entfernt. Ihre Distanzen mißt man in Kiloparsec (1 kpc = 3260 Lichtjahre). M 2, den man leicht mit einem Fernglas sehen kann, ist z. B. mehr als 12 kpc entfernt. Diese großen Distanzen machen es verständlich, warum Kugelhaufen nicht sehr hell sind, obwohl sie so viele Sterne enthalten.
Die Kugelhaufen sind nicht in der Milchstraße konzentriert wie die offenen Haufen. Sie häufen sich vielmehr in der Nähe des galaktischen Zentrums, das in Richtung des Schützen liegt. Sie enthalten auch viele alte Sterne und sind schon in der Frühzeit unserer Galaxie entstanden, noch bevor sich die Spiralarme ausbildeten und die heutige flache, diskusförmige Sternscheibe entstand.

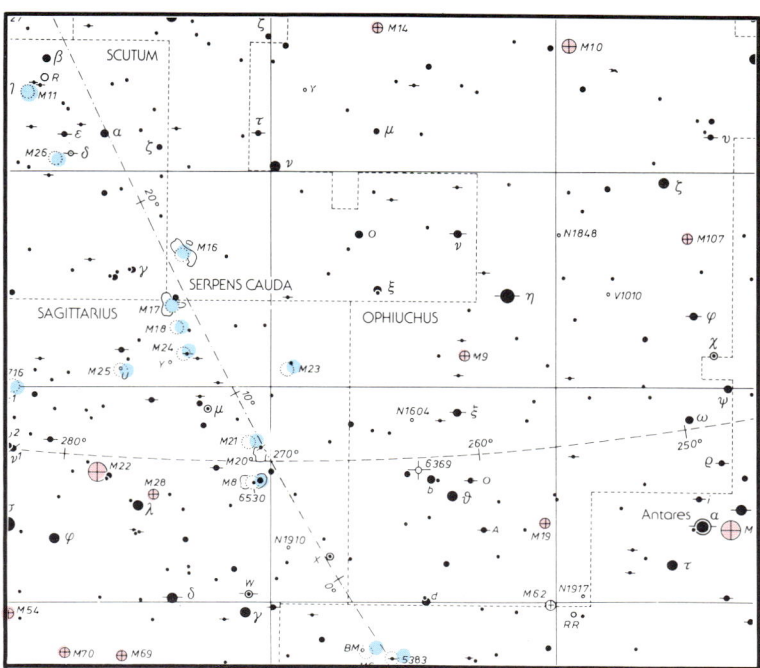

Oben:
In Richtung zum galaktischen Zentrum stehen mehrere offene Haufen (M 16, M 26) und Kugelhaufen (M 4, M 22). In auffälliger Weise reihen sich die offenen Haufen entlang dem galaktischen Äquator (gestrichelte Linie von oben links nach unten Mitte).

Mitte:
Höchstens ein Dutzend Sterne kann man mit bloßem Auge in den Plejaden (M 45) erkennen. Dieser offene Haufen enthält 200–300 junge Sterne. Einige von ihnen sind von verwaschen aussehenden Reflexionsnebeln umhüllt.

Kugelhaufen

Name	NGC	Rektaszension h m	Deklination ° '	scheinbare Größe	Entfernung (kpc)
47 Tucanae	104	00 24	−72 05	4,0	5,0
ω Centauri	5139	13 27	−47 19	3,6	5,2
M3	5272	13 42	+28 23	6,4	10,6
M5	5904	15 19	+02 05	5,9	8,1
M4	6121	16 24	−26 31	5,9	4,3
M13	6205	16 42	+36 27	5,9	6,3
M92	6341	17 17	+43 09	6,1	7,9
M22	6656	18 37	−23 56	5,1	3,0
Δ295	6752	19 11	−59 59	6,2	5,3
M15	7078	21 30	+12 10	6,4	10,5
M2	7089	21 34	−00 50	6,3	12,3

Offene Haufen

Name	NGC	Rektaszension h m	Deklination ° '	scheinbare Größe	Entfernung (pc)
h & χ Persei	869, 884	02 22	+57 08	4,2	2360
M34	1039	02 42	+42 47	5,6	440
Plejaden (M45)	–	03 47	+24 07	1,3	126
Hyaden	–	04 19	+15 37	0,6	45
M38	1912	05 29	+35 51	7,0	1320
M36	1960	05 36	+34 08	6,3	1260
M37	2099	05 52	+32 34	6,1	1280
M35	2168	06 09	+24 20	5,3	870
Praesepe (M44)	2632	08 41	+19 41	3,7	158
M67	2682	08 51	+11 49	6,5	830
ϰ Crucis (Schmuckkästchen)	4755	12 54	−60 20	5,0	830
M21	6531	18 05	−22 30	6,8	1250
M16	6611	18 19	−13 47	6,6	2500
M11	6705	18 51	−06 17	6,3	1740
M39	7092	21 32	+48 26	5,1	250

Nebel

Sowohl Staub als auch Gase sind entlang der Milchstraße konzentriert. An vielen Stellen ist der Staub so dicht, daß er das Licht entfernter Sterne verdunkelt. Der *Kohlensack* im Sternbild Crux ist das bekannteste Beispiel für einen Dunkelnebel. Auch die große Teilung im Schwan, die bis zum Scutum und Ophiuchus weiterläuft, hat die gleiche Ursache. In vielen anderen Regionen der Milchstraße ordnet sich der Staub zu feinen Filamenten und Fäden, die fast alle schwer zu sehen sind, außer bei völlig dunklem Himmel. Diese Gebilde wie auch die Sternwolken der Milchstraße kann man am besten mit nicht allzu starken Ferngläsern oder mit bloßem Auge studieren.

Wenn Staubwolken in der Nähe heller Sterne stehen, reflektieren sie manchmal einen Teil des Sternlichts zu uns. Da die Sterne oft helle, junge, blauweiße Objekte sind, erscheinen solche Reflexionsnebel auf Fotografien bläulich in scharfem Kontrast zu dem rosafarbenen Schimmern von leuchtendem Wasserstoffgas, das man in anderen Nebeln findet. Leider kann man nur sehr wenige Reflexionsnebel mit bloßem Auge sehen. Leute mit sehr guten Augen mögen den Meropenebel in den Plejaden gerade erkennen können.

In einigen Himmelsgegenden kann die Strahlung heißer Sterne das Gas zum Leuchten bringen. Dann entstehen die *diffusen* oder *Gasnebel*. Einige sind nahe beim galaktischen Zentrum zu finden, z. B. M 8 (der Lagunennebel) und M 20 (der Trifid-Nebel). Der berühmteste ist allerdings der große Orionnebel (M 42 und M 43) in der entgegengesetzten Himmelsrichtung. Seine Filamente überdecken ein großes Gebiet, aber sie sind nur ein kleiner Teil einer riesigen Wolke, die sich fast über das ganze Sternbild erstreckt. Im Herzen der sichtbaren Nebelwolke finden wir die hellen Trapezsterne ϑ Orionis, von denen vier ziemlich leicht zu sehen sind.

Im südlichen Milchstraßenabschnitt ist der Nebel um η Carinae (manchmal als Schlüssellochnebel bezeichnet) hervorzuheben. (Der Stern selbst ist hin und wieder erheblich heller geworden und war 1843 nach Sirius der zweithellste Stern des Himmels. Heute hat er die 7. Größe, und sein Rätsel ist noch nicht gelöst. Man nahm zunächst an, daß er sehr jung sei. Heute glaubt man, daß er eine sehr große Masse besitzt, sehr alt ist und möglicherweise demnächst zu einer Supernova werden könnte.) Auch in anderen Galaxien finden wir solche diffusen Nebel, z. B. den Tarantelnebel in der Großen Magellanschen Wolke (unserer Nachbargalaxie), die man gut mit bloßem Auge am Südhimmel sehen kann.

Auch andere Nebel entstehen durch leuchtende Gase, nämlich die *planetarischen Nebel*. Sie erhielten ihren Namen, weil sie in kleinen Fernrohren den Planetenscheibchen ähnlich sind. Es sind sphärische Materieschalen, die ein Stern während seiner Phase als Riesenstern ausgestoßen hat, als er große Teile seiner ausgedehnten Atmosphäre verlor. Den Reststern kann man häufig als kleines, heißes Objekt im Zentrum des Nebels sehen, wo er die Strahlung aussendet, die den Nebel zum Leuchten bringt. M 57 (der Ringnebel) in der Leier und M 27 (der Dumbbell-Nebel) im Sternbild Vulpecula sind die bekanntesten Beispiele. Supernovareste sehen sehr ähnlich aus.

Nebel

Nummer	Name	RA (2000) h	m	Dec °	′	Typ
M76	–	01	42	+51	34	Planetar. Nebel
M1	Crabnebel	05	35	+22	01	Supernovarest
M42	Orionnebel	05	35	−05	23	diffus
NGC 2237	Rosettennebel	06	32	−06	42	diffus
NGC 2070	Tarantel-Nebel	05	39	−69	15	diffus
NGC 3372	η Car.-Nebel	10	45	−59	45	diffus
M97	Eulennebel	11	15	+55	02	Planetar. Nebel
NGC 6543	–	17	59	+66	38	Planetar. Nebel
M20	Trifid-Nebel	18	02	−23	02	diffus
M8	Lagunen-Nebel	18	05	−24	20	diffus
M17	Omega-Nebel	18	21	−16	11	diffus
M57	Ringnebel	18	54	+33	02	Planetar. Nebel
M27	Dumbbell-Nebel	20	00	+22	43	Planetar. Nebel
NGC 6992	Schleier-Nebel	20	57	+31	42	Supernovarest
NGC 7000	Nordamerika-Nebel	20	57	+44	20	diffus

Unten:

Cygnus enthält den diffusen Nebel NGC 7000 (den Nordamerika-Nebel) und weiter südlich den nicht vollständigen Ring des Schleiernebels, der Überrest einer Supernova ist, M 27 in Vulpecula ist ein planetarischer Nebel.

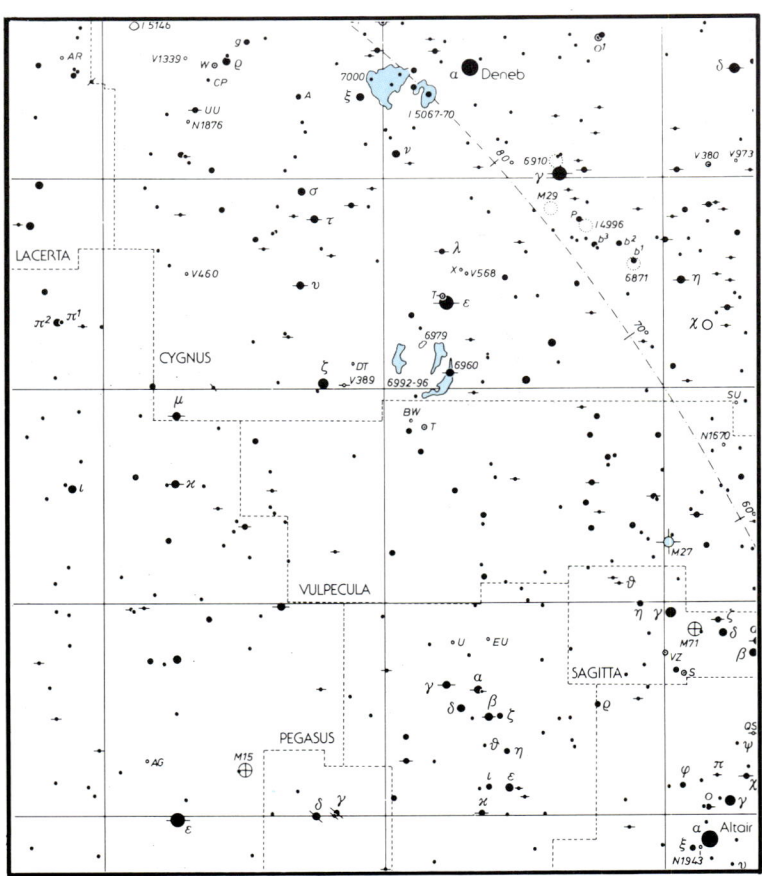

Links:

Teil des großen Orionnebels. Der größte Teil seines Lichts kommt von dem leuchtenden Wasserstoffgas, das wie z. B. links im Bild teilweise von davorliegendem Staub verdeckt wird. Der blaue Fleck um den Stern ist ein kleiner Reflexionsnebel.

Die SB-Galaxie NGC 4569 ist wahrscheinlich unserer Milchstraße ähnlich.

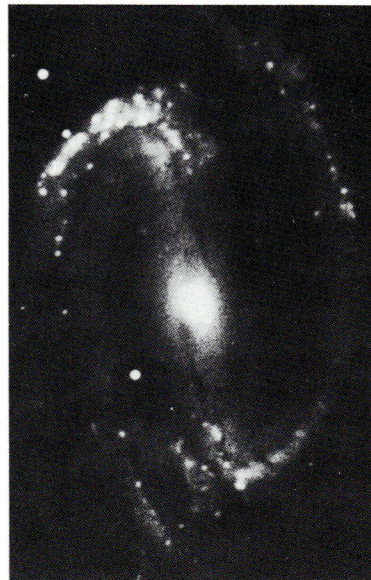

Die Balkenspirale (SBb) NGC 1300.

Die Sc-Spiralgalaxie NGC 4565 von der Kante gesehen läßt einen typischen Staubgürtel erkennen.

Galaxien

Die elliptische Galaxie vom Typ E 5 (NGC 205) ist ein Begleiter des Andromedanebels M 31.

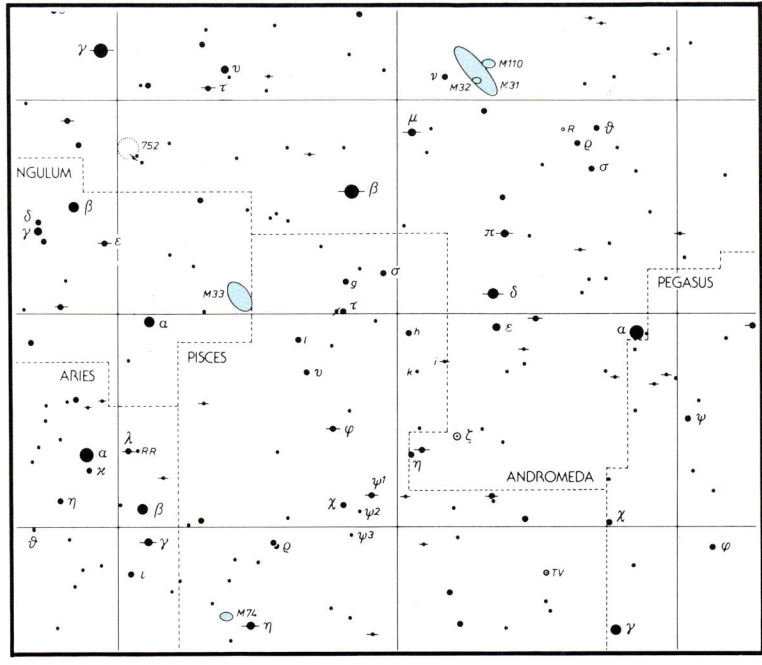

In einer sehr klaren Nacht erkennen wir, wie sich die Milchstraße quer über den Himmel zieht und die dichten Sternwolken im Schützen vermeintlich eine Ausbeulung bilden. Beides vermittelt uns andeutungsweise, daß unsere Galaxie aus einer diskusförmigen Scheibe mit einem zentralen Kern besteht. Die Struktur anderer Galaxien präsentiert sich uns deutlicher. Einige von ihnen wie M 31, der große Andromedanebel, und M 33 im Triangulum sind Spiralgalaxien (S). Sie haben ausgedehnte, flache Scheiben und lange, aus Staub, Gas und jungen Sternen bestehende Spiralarme. Die Kerne in ihrem Zentrum sind abgeflachte Kugeln aus älteren, röteren Sternen (unsere Galaxie gehört zu diesem Typ). Einige Galaxien haben weit geöffnete Spiralarme, in anderen wickeln sich die Spiralen eng um den Kern. In einer Unterklasse, den *Balkenspiralen* (SB), gehen die Arme von den Enden eines deutlichen Balkens, der quer durch das Zentrum verläuft, aus. Die andere große Klasse bilden die *elliptischen Galaxien*. Es sind strukturarme Sternanhäufungen, manche davon kugelförmig (E0), andere durch ihre Rotation mehr oder weniger abgeplattet. E7-Galaxien zeigen sich, von der Seite gesehen, als lange, dünne Ellipsen. Zwischen den elliptischen und den Spiralgalaxien sind die S0- und SB0-Galaxien einzuordnen, die aus zentralen Kernen und strukturlosen Sternscheiben bestehen. Alle elliptischen Galaxien enthalten wenig Staub und Gase, ihre Sterne sind alt und rötlich. Zwar sind die massereichsten Galaxien elliptisch, daneben gibt es aber auch sehr kleine, die mehr wie große Kugelhaufen aussehen. Obwohl M 87 in der Jungfrau einige Besonderheiten aufweist, ist sie eine riesige E1-Galaxie. M 32 und NGC 205, die Begleitgalaxien des Andromedanebels, gehören zu den kleineren.
Schließlich gibt es noch die *unregelmäßigen Galaxien*. In kleinen Teleskopen kann man nur wenige sehen; die Kleine Magellansche Wolke gibt einen Eindruck von ihrem Aussehen. (Obwohl die Große Magellansche Wolke unregelmäßig aussieht, scheint sie doch auch eine Spiralstruktur zu besitzen.) Helle blaue Sterne findet man nur in unregelmäßigen und in Spiralgalaxien, ein Zeichen dafür, daß dort noch vor kurzem Sterne entstanden sind. Die dichten Anhäufungen von Sternen und Staub in der Milchstraße ver-

sperren unseren Blick auf die äußeren Teile unserer eigenen Galaxie und auf andere Galaxien. Man beobachtet deshalb die meisten Galaxien außerhalb der Milchstraßenebene, in der Gegend der galaktischen Pole in den Sternbildern Coma Berenices und Sculptor. Besonders die nördliche Region (Coma, Leo und Virgo) enthält zahlreiche Galaxien.

Unsere Nachbargalaxien M 31 und M 33 kann man mit bloßem Auge sehen, allerdings ist M 33 ein schwieriges Beobachtungsobjekt. M 32 und NGC 205 (M 110) haben etwa die scheinbare Größe m = 9; deshalb braucht man ein Fernrohr, um sie zu sehen.

Galaxien

Bezeichnung	RA		Dec (2000)		Typ
	h	m	°	'	
M 32	00	43	+40	53	E2
M 31 (Großer Andromedanebel)	00	43	+41	17	Sb
SMC (Kleine Magellansche Wolke)	00	52	−73	14	Irr
M 33	01	34	+30	39	Sc
LMC (Große Magellansche Wolke)	05	20	−69	00	Irr
M 82	09	56	+69	42	Irr
M 81	09	56	+69	04	Sb
M 87	12	31	+12	23	E0
M 104 (Sombrero)	12	40	−11	38	Sa/Sb
M 94	12	51	+41	07	Sb
M 64	12	57	+21	41	Sa/Sb
NGC 5128	13	26	−43	00	S0/pec
M 51 („Whirlpool")	13	30	+47	12	Sb
M 83	13	37	−29	52	Sc
M 101	14	03	+54	21	Sc

Nördliche Hemisphäre

Äquinoktium / Epoche 2000.0

Wil Tirion

Mag. -1 0 1 2 3 4 5

Sternkarten

Die Sternkarten auf diesen beiden Seiten zeigen den ganzen Himmel. Sie sollen als Wegweiser für die Benutzung der detaillierten Karten auf den nächsten Seiten dienen. Diese enthalten Sterne bis zur 6. Größe, das entspricht der Grenze für das bloße Auge bei guten Sichtverhältnissen. (Die oben abgebildeten Karten enthalten zusätzlich zu den Sternen einige helle Objekte wie Sternhaufen.)

Die Sternbilder tragen die 88 von der Internationalen Astronomischen Union festgesetzten lateinischen Bezeichnungen (s. S. 67). Zum Teil werden in den Karten die Standardabkürzungen benutzt. Die Begrenzungslinien der Sternbilder entsprechen der Festlegung, auf die man sich nach Jahren eines gewissen Durcheinanders im Jahre 1930 geeinigt hatte. Diese Grenzen werden durch die Rektaszensions- und Deklinationskreise für 1875 gebildet, daher geben die Karten auch einen Eindruck von der Größe der Präzession.

Die hellsten Sterne haben Eigennamen, die zum größten Teil aus dem Altertum stammen. Besonders am Südhimmel wurden einige aber auch erst in den letzten Jahrhunderten hauptsächlich zum Gebrauch in der Seefahrt mit Namen versehen. In jeder Konstellation werden die helleren Sterne mit griechischen oder lateinischen Buchstaben bezeichnet, die Johannes BAYER zu Beginn des 17. Jahrhunderts einführte. Normalerweise, wenn auch mit Ausnahmen, hat der hellste Stern die Bezeichnung „α", die ande-

ren folgen in etwa mit abnehmenden Helligkeiten. Einige haben zusätzliche Indizes erhalten, um die Identifizierung zu erleichtern, z. B. in der Serie π^1 bis π^6 im Orion. BAYER hat weiter auch lateinische Buchstaben verwendet. In der Mitte des 19. Jahrhunderts benutzte ARGELANDER Großbuchstaben ab „R" zur Kennzeichnung veränderlicher Sterne. Lateinische Doppelbuchstaben und Zahlen mit vorangehendem „V" wurden noch später eingeführt, um mit der großen Zahl der neu entdeckten Veränderlichen Schritt zu halten. Helle Novae erscheinen auf den Karten mit ihrer üblichen Bezeichnung: dem Jahr ihres Aufleuchtens mit vorangestelltem „N" (z. B. N 1901 im Perseus). Veränderliche sind in die Karten aufgenommen, wenn sie im Maximum die 6. Größe erreichen (oder früher einmal erreicht haben).

Für nicht-stellare Objekte gibt es verschiedene Bezeichnungsweisen. Die meisten hellen Sternhaufen und Galaxien des Nordhimmels und einige des Südhimmels haben *Messier-Nummern* (M 1 bis M 110). Zahlen, die auf den Karten ohne Buchstaben erscheinen (z. B. 7000, der Nordamerikanebel im Schwan) sind NGC-Nummern des „New General Catalogue of Nebulae and Clusters of Stars", veröffentlicht von J. C. E. DREYER im Jahre 1888. Dieser Katalog war eine Neuauflage eines früheren Katalogs von John HERSCHEL. Objekte aus DREYERS späterem „Index Catalogue" (IC) werden mit einem „I" versehen, (z. B. I 2602, der helle Haufen, der ϑ Carinae enthält). Einige besondere Objekte werden neben den Karten nochmals aufgeführt. Der *galaktische Äquator,* die Zentralebene unserer Milchstraße, ist mit einer Einteilung von 0 bis 360° dargestellt, wobei 0° die Richtung des galaktischen Zentrums angibt. Die Abkürzungen NGP und SGP bezeichnen die Lage der beiden galaktischen Pole. Die blau gefärbten Regionen zeigen die

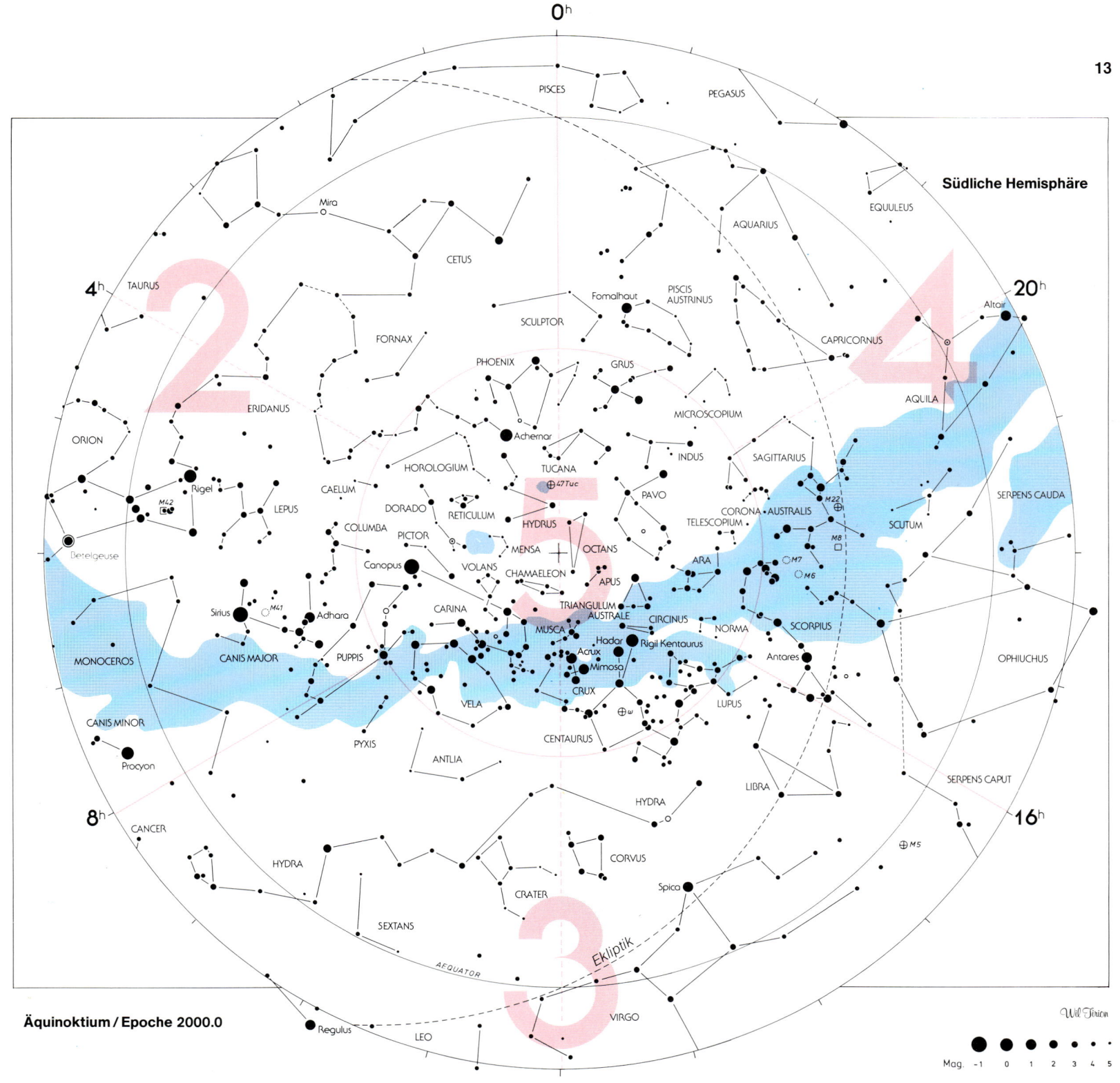

Südliche Hemisphäre

Äquinoktium / Epoche 2000.0

Wil Tirion

Mag. -1 0 1 2 3 4 5

Griechisches Alphabet

| großer | kleiner | | großer | kleiner | |
Buchstabe			**Buchstabe**		
A	α	Alpha	N	ν	Ny
B	β	Beta	Ξ	ξ	Xi
Γ	γ	Gamma	O	o	Omikron
Δ	δ	Delta	Π	π	Pi
E	ε	Epsilon	P	ρ	Rho
Z	ζ	Zeta	Σ	σ	Sigma
H	η	Eta	T	τ	Tau
Θ	ϑ	Theta	Y	υ	Ypsilon
I	ι	Jota	Φ	φ	Phi
K	κ	Kappa	X	x	Chi
Λ	λ	Lambda	Ψ	ψ	Psi
M	μ	My	Ω	ω	Omega

Datum		Rektaszension	Datum		Rektaszension
Januar	5.	7 h	Juli	6.	19 h
	18.	8 h		21.	20 h
Februar	2.	9 h	August	5.	21 h
	17.	10 h		21.	22 h
März	5.	11 h	September	7.	23 h
	21.	12 h		24.	00 h
April	6.	13 h	Oktober	10.	1 h
	23.	14 h		29.	2 h
Mai	8.	15 h	November	10.	3 h
	23.	16 h		25.	4 h
Juni	7.	17 h	Dezember	8.	5 h
	22.	18 h		22.	6 h

dichtesten Gebiete der Milchstraße. Am Südhimmel sind mit LMC und SMC die beiden Magellanschen Wolken angegeben.

Auch die Ekliptik ist mit ihrer Längeneinteilung eingezeichnet, einem weiteren gebräuchlichen Koordinatensystem, das ebenfalls am Frühlingspunkt beginnt. Die Sonne bewegt sich um knapp 1° pro Tag auf der Ekliptik.

Die Sichtbarkeit der einzelnen Himmelsgebiete hängt ab von der Jahreszeit, der Tageszeit und der geographischen Breite des Beobachtungsorts. Die Tabelle gibt in etwa an, wann eine bestimmte Rektaszension den 0^h-Meridian um 0.00h (Mitternacht) kreuzt und daher am besten sichtbar ist. Dies gilt für Beobachter auf der südlichen und nördlichen Hemisphäre. Objekte mit kleinerer RA (westlich) sind dann vor Mitternacht im Meridian, die mit größerer RA später.

Theoretisch kann ein Beobachter bei 50° nördlicher Breite Objekte bis hinunter zu −40° Deklination sehen. Praktisch kann man aber kaum Sterne unterhalb von 10° Höhe über dem Horizont beobachten. Deshalb ist −30° eine realistischere Grenze. Entsprechendes gilt für einen Beobachter auf der südlichen Erdhalbkugel, z. B. bei −30° geographischer Breite. Er kann den Himmel bis zu einer Deklination von etwa +50° sehen. Die Höhe des Pols über dem Horizont ist immer gleich der geographischen Breite (ohne Berücksichtigung des Vorzeichens), und alle Objekte, die dem Pol näher sind als dieser Winkelabstand, sind *zirkumpolar*. Obwohl Objekte unterhalb einer Horizonthöhe von 10° durch die Atmosphäre stark geschwächt werden, sollte man sie doch zu bestimmten Zeiten der Nacht sehen können. Allerdings kann die lange Dämmerung der Sommernächte auch das verhindern.

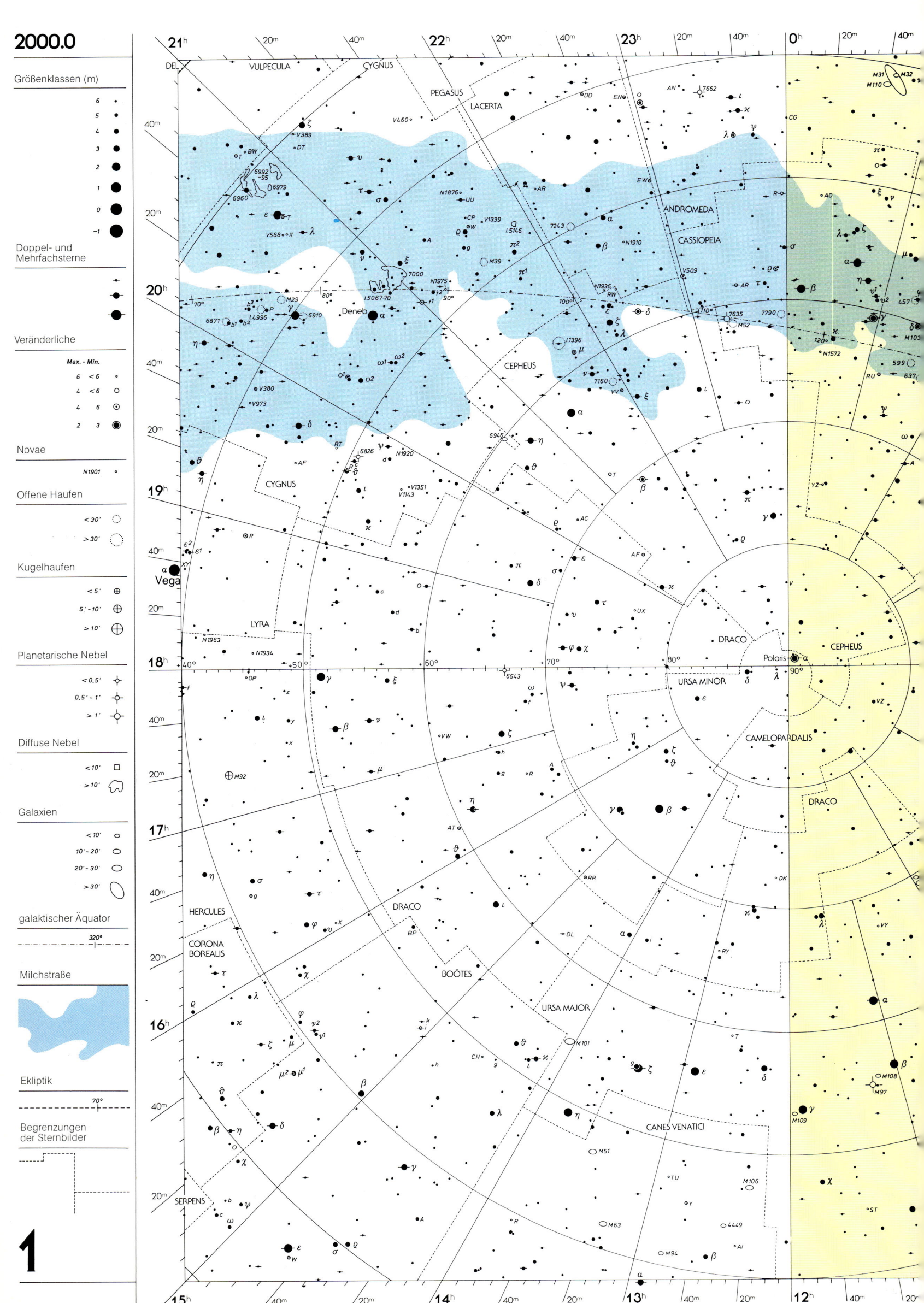

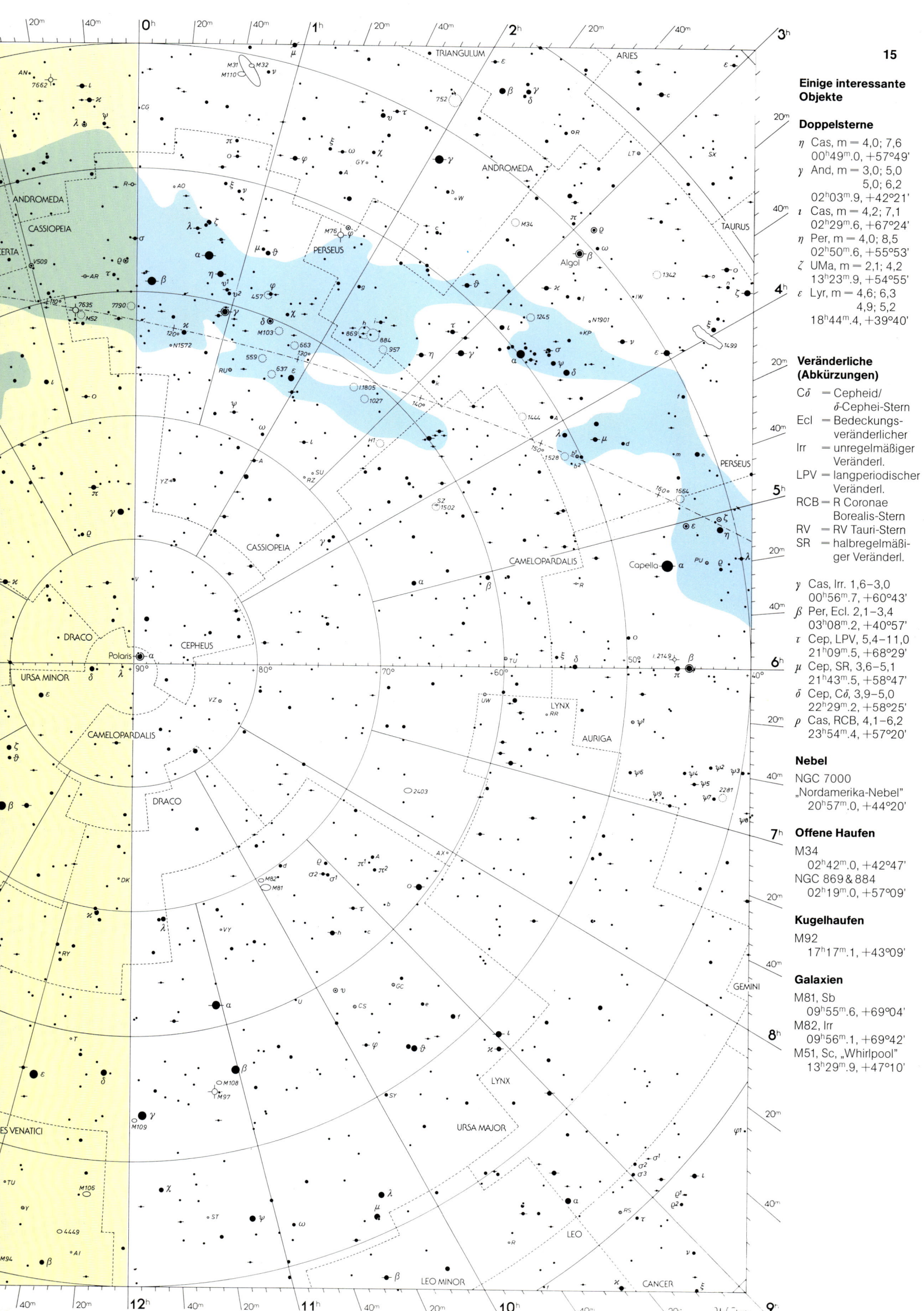

Einige interessante Objekte

Doppelsterne

η Cas, m = 4,0; 7,6
00^h49^m.0, +57°49'

γ And, m = 3,0; 5,0
5,0; 6,2
02^h03^m.9, +42°21'

ι Cas, m = 4,2; 7,1
02^h29^m.6, +67°24'

η Per, m = 4,0; 8,5
02^h50^m.6, +55°53'

ζ UMa, m = 2,1; 4,2
13^h23^m.9, +54°55'

ε Lyr, m = 4,6; 6,3
4,9; 5,2
18^h44^m.4, +39°40'

Veränderliche (Abkürzungen)

Cδ = Cepheid/
δ-Cephei-Stern

Ecl = Bedeckungs-
veränderlicher

Irr = unregelmäßiger
Veränderl.

LPV = langperiodischer
Veränderl.

RCB = R Coronae
Borealis-Stern

RV = RV Tauri-Stern

SR = halbregelmäßi-
ger Veränderl.

γ Cas, Irr. 1,6–3,0
00^h56^m.7, +60°43'

β Per, Ecl. 2,1–3,4
03^h08^m.2, +40°57'

τ Cep, LPV, 5,4–11,0
21^h09^m.5, +68°29'

μ Cep, SR, 3,6–5,1
21^h43^m.5, +58°47'

δ Cep, Cδ, 3,9–5,0
22^h29^m.2, +58°25'

ρ Cas, RCB, 4,1–6,2
23^h54^m.4, +57°20'

Nebel

NGC 7000
„Nordamerika-Nebel"
20^h57^m.0, +44°20'

Offene Haufen

M34
02^h42^m.0, +42°47'
NGC 869 & 884
02^h19^m.0, +57°09'

Kugelhaufen

M92
17^h17^m.1, +43°09'

Galaxien

M81, Sb
09^h55^m.6, +69°04'
M82, Irr
09^h56^m.1, +69°42'
M51, Sc, „Whirlpool"
13^h29^m.9, +47°10'

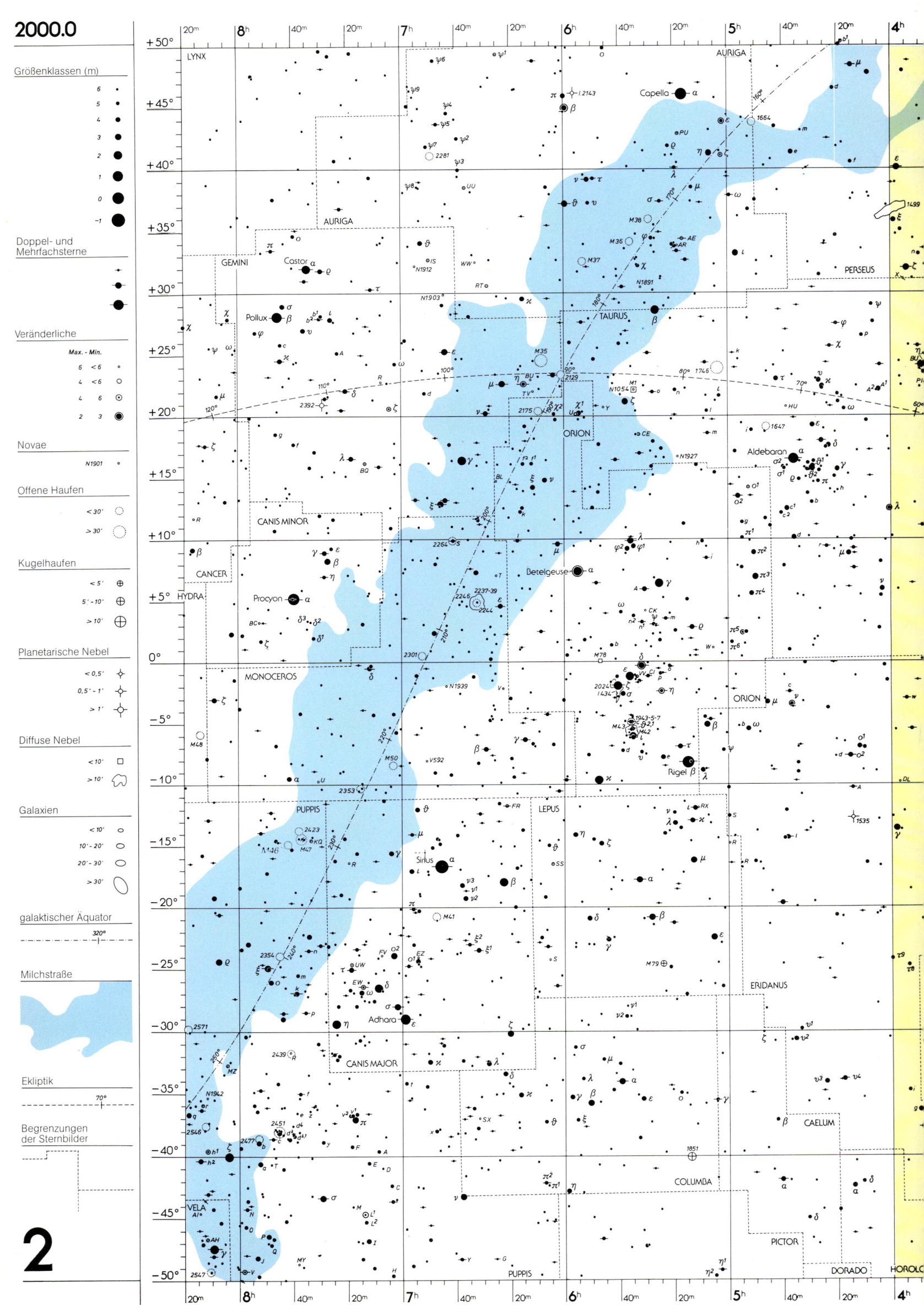

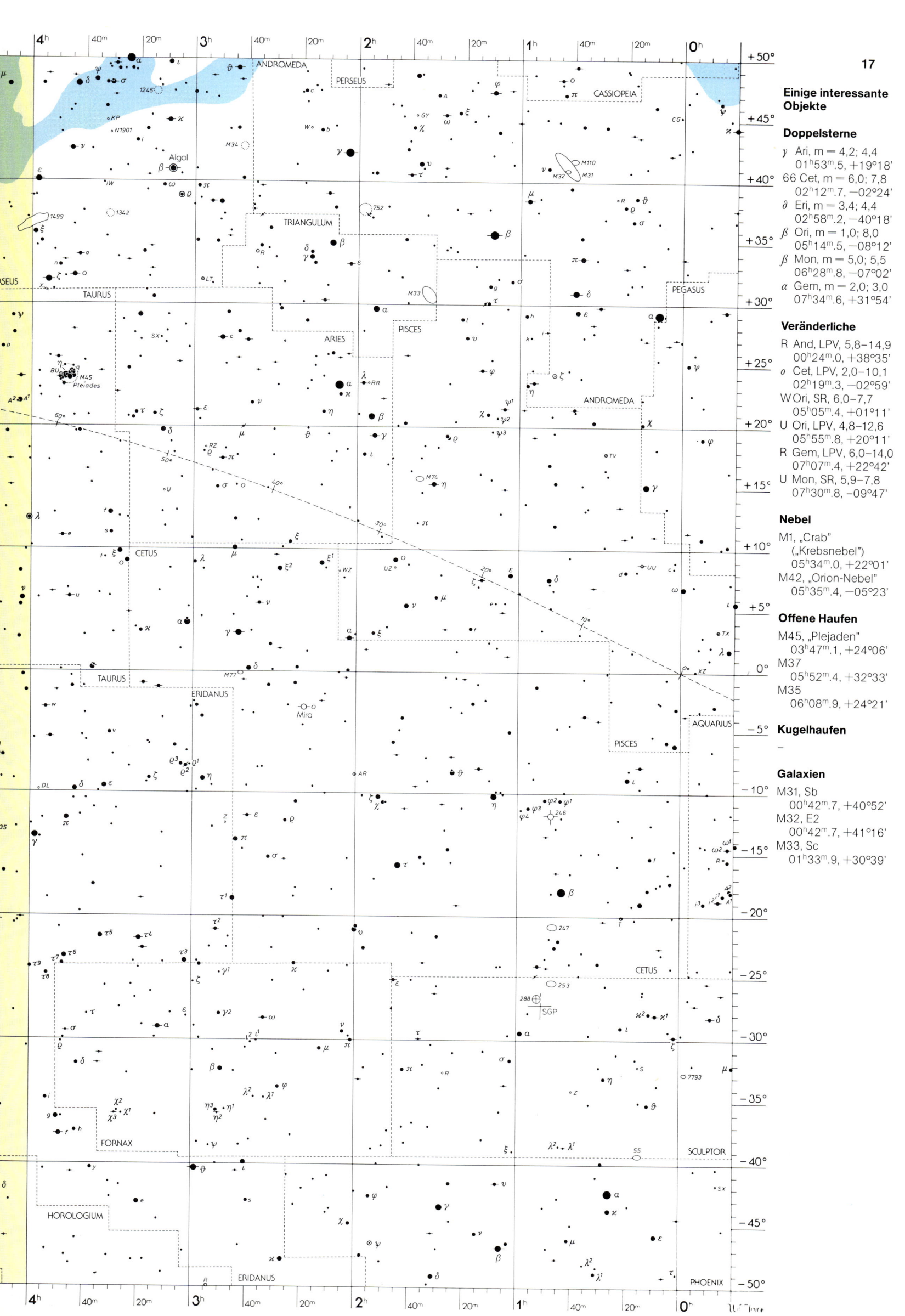

Einige interessante Objekte

Doppelsterne

γ Ari, m = 4,2; 4,4
  01ʰ53ᵐ.5, +19°18'
66 Cet, m = 6,0; 7,8
  02ʰ12ᵐ.7, −02°24'
ϑ Eri, m = 3,4; 4,4
  02ʰ58ᵐ.2, −40°18'
ß Ori, m = 1,0; 8,0
  05ʰ14ᵐ.5, −08°12'
ß Mon, m = 5,0; 5,5
  06ʰ28ᵐ.8, −07°02'
α Gem, m = 2,0; 3,0
  07ʰ34ᵐ.6, +31°54'

Veränderliche

R And, LPV, 5,8–14,9
  00ʰ24ᵐ.0, +38°35'
o Cet, LPV, 2,0–10,1
  02ʰ19ᵐ.3, −02°59'
W Ori, SR, 6,0–7,7
  05ʰ05ᵐ.4, +01°11'
U Ori, LPV, 4,8–12,6
  05ʰ55ᵐ.8, +20°11'
R Gem, LPV, 6,0–14,0
  07ʰ07ᵐ.4, +22°42'
U Mon, SR, 5,9–7,8
  07ʰ30ᵐ.8, −09°47'

Nebel

M1, „Crab"
  („Krebsnebel")
  05ʰ34ᵐ.0, +22°01'
M42, „Orion-Nebel"
  05ʰ35ᵐ.4, −05°23'

Offene Haufen

M45, „Plejaden"
  03ʰ47ᵐ.1, +24°06'
M37
  05ʰ52ᵐ.4, +32°33'
M35
  06ʰ08ᵐ.9, +24°21'

Kugelhaufen

—

Galaxien

M31, Sb
  00ʰ42ᵐ.7, +40°52'
M32, E2
  00ʰ42ᵐ.7, +41°16'
M33, Sc
  01ʰ33ᵐ.9, +30°39'

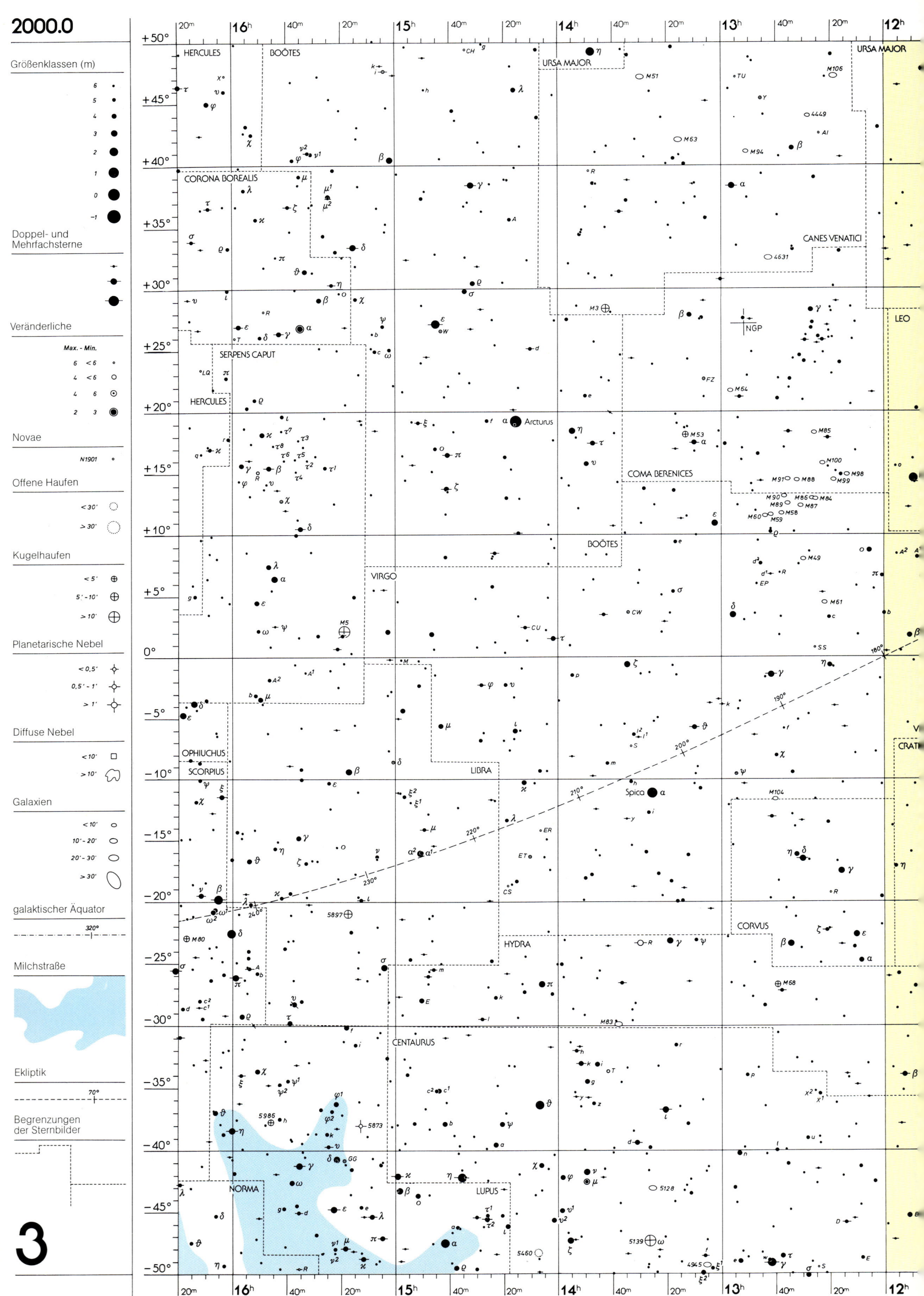

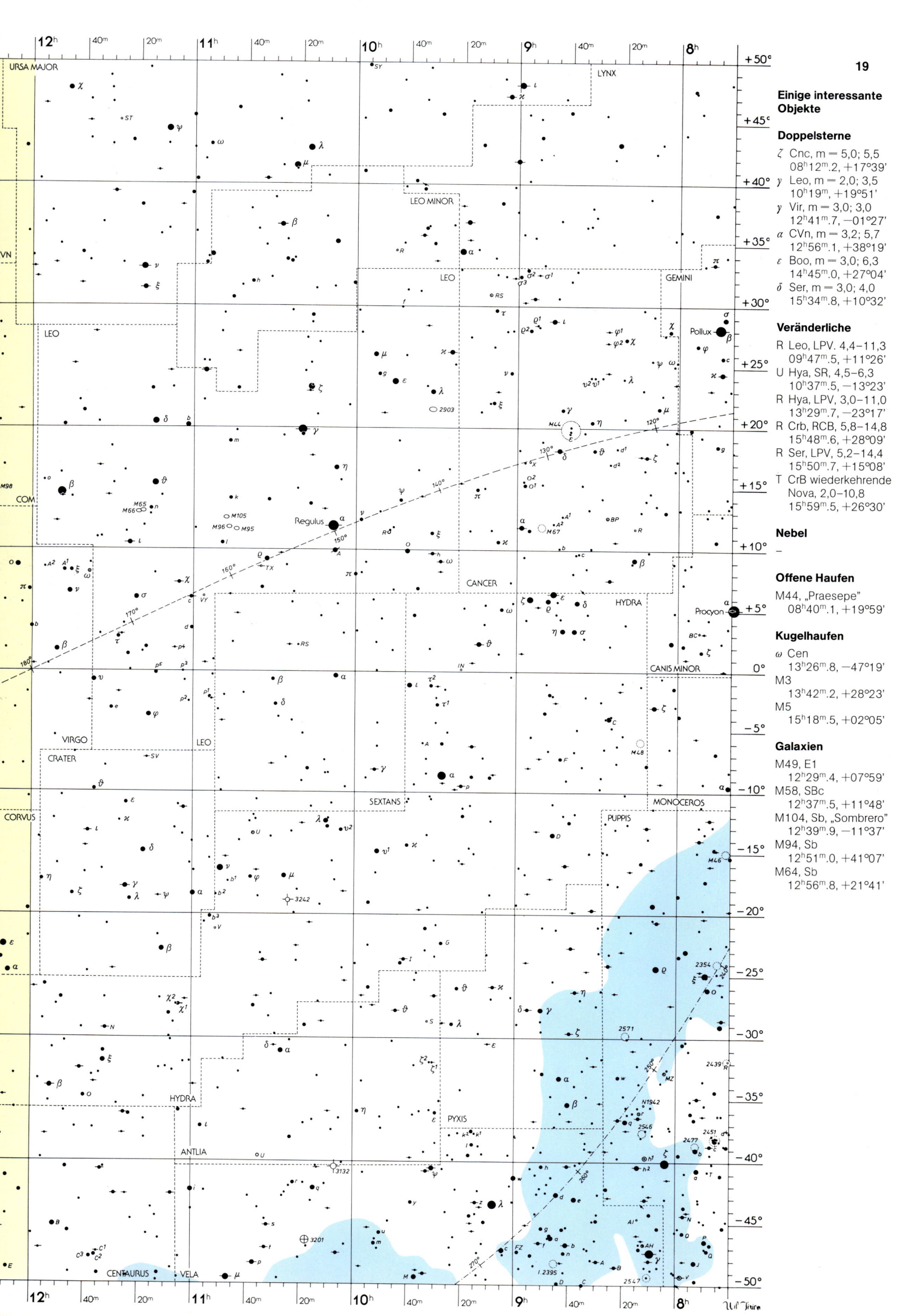

Einige interessante Objekte

Doppelsterne

ζ Cnc, m = 5,0; 5,5
  08ʰ12ᵐ.2, +17°39'
γ Leo, m = 2,0; 3,5
  10ʰ19ᵐ, +19°51'
γ Vir, m = 3,0; 3,0
  12ʰ41ᵐ.7, −01°27'
α CVn, m = 3,2; 5,7
  12ʰ56ᵐ.1, +38°19'
ε Boo, m = 3,0; 6,3
  14ʰ45ᵐ.0, +27°04'
δ Ser, m = 3,0; 4,0
  15ʰ34ᵐ.8, +10°32'

Veränderliche

R Leo, LPV. 4,4–11,3
  09ʰ47ᵐ.5, +11°26'
U Hya, SR, 4,5–6,3
  10ʰ37ᵐ.5, −13°23'
R Hya, LPV, 3,0–11,0
  13ʰ29ᵐ.7, −23°17'
R Crb, RCB, 5,8–14,8
  15ʰ48ᵐ.6, +28°09'
R Ser, LPV, 5,2–14,4
  15ʰ50ᵐ.7, +15°08'
T CrB wiederkehrende
  Nova, 2,0–10,8
  15ʰ59ᵐ.5, +26°30'

Nebel
–

Offene Haufen

M44, „Praesepe"
  08ʰ40ᵐ.1, +19°59'

Kugelhaufen

ω Cen
  13ʰ26ᵐ.8, −47°19'
M3
  13ʰ42ᵐ.2, +28°23'
M5
  15ʰ18ᵐ.5, +02°05'

Galaxien

M49, E1
  12ʰ29ᵐ.4, +07°59'
M58, SBc
  12ʰ37ᵐ.5, +11°48'
M104, Sb, „Sombrero"
  12ʰ39ᵐ.9, −11°37'
M94, Sb
  12ʰ51ᵐ.0, +41°07'
M64, Sb
  12ʰ56ᵐ.8, +21°41'

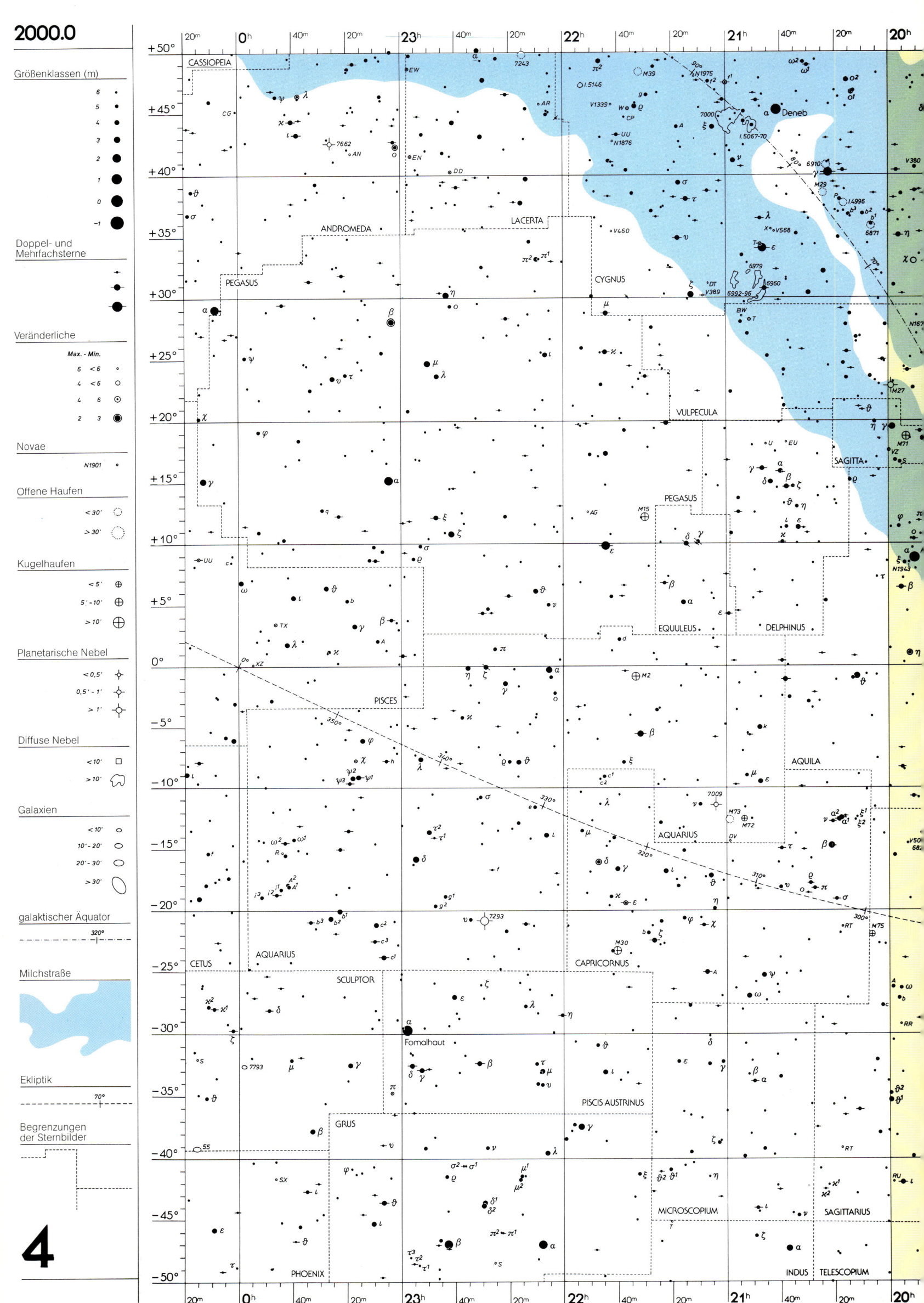

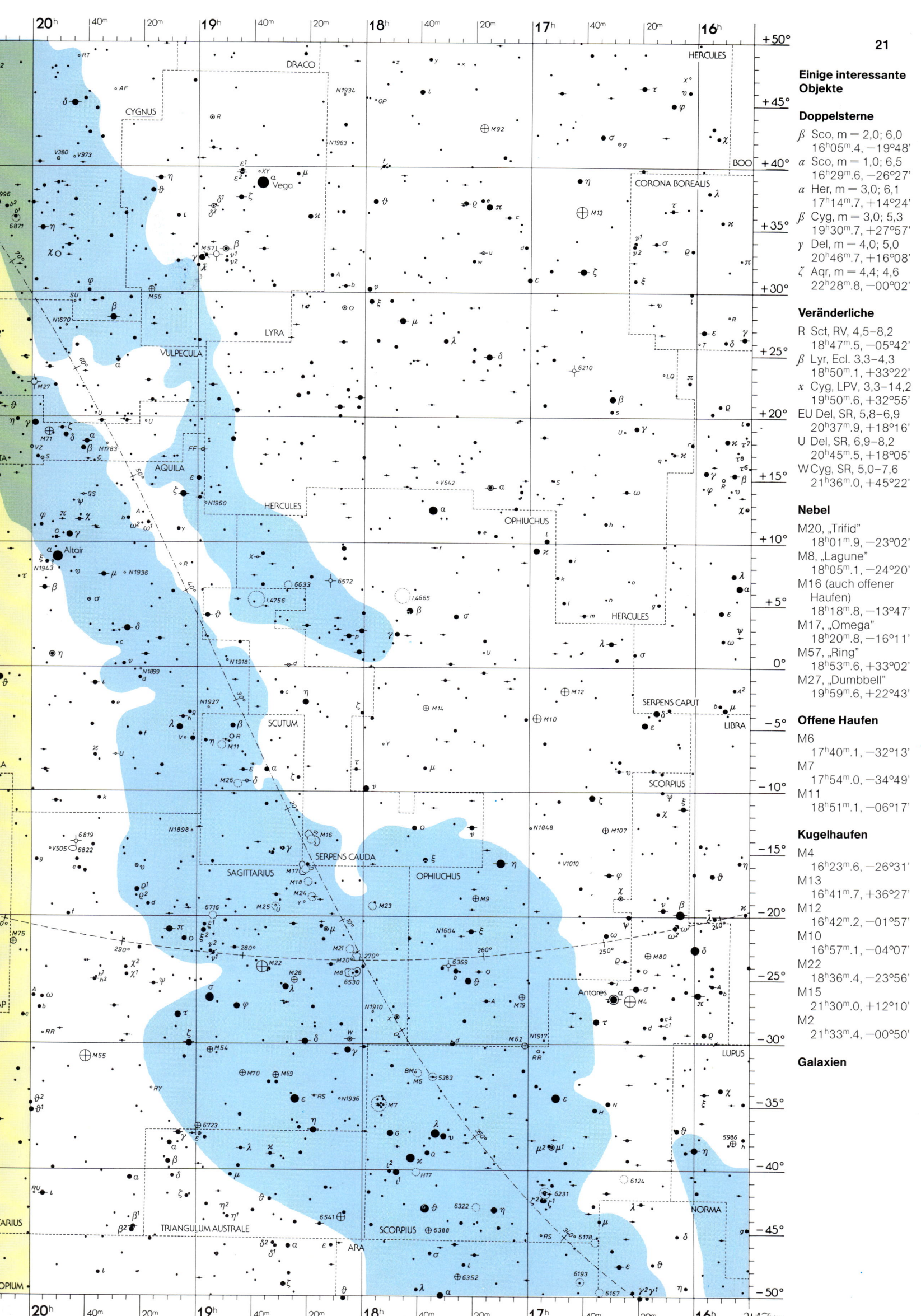

Einige interessante Objekte

Doppelsterne

β Sco, m = 2,0; 6,0
16h05m.4, −19°48'
α Sco, m = 1,0; 6,5
16h29m.6, −26°27'
α Her, m = 3,0; 6,1
17h14m.7, +14°24'
β Cyg, m = 3,0; 5,3
19h30m.7, +27°57'
γ Del, m = 4,0; 5,0
20h46m.7, +16°08'
ζ Aqr, m = 4,4; 4,6
22h28m.8, −00°02'

Veränderliche

R Sct, RV, 4,5−8,2
18h47m.5, −05°42'
β Lyr, Ecl. 3,3−4,3
18h50m.1, +33°22'
x Cyg, LPV, 3,3−14,2
19h50m.6, +32°55'
EU Del, SR, 5,8−6,9
20h37m.9, +18°16'
U Del, SR, 6,9−8,2
20h45m.5, +18°05'
W Cyg, SR, 5,0−7,6
21h36m.0, +45°22'

Nebel

M20, „Trifid"
18h01m.9, −23°02'
M8, „Lagune"
18h05m.1, −24°20'
M16 (auch offener
Haufen)
18h18m.8, −13°47'
M17, „Omega"
18h20m.8, −16°11'
M57, „Ring"
18h53m.6, +33°02'
M27, „Dumbbell"
19h59m.6, +22°43'

Offene Haufen

M6
17h40m.1, −32°13'
M7
17h54m.0, −34°49'
M11
18h51m.1, −06°17'

Kugelhaufen

M4
16h23m.6, −26°31'
M13
16h41m.7, +36°27'
M12
16h42m.2, −01°57'
M10
16h57m.1, −04°07'
M22
18h36m.4, −23°56'
M15
21h30m.0, +12°10'
M2
21h33m.4, −00°50'

Galaxien

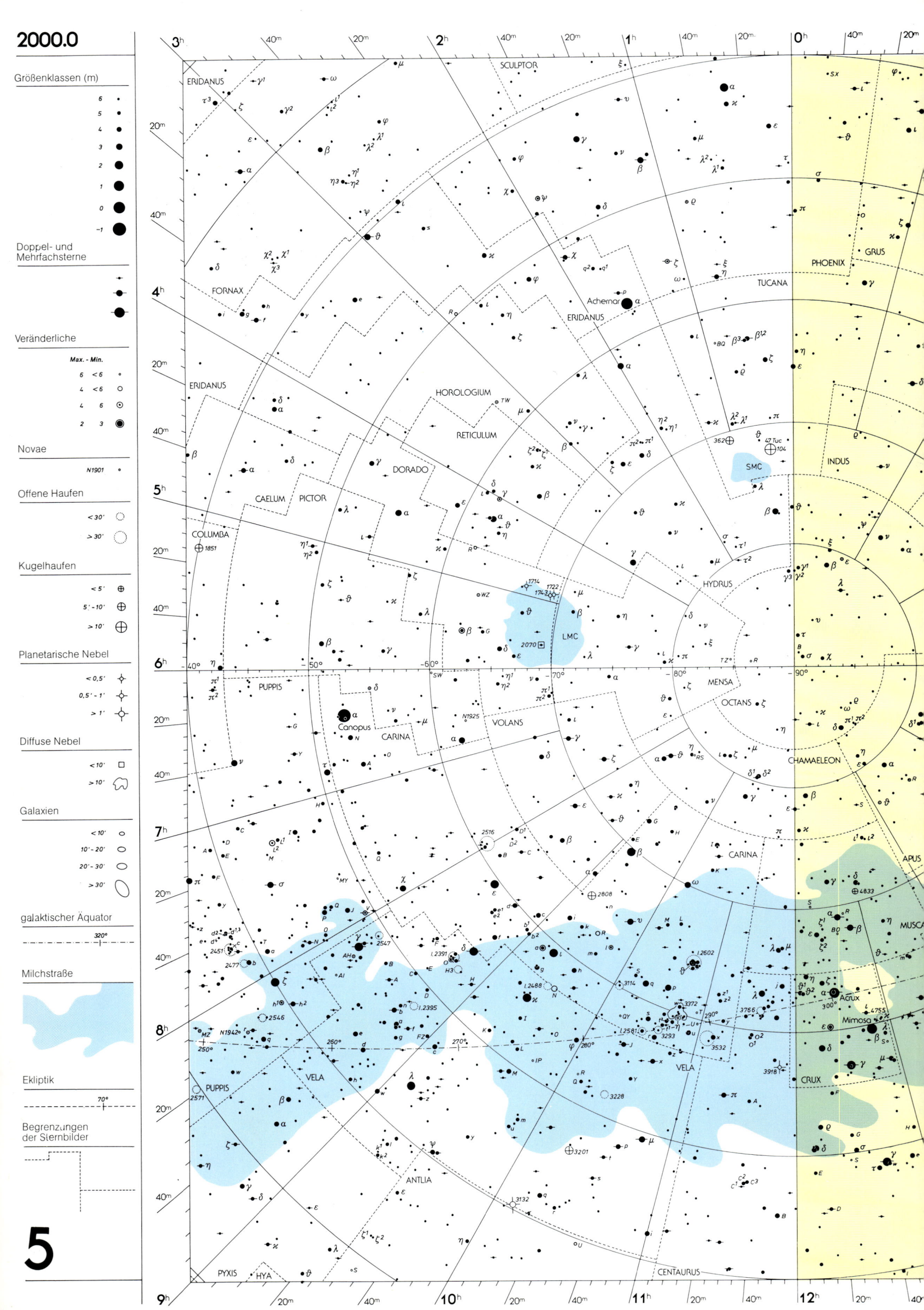

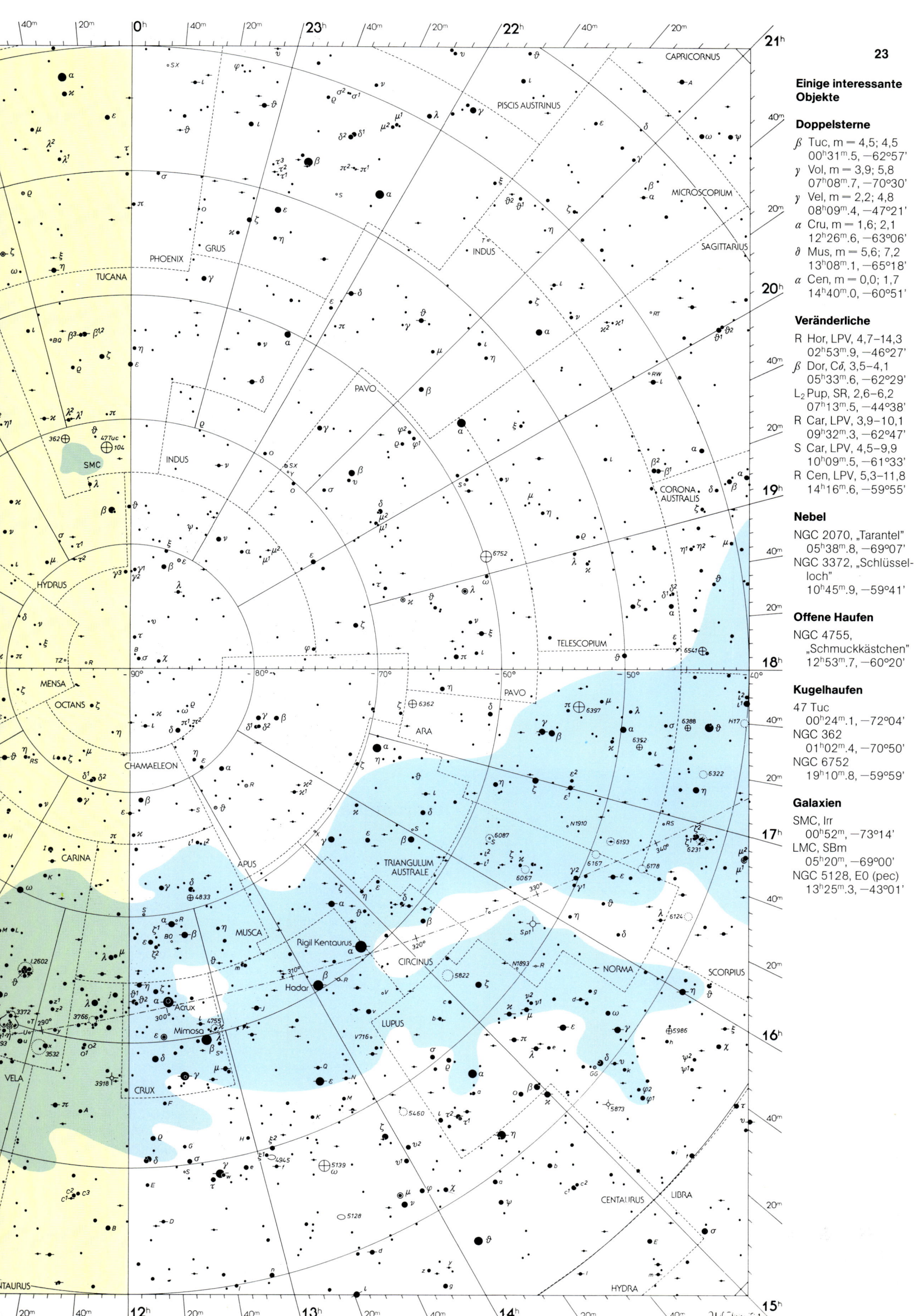

Einige interessante Objekte

Doppelsterne

β Tuc, m = 4,5; 4,5
00ʰ31ᵐ.5, −62°57'
γ Vol, m = 3,9; 5,8
07ʰ08ᵐ.7, −70°30'
γ Vel, m = 2,2; 4,8
08ʰ09ᵐ.4, −47°21'
α Cru, m = 1,6; 2,1
12ʰ26ᵐ.6, −63°06'
θ Mus, m = 5,6; 7,2
13ʰ08ᵐ.1, −65°18'
α Cen, m = 0,0; 1,7
14ʰ40ᵐ.0, −60°51'

Veränderliche

R Hor, LPV, 4,7–14,3
02ʰ53ᵐ.9, −46°27'
β Dor, Cδ, 3,5–4,1
05ʰ33ᵐ.6, −62°29'
L₂ Pup, SR, 2,6–6,2
07ʰ13ᵐ.5, −44°38'
R Car, LPV, 3,9–10,1
09ʰ32ᵐ.3, −62°47'
S Car, LPV, 4,5–9,9
10ʰ09ᵐ.5, −61°33'
R Cen, LPV, 5,3–11,8
14ʰ16ᵐ.6, −59°55'

Nebel

NGC 2070, „Tarantel"
05ʰ38ᵐ.8, −69°07'
NGC 3372, „Schlüsselloch"
10ʰ45ᵐ.9, −59°41'

Offene Haufen

NGC 4755,
„Schmuckkästchen"
12ʰ53ᵐ.7, −60°20'

Kugelhaufen

47 Tuc
00ʰ24ᵐ.1, −72°04'
NGC 362
01ʰ02ᵐ.4, −70°50'
NGC 6752
19ʰ10ᵐ.8, −59°59'

Galaxien

SMC, Irr
00ʰ52ᵐ, −73°14'
LMC, SBm
05ʰ20ᵐ, −69°00'
NGC 5128, E0 (pec)
13ʰ25ᵐ.3, −43°01'

Karten der Sternbilder

Einführung

Auf dieser und den folgenden Seiten werden Karten von 88 Sternbildern wiedergegeben sowie eine kurze Beschreibung der wichtigsten Objekte. Die Überschriften geben die offiziellen Bezeichnungen mit ihrem lateinischen Genitiv, die Standardabkürzungen und die deutschen Übersetzungen an.

Die Konstellationen (Sternbilder) haben sehr unterschiedliche Ausdehnungen, von der großen Hydra (1303 Quadratgrad) bis zu Crux (68 Quadratgrad). Hydra überdeckt fast sieben Stunden in Rektaszension und Eridanus fast 60° in Deklination. Deshalb wurde für jede Karte ein jeweils günstiger Maßstab gewählt. Auf sämtlichen Karten wurde an einem der Rektaszensionskreise mit einem Pfeil die Nordrichtung angegeben, die immer oben ist. Die von dem betreffenden Sternbild überdeckte Fläche ist in dunklerem Blau wiedergegeben.

Es wurden Sterne bis zur 5. Größe eingezeichnet. Bei den schwächeren wurden die FLAMSTEED-Nummern angegeben, die der erste ,,Astronomer Royal'' in England (um 1700) ihnen zugeordnet hat. Diese Sterne sind in jeder Konstellation mit wachsender Rektaszension durchnumeriert. Als die Sternbildgrenzen 1930 endgültig festgelegt wurden, rutschten einige der FLAMSTEED-Sterne aus ihrem ursprünglichen Sternbild heraus. Um Verwechselungen zu vermeiden, behielten sie aber ihre alten Nummern. Ein Beispiel ist 10 Ursae Maioris, der jetzt im benachbarten Lynx liegt.

Außerdem gibt es Bezeichnungen für besondere Sterngruppen, die in einem oder in mehreren Sternbildern liegen. Sie sind oft für bestimmte Identifizierungen nützlich, und einige bekannte sind hier zusammen mit den wichtigen zu ihnen gehörenden Sternen angegeben.

Sterngruppe

Name	Sterne
Falsches Kreuz	ε und ι Carinae sowie δ und κ Velorum
Gürtel des Orion	δ, ε und ζ Orionis
Großer Wagen	α, β, γ, δ, ε, ζ und η Ursae Maioris
Kleiner Kreis	β, γ, ϑ, ι, λ und κ Piscium
Kopf des Drachen	β, γ, ξ und ν Draconis
Kopf des Walfischs	α, γ, ζ_2, μ und λ Ceti
Kopf der Wasserschlange	δ, ε, ζ, ρ, η und σ Hydrae
Pegasus-Viereck	α, β und γ Pegasi sowie α Andromedae
Raute	= Kopf des Drachen
Schöpflöffel	ζ, τ, σ, φ, λ und μ Sagittarii
Schwertgehänge des Orion	ϑ und ι Orionis
Sichel	ε, μ, ζ, γ, η und a Leonis
Teetopf	γ, ε, δ, λ, φ, σ, τ und ζ Sagittarii
Wasserkrug	γ, η, π und ζ Aquarii
Zicklein	ε, ζ und η Aurigae

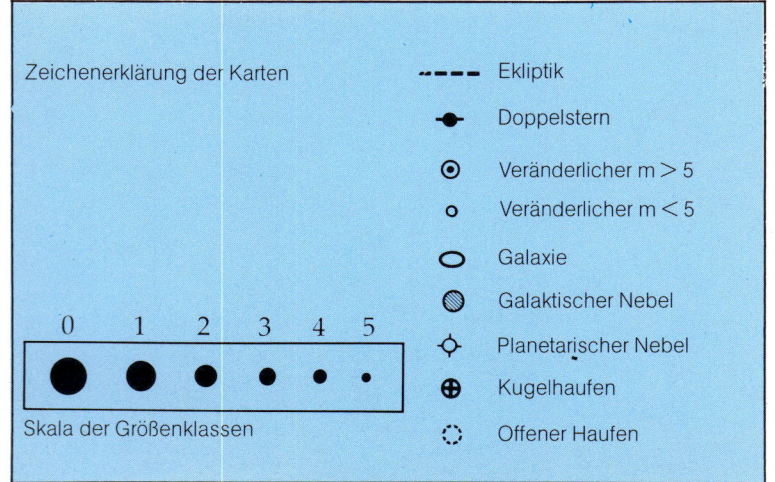

Zeichenerklärung der Karten	
- - - -	Ekliptik
	Doppelstern
⊙	Veränderlicher m > 5
o	Veränderlicher m < 5
⬭	Galaxie
◍	Galaktischer Nebel
✧	Planetarischer Nebel
⊕	Kugelhaufen
⭕	Offener Haufen

Skala der Größenklassen
0 1 2 3 4 5

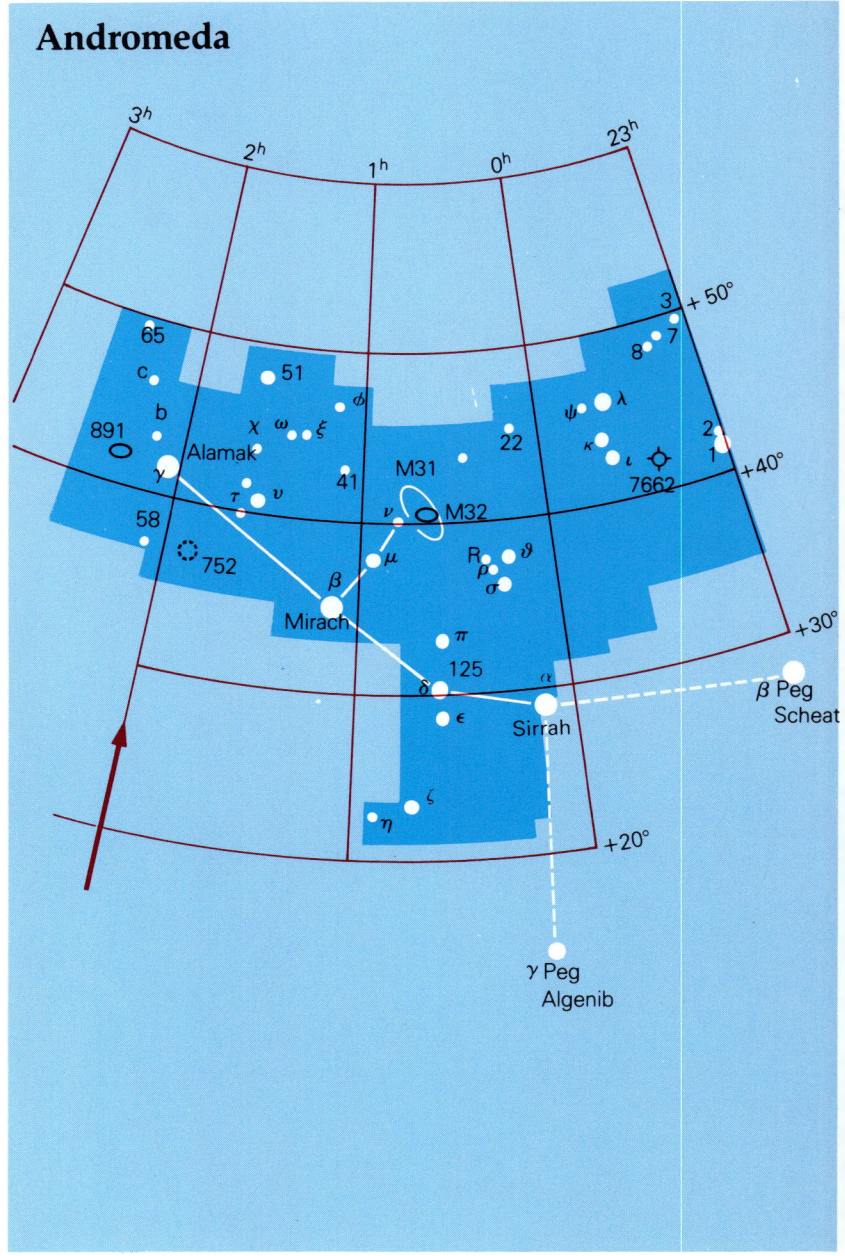

Andromeda Andromedae And *Andromeda*

Dies ist eines der Sternbilder, die ihren Namen schon sehr früh bekamen. Es wird bereits von PTOLEMÄUS (2. Jahrh. n. Chr.) in seinem Katalog aufgeführt.

Mythologisches Geschehen umgibt diesen Namen. Das Sternbild ist eines der bekanntesten am Himmel; nicht so sehr wegen einzelner Sterne, sondern weil es die große Spiralgalaxie M 31 enthält, die unserem Milchstraßensystem benachbart ist. Es sind die beiden größten Systeme der Lokalen Galaxiengruppe, in der etwa 20 Einzelsysteme zusammengefaßt sind.

Die drei hellsten Sterne sind zwischen den Deklinationen 30 bis 40° aufgereiht, sie spannen gewissermaßen die Konstellation auf. Der Stern β, Mirach, ist ein M0-Typ der Größe 2,02. Seine absolute Helligkeit ist M = 0,2 und seine Entfernung 76 Lichtjahre. An der Grenze des Sternbildes (ursprünglich im Pegasus) steht α And, Sirrah, ein B9-Stern mit m = 2,06 und M = −0,1, 90 Lichtjahre von uns entfernt. Am entgegengesetzten Ende zum Perseus hin steht Alamak, γ And, ein K3-Stern mit m = 2,14 und M = −2,4, etwa 260 Lichtjahre entfernt. Es ist eigentlich ein Mehrfachsystem mit Komponenten der Helligkeiten 3,0, 5,0, 5,0 und 6,2.

Fast genau nördlich von δ And wird ein guter Beobachter einen verschwommenen Lichtfleck erkennen können, der auf demselben Deklinationskreis liegt wie Alamak. Es ist der große Andromedanebel M 31 mit einer Gesamthelligkeit von m = 5,0. Das Sternsystem ist etwa 2,2 Millionen Lichtjahre entfernt.

Antlia　　　　　　　　　　　　　　　　　　　**Apus**

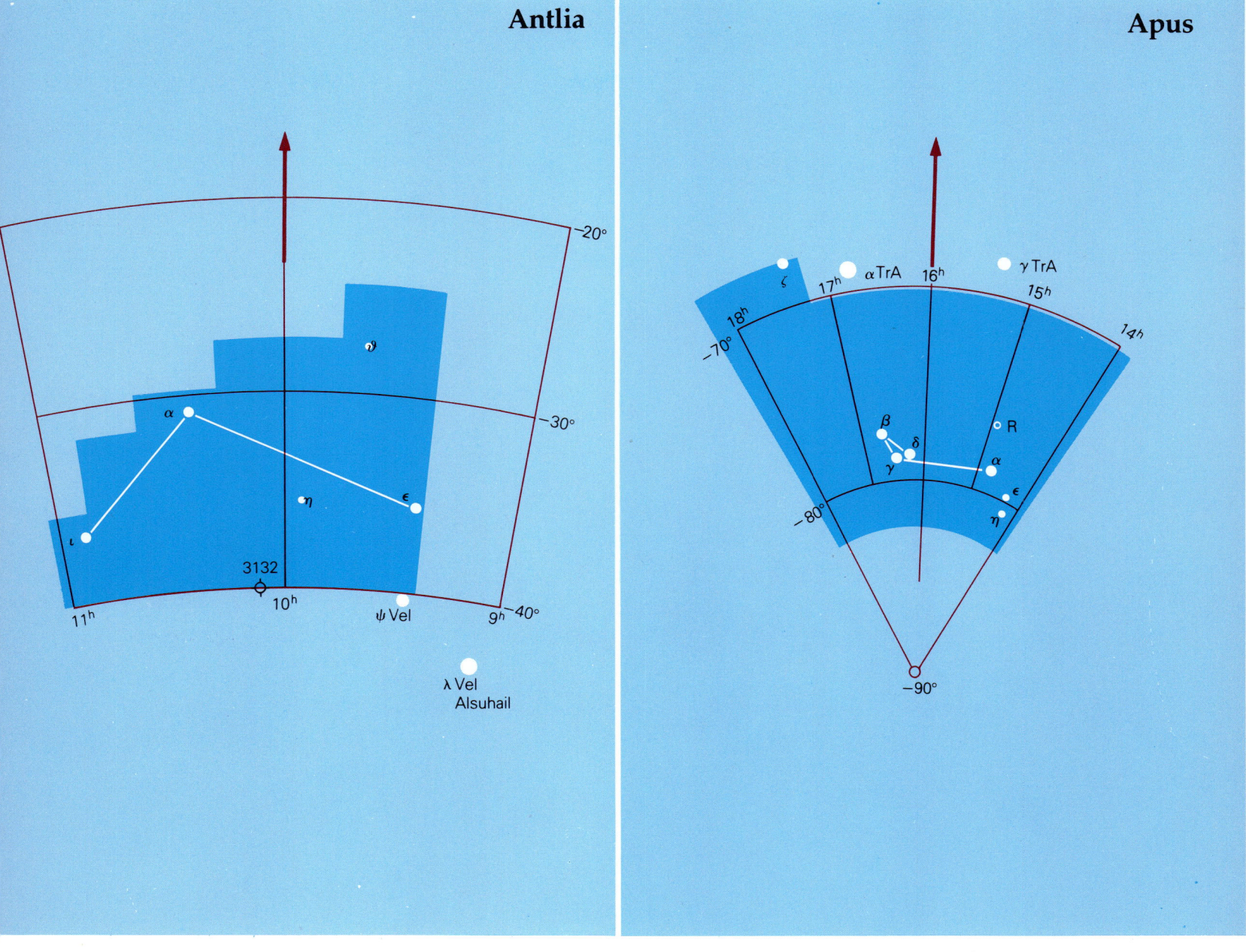

Antlia Antliae Ant *Luftpumpe*

Dieses Sternbild liegt am Südhimmel eingerahmt von Centaurus, Hydra, Pyxis und Vela. Es fällt wenig auf und enthält keine wichtigen Objekte.

Apus Apodis Aps *Paradiesvogel*

Auch Apus liegt am Südhimmel. BAYER nahm das Sternbild im 17. Jahrhundert in seine Liste auf. Ursprünglich wurde es als „Apus Indica" bezeichnet. Es wird flankiert von Musca, Chamaeleon, Octans, Pavo, Triangulum Australe und Circinus. Auch diese Sterngruppe weist keine besonderen Objekte auf. Der hellste Stern α hat die scheinbare Größe 3,8. ϑ ist ein unregelmäßiger Veränderlicher der Spektralklasse M. Seine Helligkeit schwankt zwischen m = 5,0 und 6,6.

Aquarius

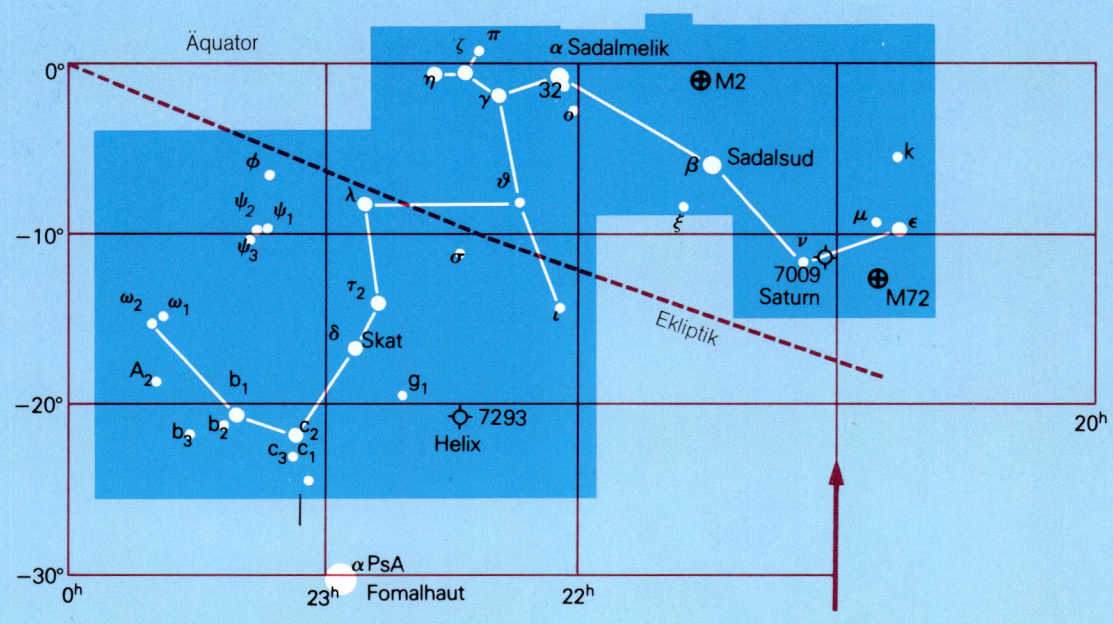

Aquarius Aquarii Aqr *Wassermann*

Aquarius ist ein Tierkreisbild, mit einem der ältesten Sternbildnamen. Die mythologische Gestalt eines Wassermanns beeinflußte die Ägypter in ihrem Glauben, daß sein heliakischer Aufgang (erste Morgensichtbarkeit) dem Land Fruchtbarkeit bringen würde.

Die Konstellation liegt zwischen Pegasus, Equuleus, Delphinus, Aquila, Capricornus, Piscis Austrinus, Sculptor, Cetus und Pisces. Sie erstreckt sich von RA 20^{h}35^m bis zu RA 23^{h}55^m und von Dec 3 bis − 25° und breitet sich über einen großen Abschnitt des Tierkreises aus. Ihr hellster Stern ist β, Sadalsud, mit m = 2,86 und M = − 4,6, ein Überriese, dessen Spektrum sonst Ähnlichkeit mit dem der Sonne hat.

Der Stern α, Sadalmelik, hat die scheinbare Größe 2,96. An ihn schließt sich ein Dreieck aus Sternen an, das man als den Krug des mythologischen Wassermanns ansah. In dem Sternbild finden wir weiter den Saturnnebel, der mit dem Ringplaneten Saturn eine gewisse Ähnlichkeit hat, sowie den berühmten Helixnebel, NGC 7293.

Aquila Aquilae Aql *Adler*

Dieses auffallende Sternbild des Sommerhimmels verdankt seinen Namen dem mythologischen Adler, der ausgesandt war, um Ganymed auf den Olymp zu tragen. Aquila ist immer mit Vögeln in Verbindung gebracht worden, da man in seinen dreieckigen Umrissen einen Vogel mit ausgebreiteten Schwingen erkennen kann.

Das Sternbild liegt genau in der Milchstraße, und deshalb ist es manchmal nicht leicht, den Adler vor dem Sternenhintergrund zu erkennen. α Aql, Atair, ist ein heller, weißer Stern östlich des Apex (Zielrichtung der Sonnenbewegung), nur 16 Lichtjahre von uns entfernt. Er hat die Spektralklasse A 7 und die Helligkeiten m = 0,77, M = 2,3. Direkt neben ihm stehen Tarazed (γ Aql), m = 2,7 und 340 Lichtjahre entfernt sowie Alshain (β Aql) mit m = 3,9. η Aql ist ein bekannter δ Cephei-Veränderlicher (m = 3,7 bis 4,4) mit einer Periode von sieben Tagen.

Aquila

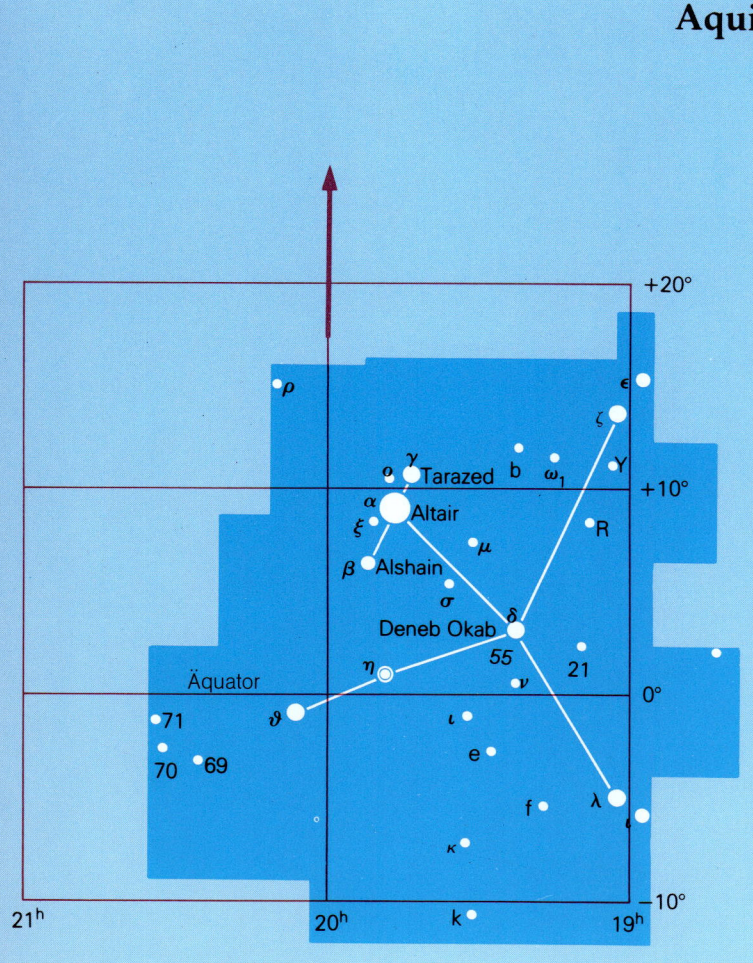

Ara

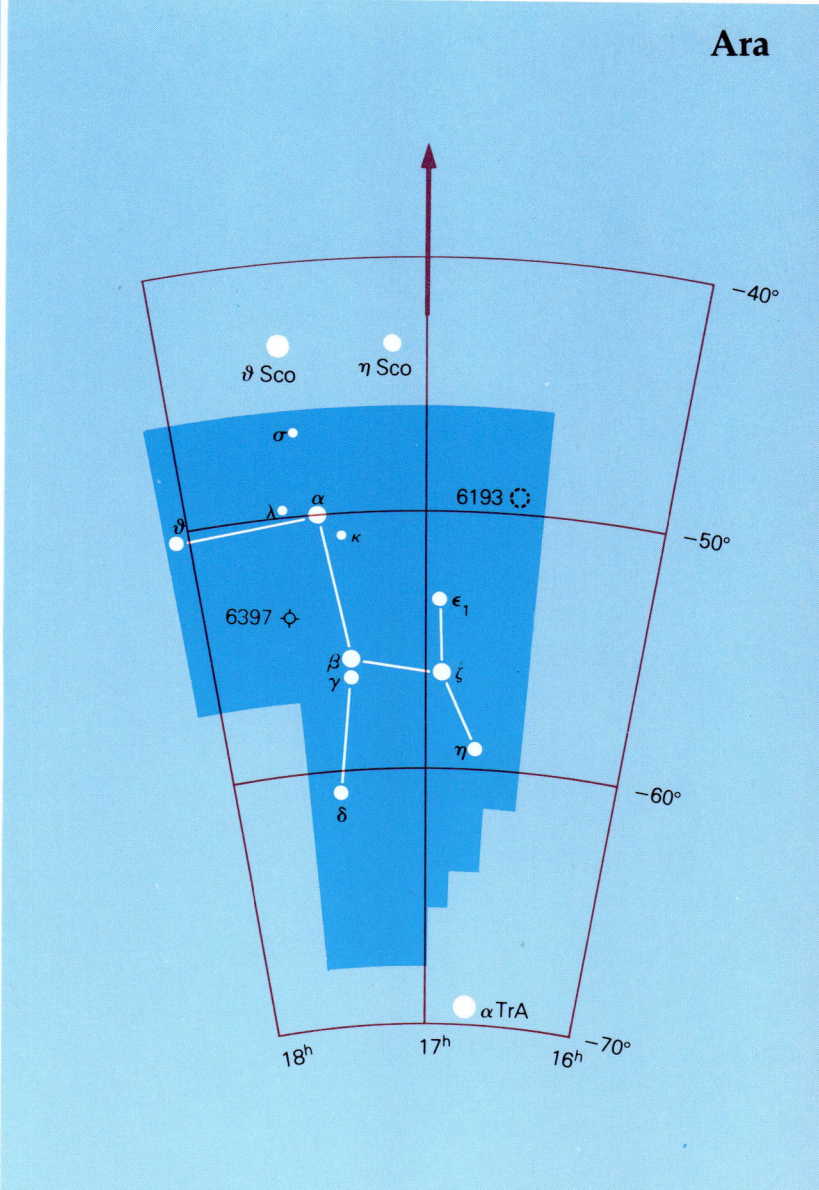

Ara Arae Ara *Altar*

Ara hat sich seit der Zeit, als er seinen Namen bekam, wegen der Präzession ein beträchtliches Stück am Himmel bewegt. Er steht jetzt tief am Südhimmel, war aber um 1000 v. Chr. noch von den Mittelmeerländern aus sichtbar. Seinen Namen hat er von seiner angeblichen Ähnlichkeit mit einem Altar.

In dem Sternbild sind ein paar mittelhelle Sterne versammelt. Die Sterne β und α haben m = 2,9 und die Spektralklassen K3 bzw. B2 (absolute Helligkeiten −4,3 und −2,4, Entfernung 1030 und 390 Lichtjahre).

Aries

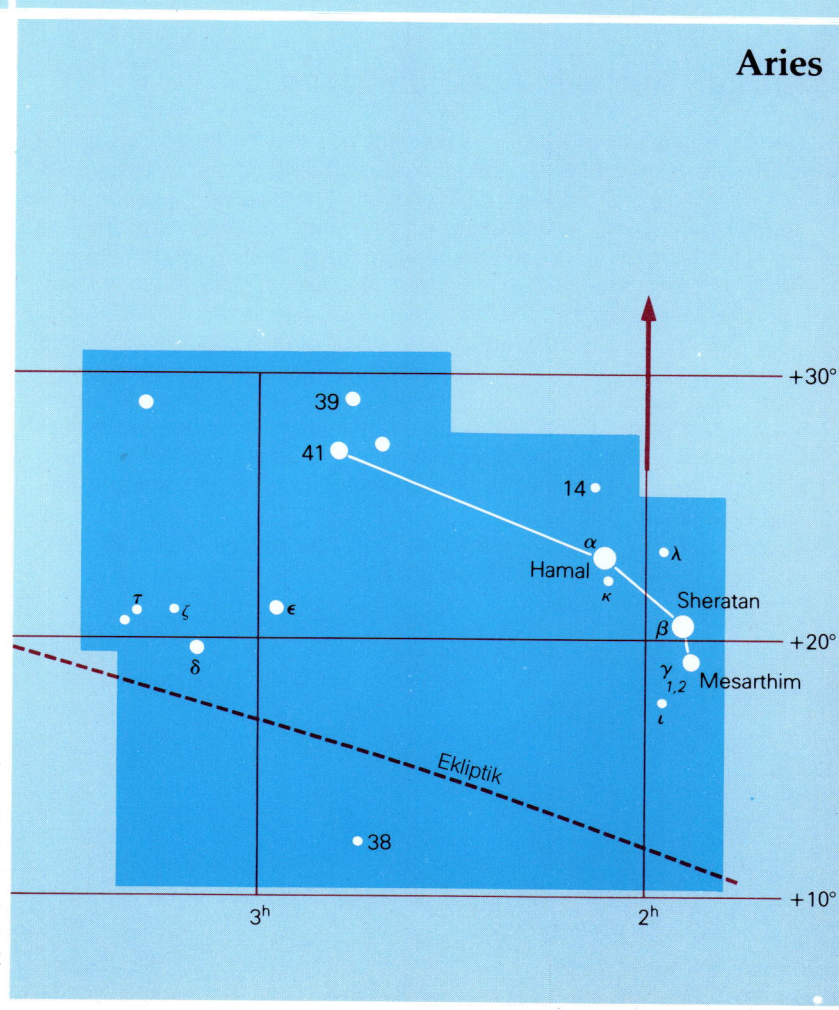

Aries Arietis Ari *Widder*

Die Griechen tauften dieses Sternbild nach dem Widder, der das Goldene Vlies trug. Sein Name übertrug sich auf den Nullpunkt der Rektaszensionszählung, denn früher lag der Frühlingspunkt im Widder. Die Präzession hat ihn inzwischen bis in das Sternbild Pisces verschoben, das zusammen mit Triangulum, Perseus, Taurus und Cetus den Widder umgibt.

Aries hat zwei Sterne heller als m = 4. Es sind α Ari, Hamal, mit m = 2,0 (76 Lichtjahre Entfernung), und β, Sheratan, mit m = 2,7 (52 Lichtjahre Entfernung). Die Spektralklassen dieser Sterne sind K2 bzw. A5. Der dritte Stern γ, Mesarthim, ist doppelt mit den beiden Komponenten m = 4,2 und 4,4. Der Name leitet sich wahrscheinlich von dem arabischen Wort für „Zeichen" ab und deutet damit auf den Zusammenhang mit dem Frühlingspunkt hin.

Auriga

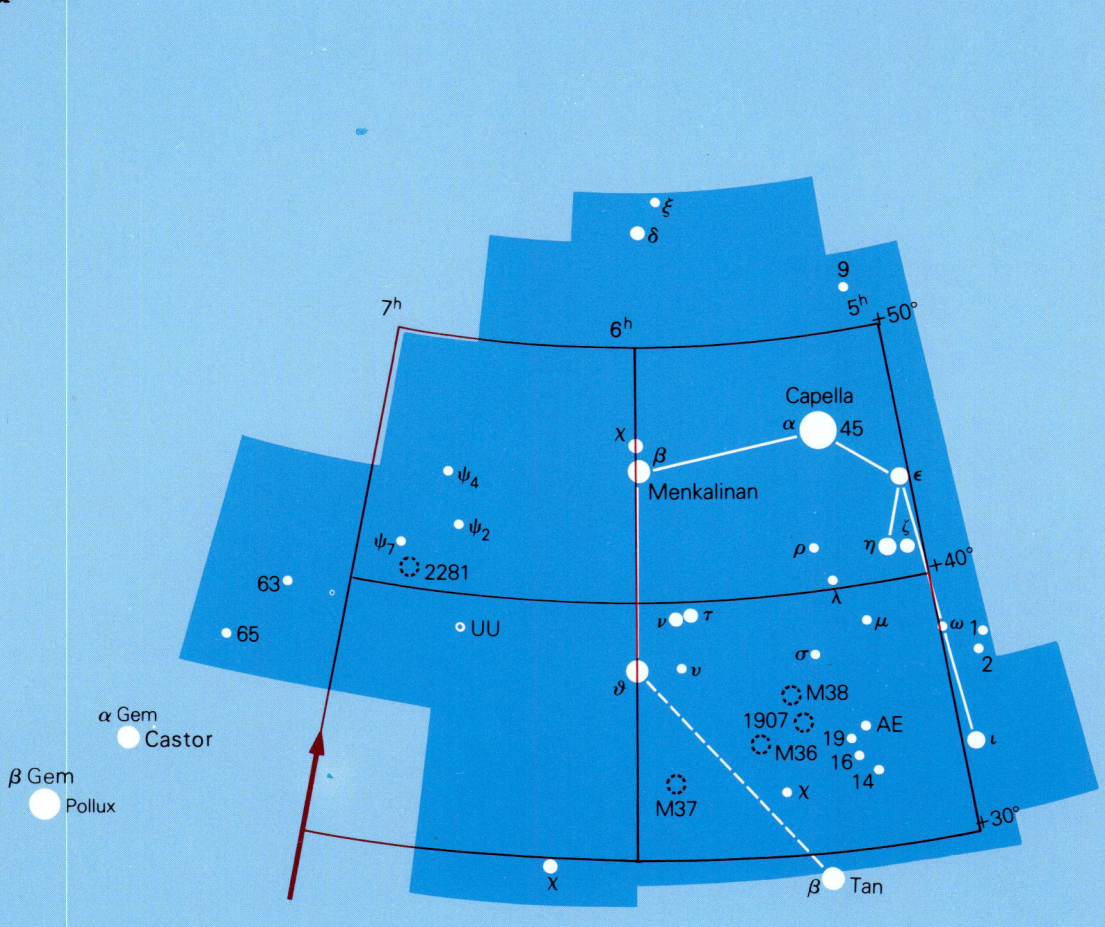

Auriga Aurigae Aur *Fuhrmann*

Obwohl Auriga allgemein als bärtiger Mann gilt, der eine Ziege trägt, sahen die Assyrer dieses Sternbild als Kutsche, und die Griechen wollten einen lahmen Mann auf einem Pferd darin erkennen. Heute ist Auriga wegen des Sterns ε Aur berühmt, einem Bedeckungsveränderlichen mit einer Periode von 27 Jahren. Die kleinere Komponente (m = 3) läuft um den größten Stern, den wir bisher kennen – ein Infrarotobjekt mit einem Durchmesser von etwa 3 Milliarden km. Die Entfernung des Systems beträgt 3400 Lichtjahre. Die hellere Komponente scheint durch die transparente Hülle des großen Sterns. Deshalb sieht das System wie ein veränderlicher Einzelstern aus. ζ Aur ist ebenfalls ein Bedeckungsveränderlicher; seine Periode beträgt 32 Monate. Der Stern α, Capella, ist als heller spektroskopischer Doppelstern mit m = 0,08 interessant (Entfernung 45 Lichtjahre). Seine beiden Komponenten haben die 4,3- bzw. die 3,3fache Sonnenmasse und eine Periode von 104 Tagen.
Andere helle Sterne sind β, Menkalinan, ein A 2-Stern mit m = 1,86, ι, ein K 3-Stern mit M = 2,64 und ϑ, ein B 9-Stern mit m = 2,65.

Caelum

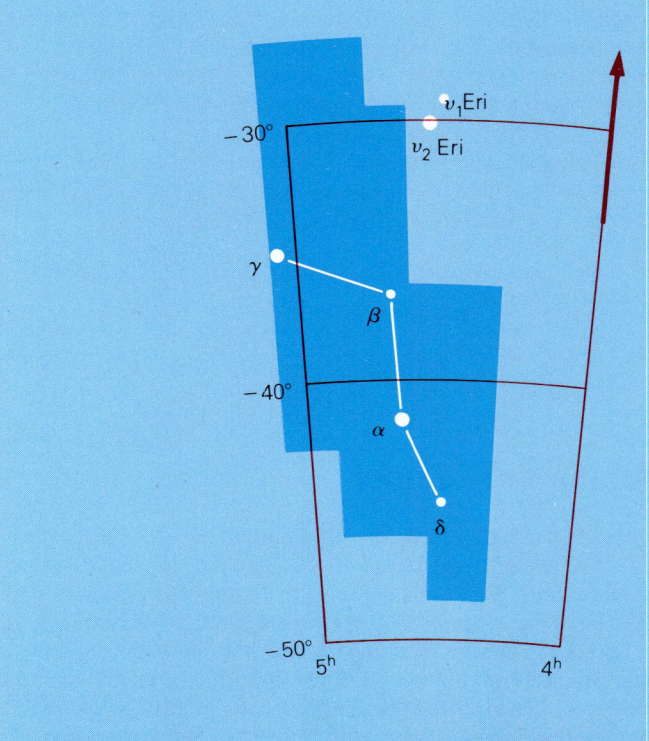

---- Ekliptik
Doppelstern
Veränderlicher m > 5

o Veränderlicher m < 5
O Galaxie
O Galaktischer Nebel

◇ Planetarischer Nebel
⊕ Kugelhaufen
⊙ Offener Haufen

Sternkarten 29

Bootes

Cameleopardalis

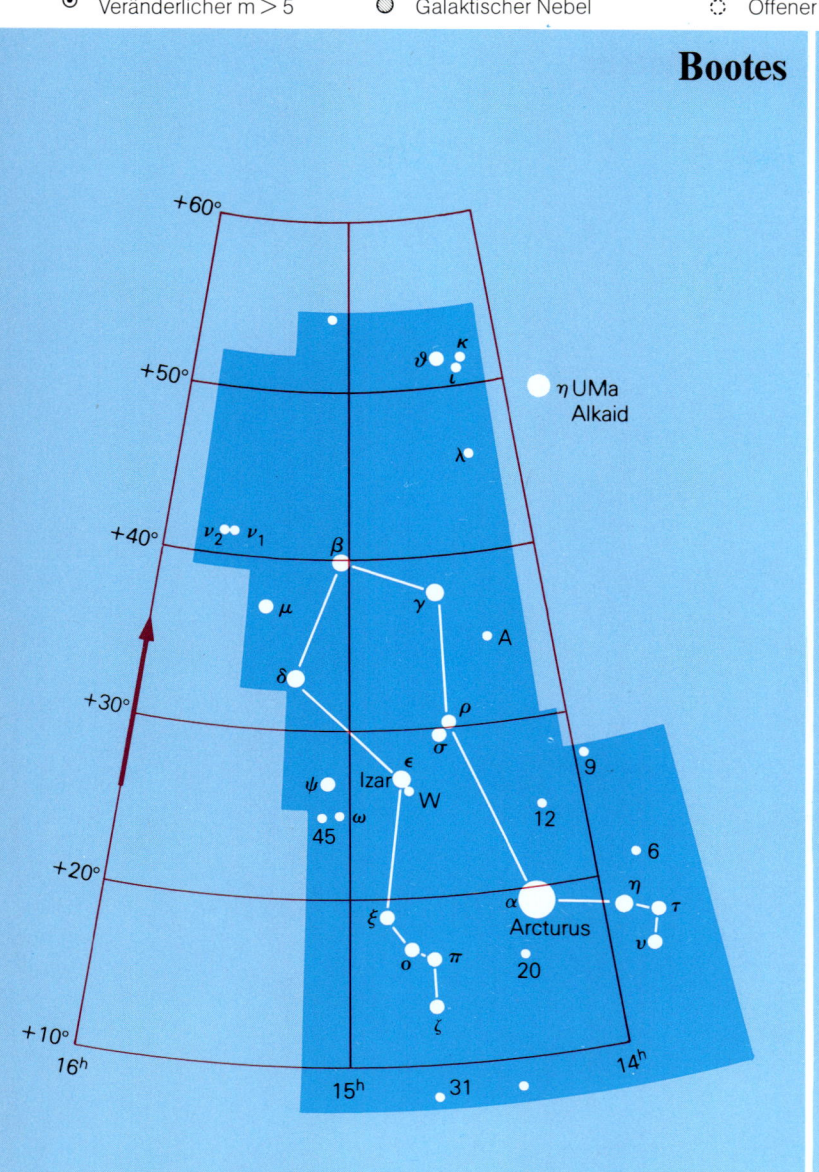

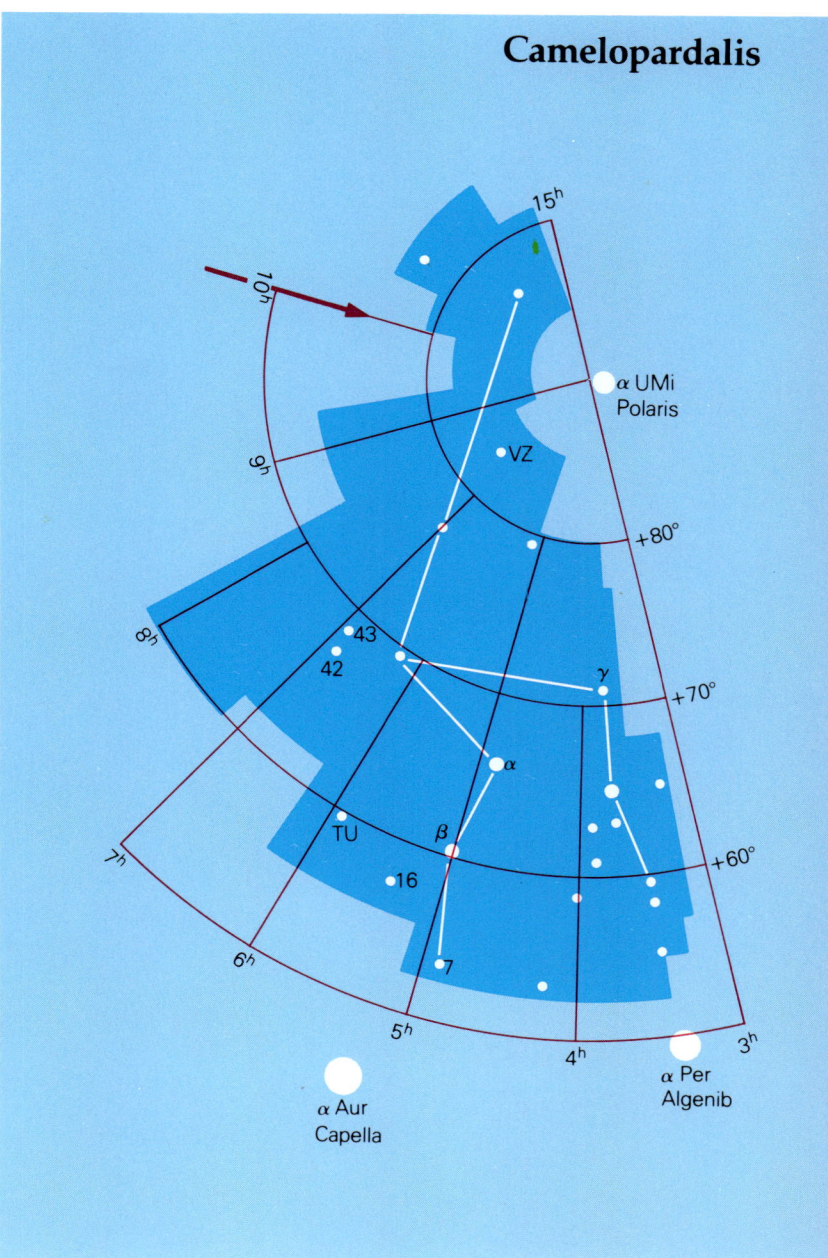

Bootes Bootis Boo *Bärenhüter*

Bootes ist eines der ältesten Sternbilder, es wird schon in der Odyssee erwähnt.

Der hellste Stern ist α, Arktur, der die Helligkeit m = − 0,06 besitzt. Er ist ein orangefarbener K 2-Riese, 40 Lichtjahre entfernt und 30mal so groß wie die Sonne. Arktur gehört zu den Sternen, bei denen HALLEY als erster feststellte, daß sie sich relativ zur Sonne bewegen. ε Boo, Izar, (m = 3,0) ist ein Doppelstern (Begleiter m = 6,3). Oft wird dieses System als das schönste des Himmels gerühmt und als Pulcherrima bezeichnet.

Andere gut sichtbare Sterne sind η, Saak, (m = 2,69) und γ, Seginus, (m = 3,0) mit Entfernungen von 32 bzw. 118 Lichtjahren.

Cameleopardalis Cameleopardalis Cam *Giraffe*

Dieses unscheinbare, aber sehr ausgedehnte Sternbild gehört zu den nördlichen zirkumpolaren Konstellationen. Sein Name wurde zuerst von BARTSCHIUS im Jahre 1614 erwähnt, wahrscheinlich ist er aber schon älter. Man findet auch die Schreibweise *Cameleopardus* oder auch *Cameleopardis*. Das Sternbild überdeckt ein ziemlich strukturloses Gebiet. Alle seine Hauptsterne sind schwächer als m = 4 bis 5. Keiner dieser Sterne ist besonders interessant, obwohl es einige Veränderliche darunter gibt, die man mit dem Fernglas sehen kann. Die Begrenzungen des Sternbildes sind sehr unregelmäßig, besonders die westliche, die sich gegen Ursa Minor in einer wahren Zickzacklinie hinzieht.

Caelum Caeli Cae *Grabstichel*

Das unscheinbare Sternbild des Südhimmels erinnert mehr an den wenig bekannten Astronomen LACAILLE als an eine bestimmte astronomische Beobachtung. LACAILLE studierte an der Pariser Sternwarte Astronomie und machte wichtige Messungen zur Festlegung eines genauen Meridians. Später (1751–1753) ermittelte er die Positionen von etwa 10000 Sternen, und damals definierte er auch das Sternbild Caelum. Kein anderer Astronom hat so viel zur Kartierung des Südhimmels beigetragen.

In Südeuropa erscheint Caelum tief am Winterhimmel, aber nur südlich einer geographischen Breite von 30° kann man das Sternbild deutlich sehen. Es enthält keine interessanten Objekte.

Zeichenerklärung der Karten
Skala der Größenklassen

| 0 | 1 | 2 | 3 | 4 | 5 |

Cancer

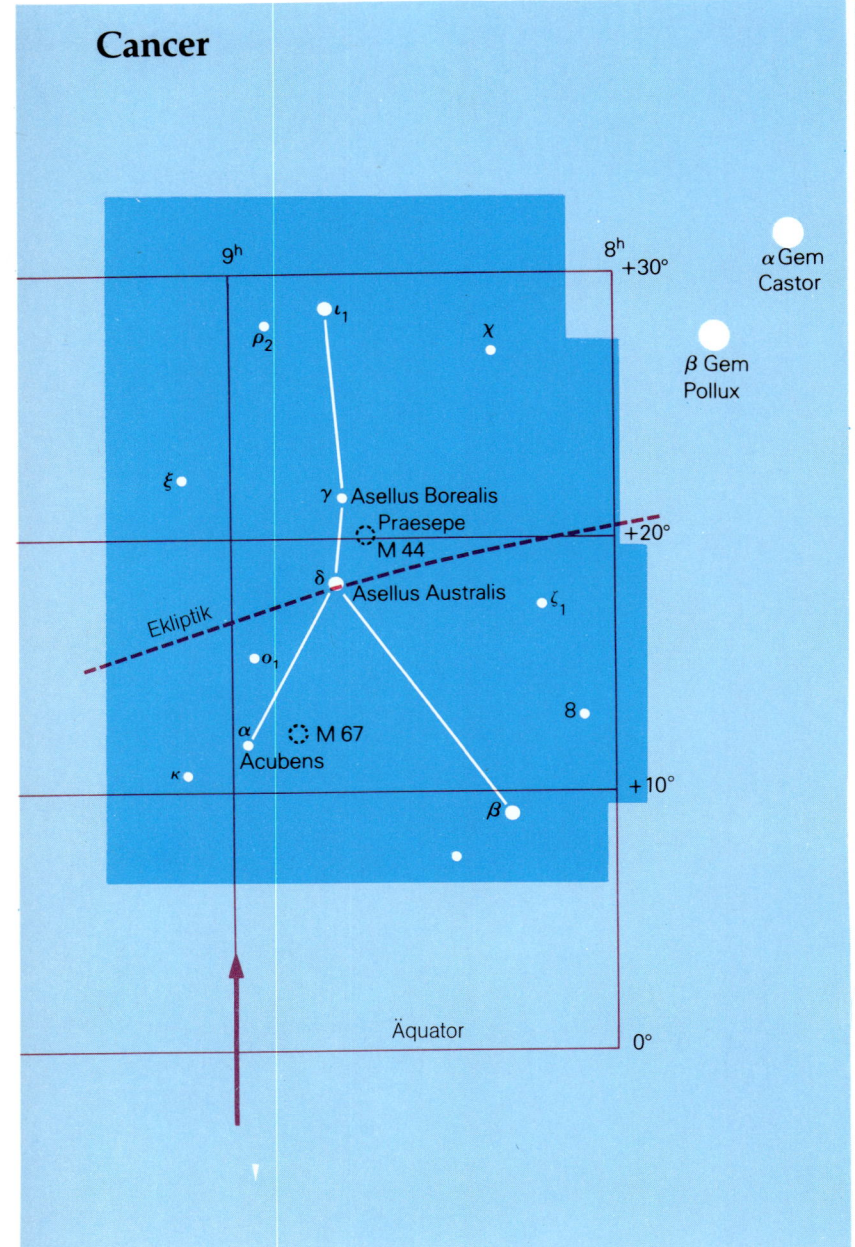

Canis Major

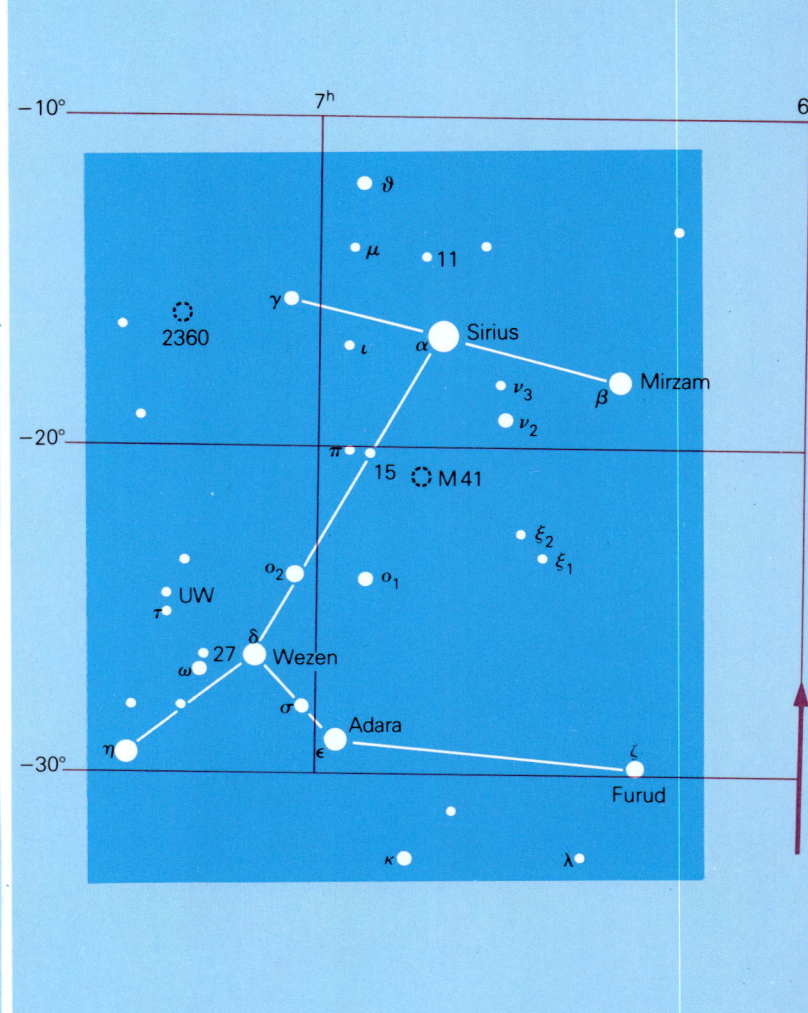

Cancer Cancri Cnc *Krebs*

Cancer ist ein altes Sternbild und gehört zu den zwölf Bildern des Tierkreises. Vor mehreren 1000 Jahren stand die Sonne während der Sommersonnenwende in diesem Bild, und seine größte Höhe über dem Himmelsäquator betrug 23°,5. Auf dem 23,5. irdischen Breitenkreis schien dann der Sonne mittags senkrecht, und man nannte diesen Breitenkreis den *Wendekreis des Krebses*. Die Präzession hat das Sternbild inzwischen von dem Wendepunkt wegbewegt, dieser liegt heute auf der Grenze zwischen den Zwillingen und dem Stier. Der Krebs enthält keine Sterne heller als 4. Größe. Die beiden einzigen interessanten Objekte sind zwei offene Haufen, M 44 und M 67. Der erste liegt neben der Verbindungslinie der Sterne γ und δ auf dem 20. Deklinationskreis. Er enthält über 300 Sterne zwischen der 6. und 12. Größe und ist unter dem Namen Praesepe (Krippe) bekannt.

Canes Venatici Canum Venaticorum CVn
Jagdhunde

Dieses Sternbild wurde im 17. Jahrhundert eingeführt, um eine Lücke in der ursprünglich 48 Konstellationen enthaltenen Liste des Ptolemäus zu füllen. Es wird flankiert von Ursa Maior, Coma Berenices und Bootes. Der einzige helle Stern ist α, Cor Caroli, ein 91 Lichtjahre entfernter AO-Stern mit m = 3,2.
Das Sternbild enthält weitere vier interessante Objekte. Den Kugelhaufen M 3 findet man an der äußeren Begrenzung des Sternbildes nach Süden. Er enthält über 100 000 Sterne in einer Sphäre von 65 Lichtjahren Durchmesser und ist 60 000 Lichtjahre von uns entfernt. M 51 liegt nahe der nordwestlichen Sternbildgrenze, es ist der berühmte „Whirlpool"-Nebel (Strudelnebel), eine Spiralgalaxie. Nordöstlich von Cor Caroli liegt M 63, eine weitere Spiralgalaxie der Helligkeit 9,6. Kaum heller ist die Spiralgalaxie NGC 4258 (m = 9,2) nördlich von β CVn.

Canes Venatici

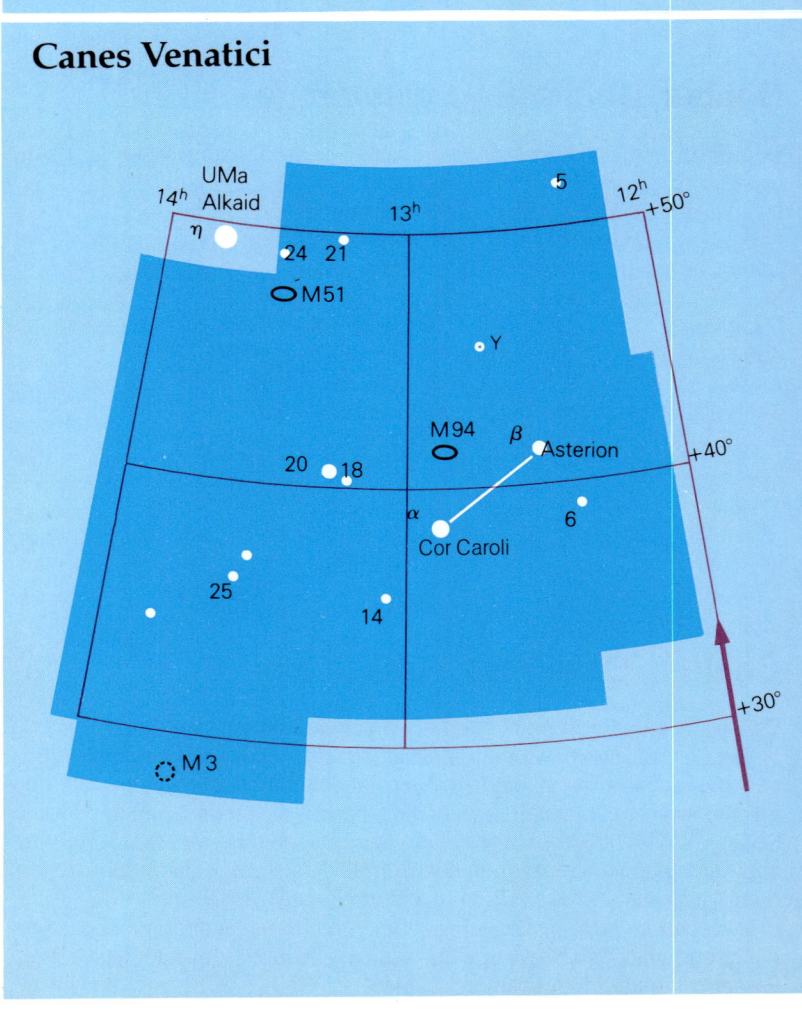

---- Ekliptik ○ Veränderlicher m < 5 ◇ Planetarischer Nebel
● Doppelstern ○ Galaxie ⊕ Kugelhaufen
⊙ Veränderlicher m > 5 ◉ Galaktischer Nebel ⸬ Offener Haufen

Canis Minor

Capricornus

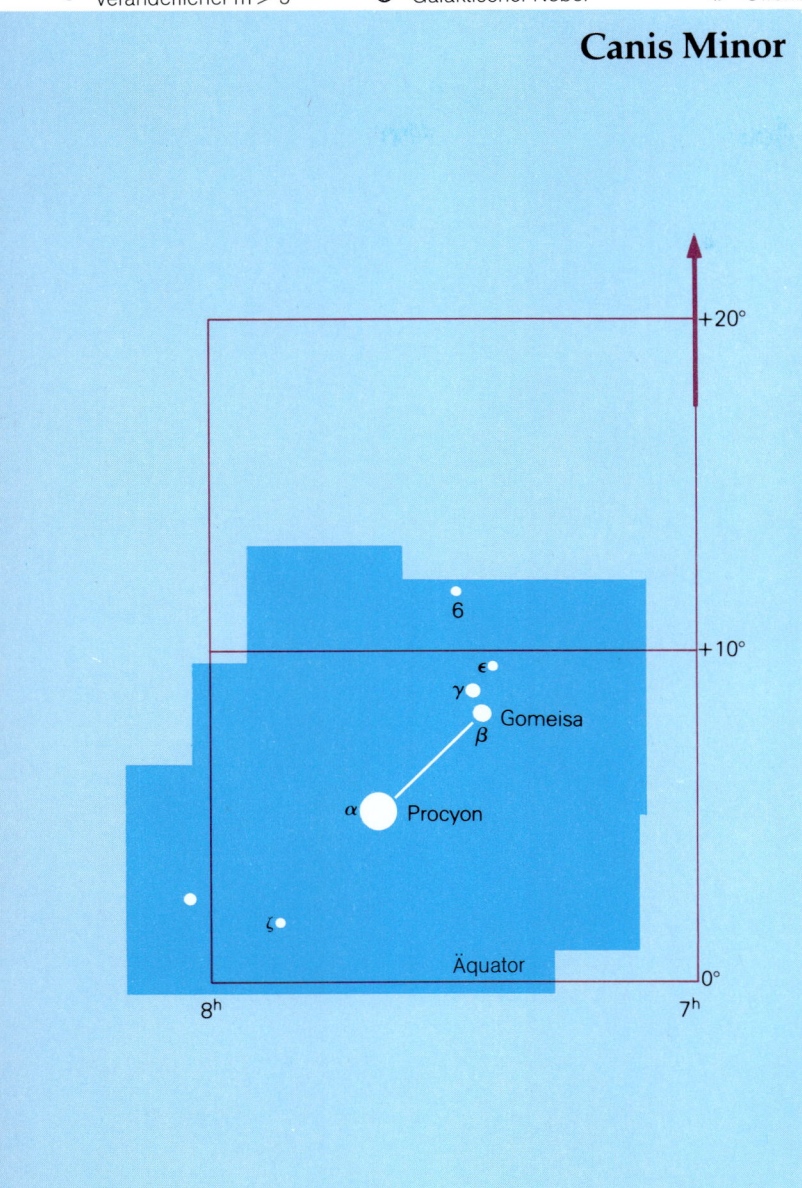

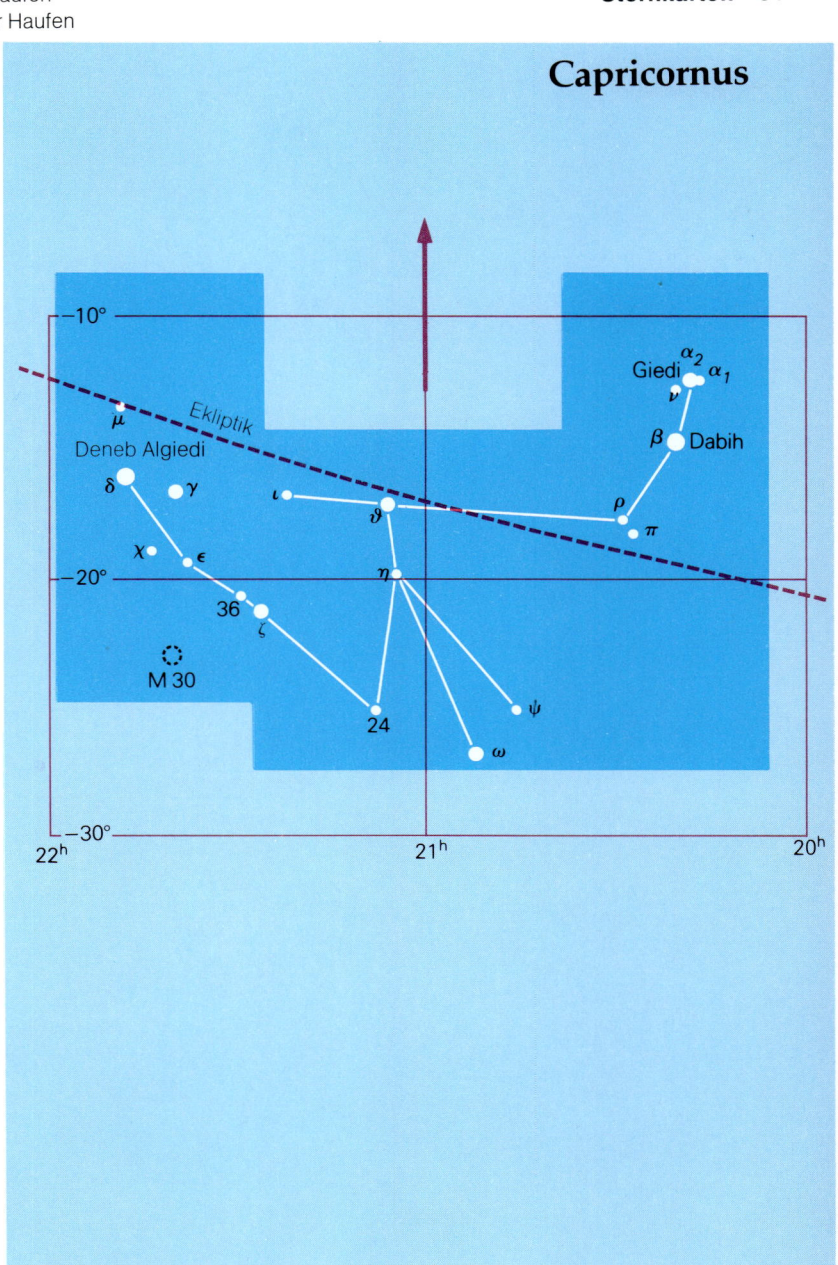

Canis Maior Canis Maioris CMa
Großer Hund

Der wichtigste Stern dieser Konstellation ist α Canis Maioris, der Hundsstern Sirius. Er bekam diesen Namen, weil er der hellste Stern des Bildes ist, das für die Ägypter Anubis, den Gott mit dem Schakalkopf, verkörperte. Sirius kam gerade vor Sonnenaufgang über den Horizont (heliakischer Aufgang), wenn die jährliche Nilschwemme einsetzte. Deshalb war er für den ägyptischen Kalender von großer Bedeutung.
Sirius ist ein A1-Stern der Helligkeit m = −1,45, der weniger als 9 Lichtjahre von uns entfernt ist. Er ist der hellste Fixstern des ganzen Himmels. Er hat einen kleinen Begleiter, der ihn in 49,9 Jahren einmal umrundet und die Helligkeit m = 8,68 besitzt. Sirius B – so die Bezeichnung dieses Begleiters – war der erste Weiße Zwerg, den man entdeckte. Canis Maior enthält vier Sterne heller als m = 2,5, außerdem einen 1300 Lichtjahre entfernten offenen Haufen, M 41. Viele der Sterne haben eine größere Leuchtkraft als Sirius, aber da sie viel weiter weg sind, erscheinen sie uns schwächer.

Capricornus Capricorni Cap *Steinbock*

Das Tierkreisbild enthielt früher den südlichsten Punkt der scheinbaren Sonnenbahn bei einer Deklination von − 23°,5. Dieser Punkt markiert die Wintersonnenwende, deshalb wurde dieser Deklinationskreis *Wendekreis des Steinbocks* genannt.
Der Hauptstern δ, Deneb Algiedi, ist ein Veränderlicher vom Typ A6 mit einem Lichtwechsel zwischen m = 2,95 und 2,88; seine Entfernung beträgt etwa 50 Lichtjahre. Zwei mit bloßem Auge sichtbare Doppelsterne sind interessant; sie tragen die Bezeichnungen α₁ und α₂. Prima Giedi mit einer Helligkeit m = 3,2 besitzt einen schwächeren Begleiter mit m = 9. Auch Secunda Giedi ist selbst wieder ein Doppelstern (m = 3,8 bzw. 11). Die beiden Doppelsterne liegen zufällig in der gleichen Richtung am Himmel, sind jedoch unterschiedlich weit von uns entfernt. Ein weiteres sehr enges Paar, β mit dem Namen Dabih, hat die Komponentenhelligkeiten m = 3,3 und 6. Der Kugelhaufen M 30 liegt südlich von Deneb Algiedi.

Canis Minor Canis Minoris CMi *Kleiner Hund*

Canis Minor wird an zwei Seiten von Monoceros eingerahmt und enthält zwei hellere Sterne. Es sind Prokyon, ein F5-Stern mit m = 0,35, 11 Lichtjahre entfernt, und β CMi, Gomeisa, der die scheinbare Größe 2,9, aber die Leuchtkraft −1,1 besitzt. Wegen seiner größeren Entfernung von 210 Lichtjahren erscheint er uns aber schwächer. Prokyon hat die sechsfache Leuchtstärke der Sonne, er ist doppelt so groß wie sie, besitzt aber nur das 1,1fache ihrer Masse. Prokyon und Gomeisa sind die einzigen sehenswerten Objekte im Kleinen Hund.

Carina

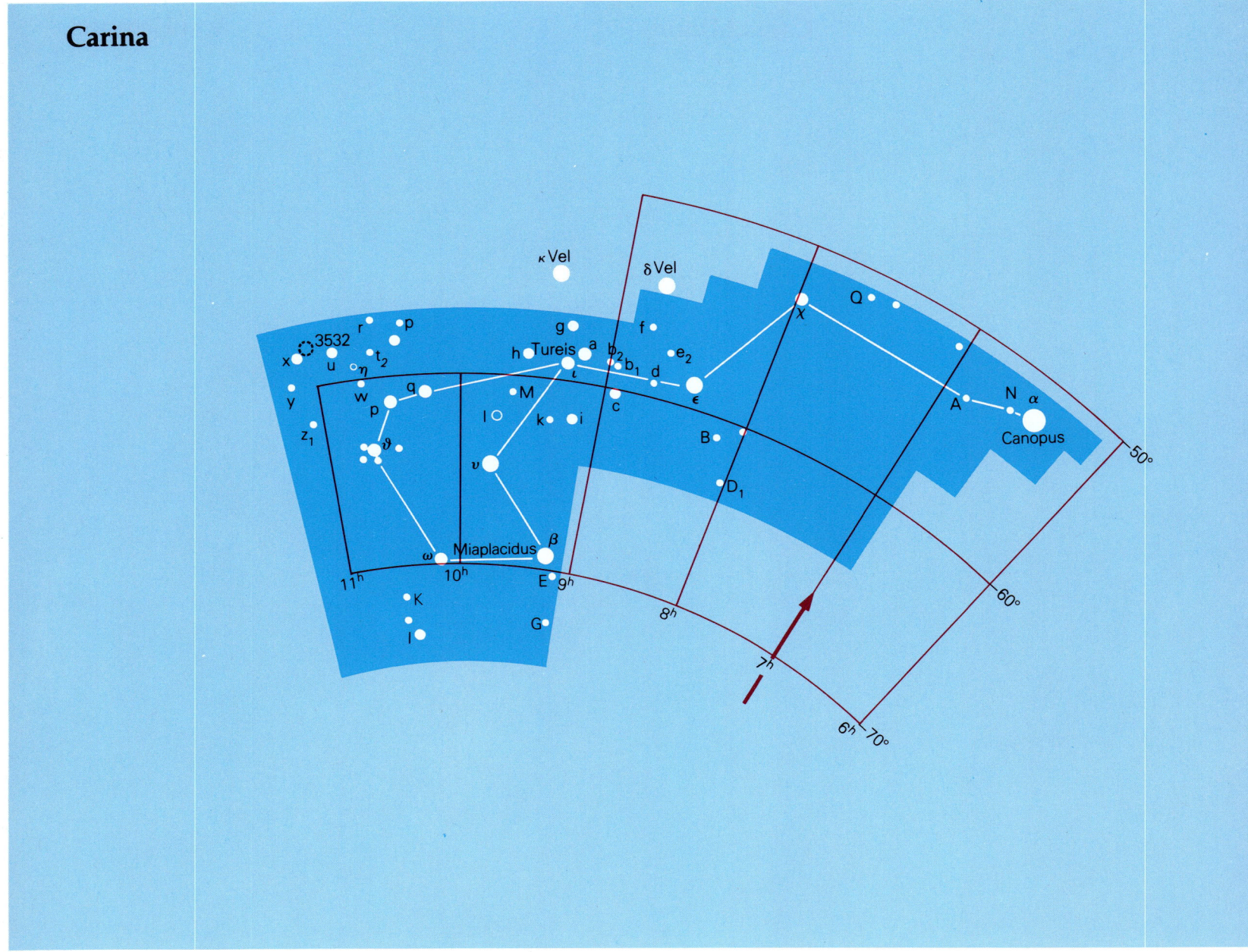

Carina Carinae Car *Schiffskiel*

Früher Teil des ausgedehnten Sternbildes Argo Navis, ist Carina heute davon getrennt (wie auch Puppis und Vela). Es nimmt einen großen Teil des Südhimmels ein. Wir finden darin den zweithellsten Stern des Himmels, Canopus. Raumsonden benutzen ihn als Referenzstern für die Navigation. Der F0-Stern Canopus hat die Größe m = − 0,73 und die absolute Helligkeit M = −5. Andere helle Sterne sind β, Miaplacidus, ein A0-Stern mit m = 1,67, 86 Lichtjahre entfernt; ε Car, ein K0-Stern mit m = 1,97, 340 Lichtjahre entfernt und ι Car, Tureis, ein F0-Stern mit m = 2,25, 750 Lichtjahre entfernt. Ein reicher Kugelhaufen, NGC 2808, liegt östlich von dem Stern υ, einem A7-Typ mit m = 2,97. Der bemerkenswerte Veränderliche η Car wuchs 1843 von einem Stern 4. Größe bis zur Helligkeit des Sirius an. Zehn Jahre später fiel er wieder auf seine heutige Helligkeit von m = 8 zurück.

Cassiopeia Cassiopeiae Cas *Kassiopeia*

Zwei der Hauptsterne, nämlich α, Schedir und γ, Cih, sind veränderlich (etwa m = 2,16 bzw. 1,6 bis 2,9). γ Cas hat einen schwachen (m = 8,18) Begleiter. Von den restlichen drei Sternen, die zusammen das berühmte „W" bilden, ist β, Caph, ein F2, m = 2,26 Stern; δ, Ruchbah, ein A5, m = 2,67 Stern (wahrscheinlich ein Bedeckungsveränderlicher) und ε Cas ein Stern der Größe 3,3.
Alle außer dem letzten sind weniger als 150 Lichtjahre entfernt, ε Cas jedoch 500 Lichtjahre, er hat eine absolute Helligkeit M = −2,7. Die südliche Hälfte der Konstellation enthält Teile der Milchstraße. Mehrere offene Haufen bevölkern diese Region, unter ihnen M52 und M103. Kassiopeia liegt dem Großen Bären gegenüber mit dem Polarstern etwa in der Mitte.

Centaurus Centauri Cen *Zentaur*

Dieses große Sternbild enthält mehrere hellere Sterne, besonders fällt das Paar α und β Cen auf. Das α Cen-System ist interessant als sonnennächster Doppelstern mit Komponentengrößen von m = −0,1 und 1,7. Ein weiterer schwacher Stern 11. Größe, Proxima Centauri, scheint um die beiden anderen zu laufen. Es ist der nächste Fixstern-Nachbar des Sonnensystems in einer Entfernung von etwa 4,3 Lichtjahren. Der andere helle Stern Agena, β Cen, ist 390 Lichtjahre entfernt und hat die absolute Helligkeit M = −5,2. Centaurus überdeckt Teile der Milchstraße und ist ein besonders geeignetes Studienobjekt für Fernglasbeobachter, sofern sie südlicher als etwa 30° geographische Breite wohnen. Der helle Kugelhaufen ω Cen liegt schon fast bei −50° Deklination, seine Entfernung beträgt etwa 17 000 Lichtjahre.

Cepheus Cephei Cep *Cepheus*

Das Sternbild enthält δ Cephei, den Prototyp der „Cepheiden" genannten Veränderlichen, mit m = 3,51 bis 4,42 und einer Periode von 5,4 Tagen. Alderamin, α Cep, ist ein A7-Stern mit m = 2,44, 52 Lichtjahre entfernt. Alphirk, β Cep, ist ein Bedeckungsveränderlicher (m = 3,14 bis 3,19). Andere helle Sterne sind γ Cep, Er Rai (m = 3,2), ζ Cep (m = 3,1) und μ Cep, der tiefrote *Granatstern*.

---- Ekliptik
◆ Doppelstern
⊙ Veränderlicher m > 5
○ Veränderlicher m < 5
⬭ Galaxie
◉ Galaktischer Nebel
◇ Planetarischer Nebel
⊕ Kugelhaufen
⬚ Offener Haufen

Cassiopeia

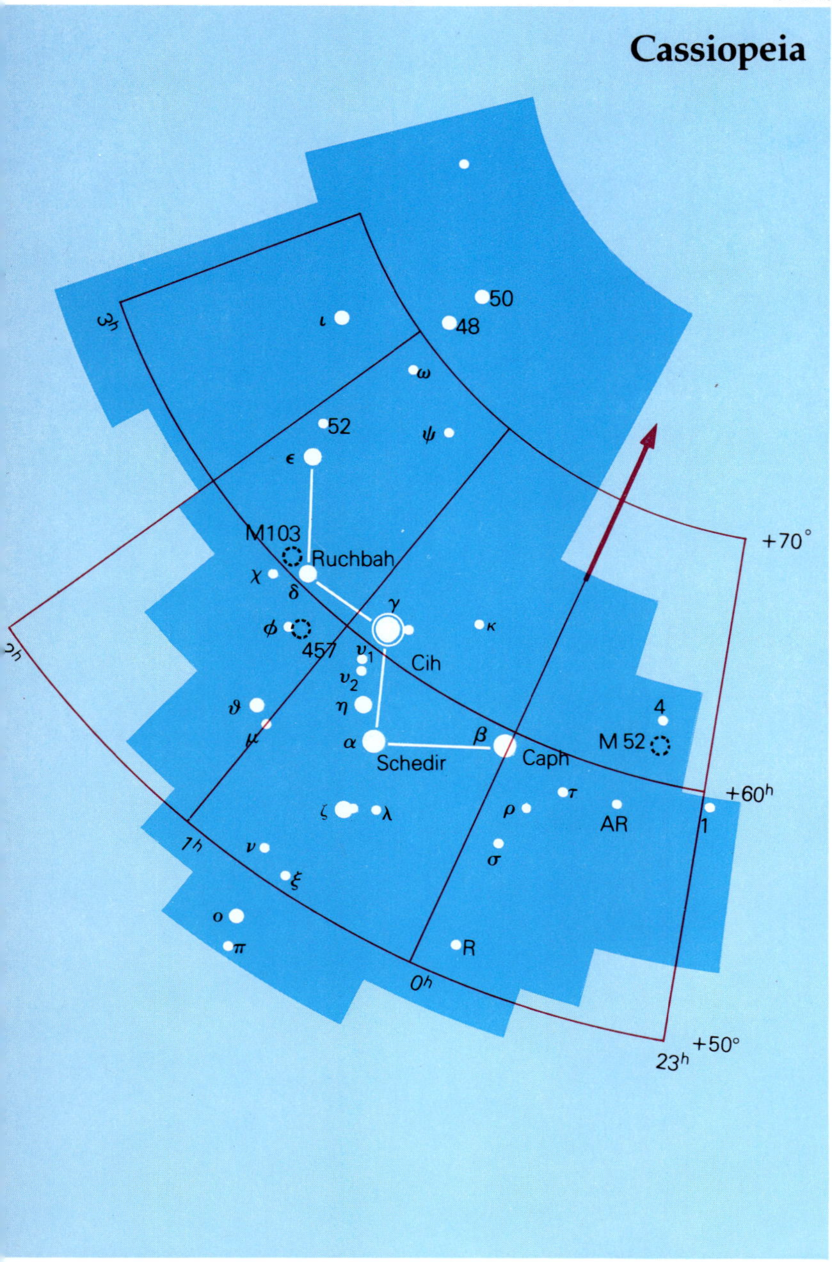

Cepheus

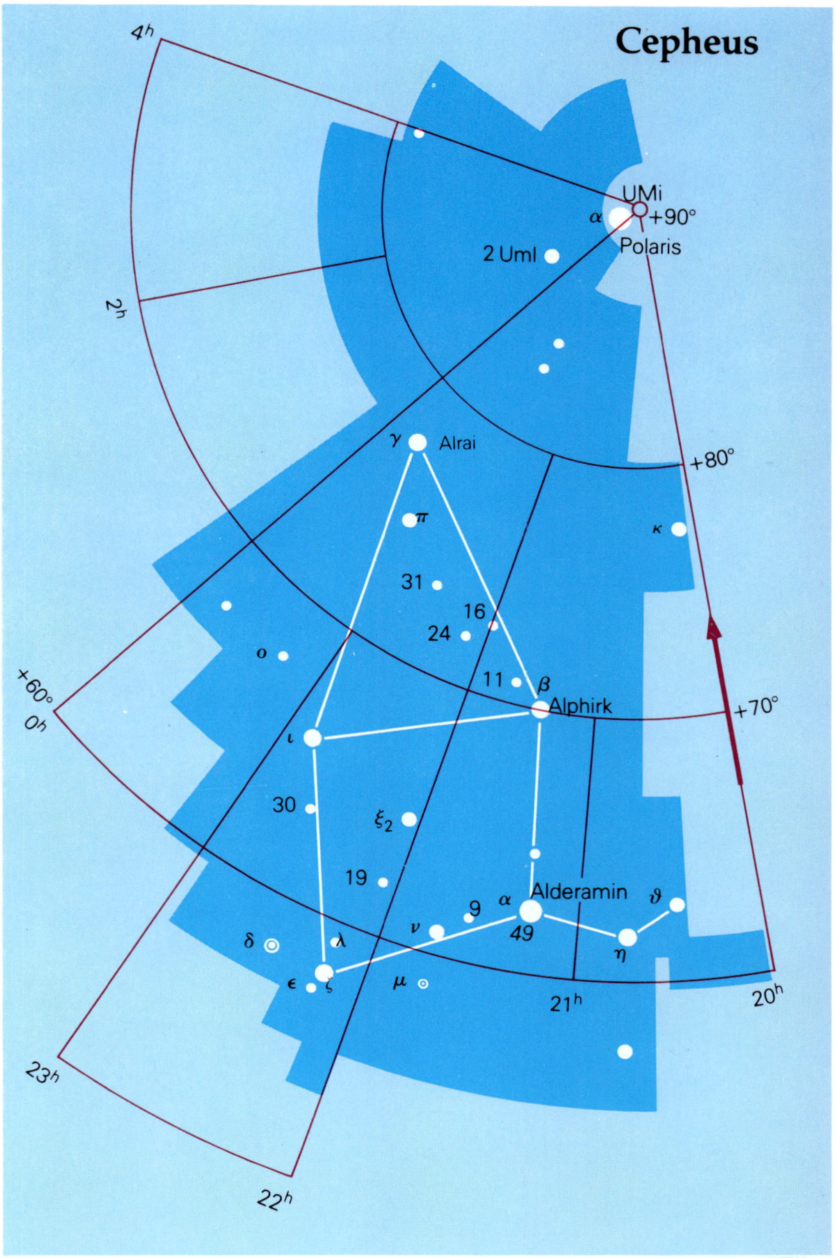

Centaurus

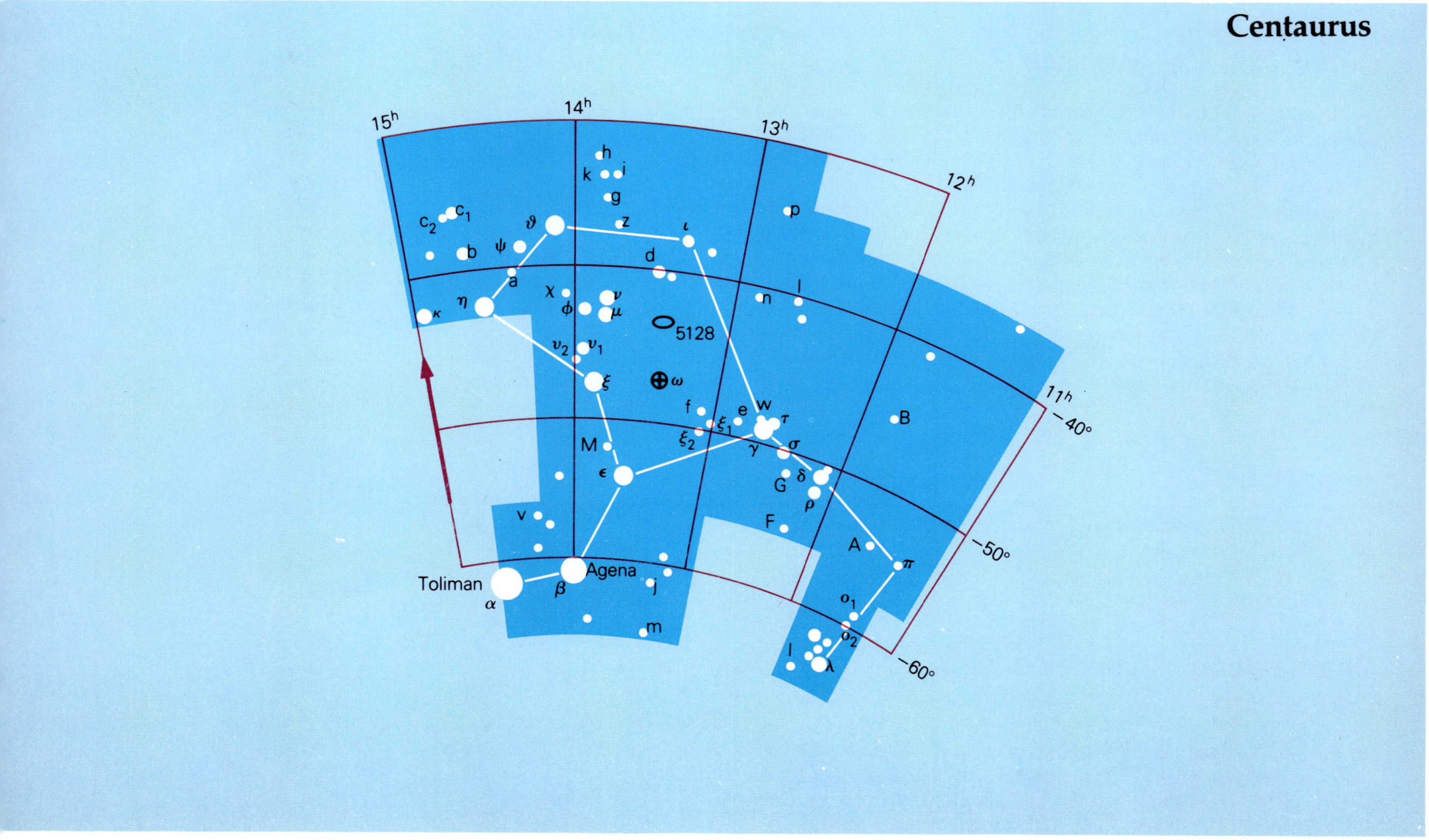

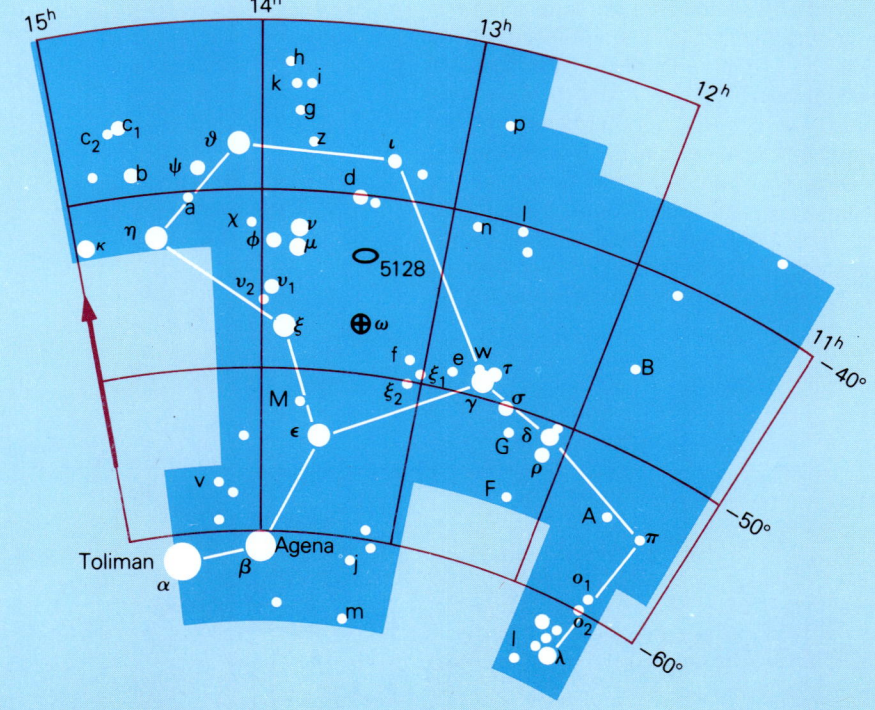

Cetus

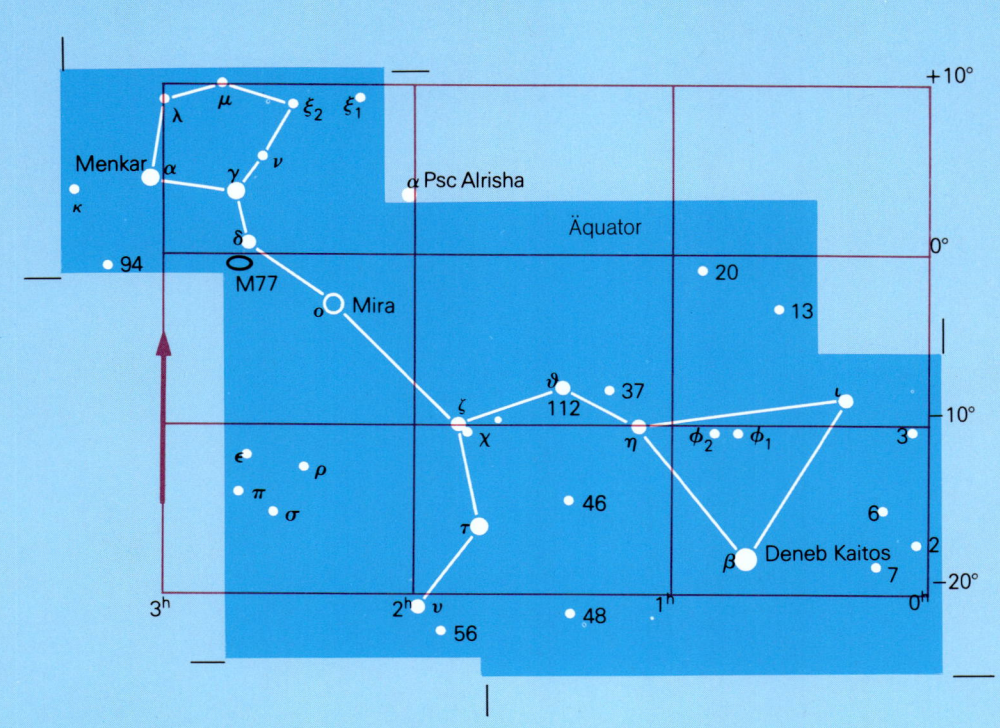

Cetus Ceti Cet *Walfisch*

Das berühmteste Objekt ist ein sehr bemerkenswerter Veränderlicher mit dem Namen Mira. Im Lichtmaximum ist er leicht mit bloßem Auge zu sehen, manchmal erreicht er die 2. Größe. Im Minimum ist er 8 Größenklassen schwächer. Die Periodenlänge beträgt etwa 332 Tage; 3 Monate dauert der Lichtanstieg und 7 Monate der Abfall. Der Stern ist ein Überriese vom Typ M6 mit einem Durchmesser von etwa 424 Millionen km. Ein B-Stern begleitet ihn als Doppelstern mit einer Umlaufzeit von 14 Jahren. Er scheint mit der Materie, die der pulsierende Hauptstern emittiert, in Wechselwirkung zu stehen. Mira sendet im Maximum 3,5mal mehr Energie aus als im Minimum. Er ist der Prototyp der langperiodischen Veränderlichen (Mira-Veränderliche). Andere helle Sterne sind β, Deneb Kaitos, ein K1-Stern mit m = 2,02 und α, Menkar, mit m = 2,54.

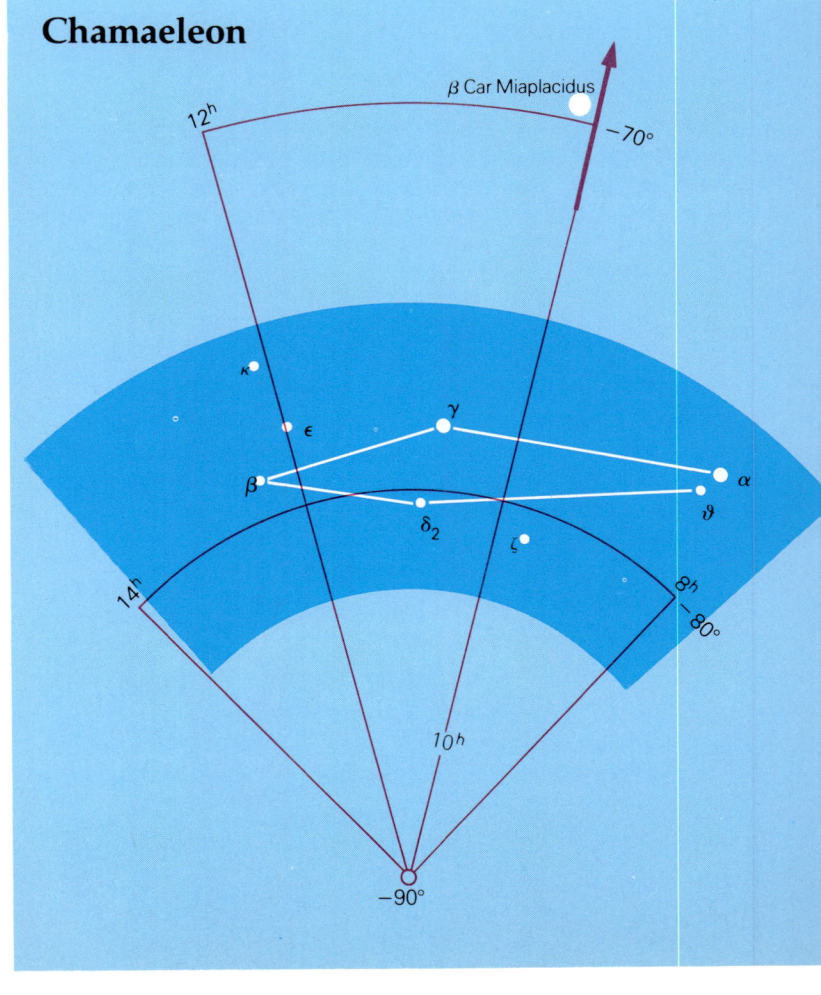

Chamaeleon Chamaeleontis Cha
Chamäleon

Am besten findet man dieses Sternbild, wenn man von β und ω Carinae aus in südlicher Richtung schaut. Es erhielt seinen Namen von Johannes BAYER zu Beginn des 17. Jahrhunderts. Die hellsten Sterne sind etwa 4. Größe; δ und ϵ Cha sind mit bloßem Auge zu trennende Doppelsterne.

---- Ekliptik
● Doppelstern
⊙ Veränderlicher m > 5
○ Veränderlicher m < 5
◯ Galaxie
◍ Galaktischer Nebel
◇ Planetarischer Nebel
⊕ Kugelhaufen
⚬ Offener Haufen

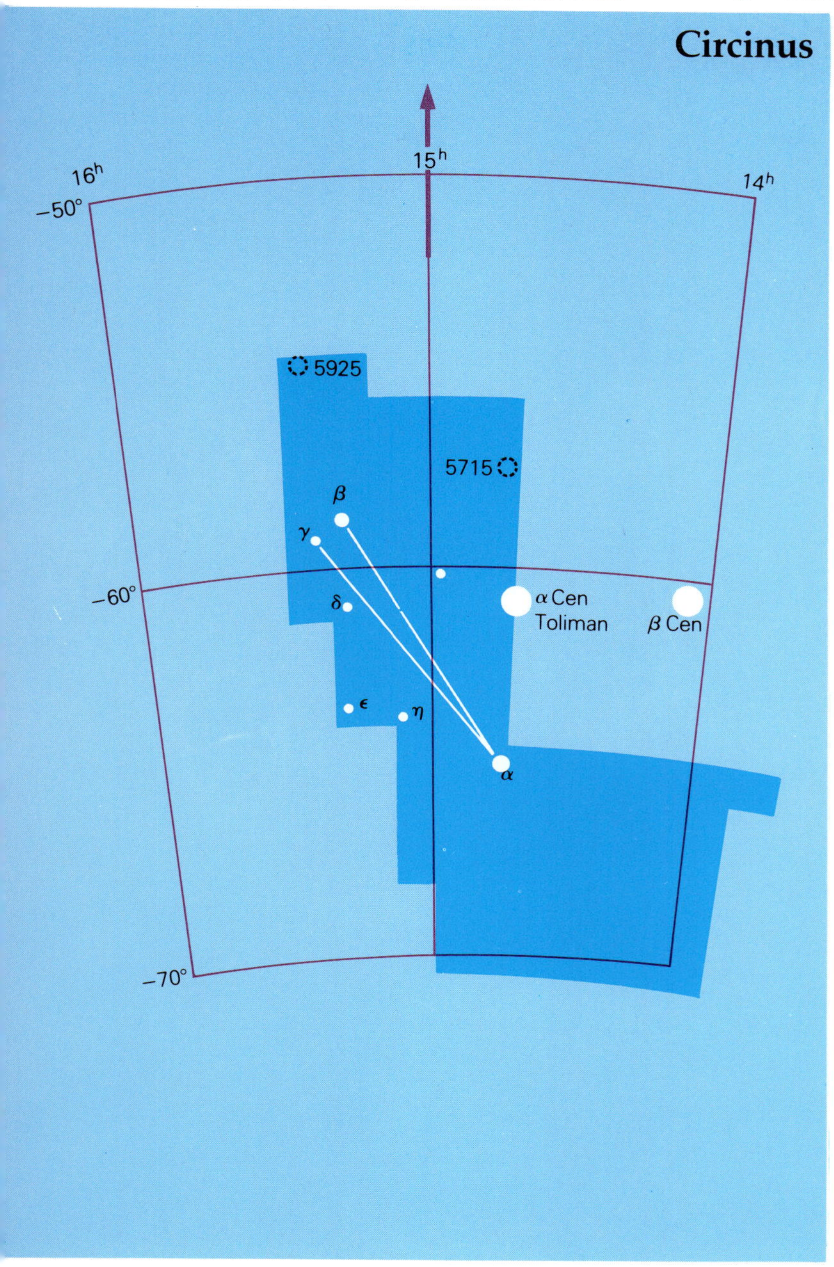

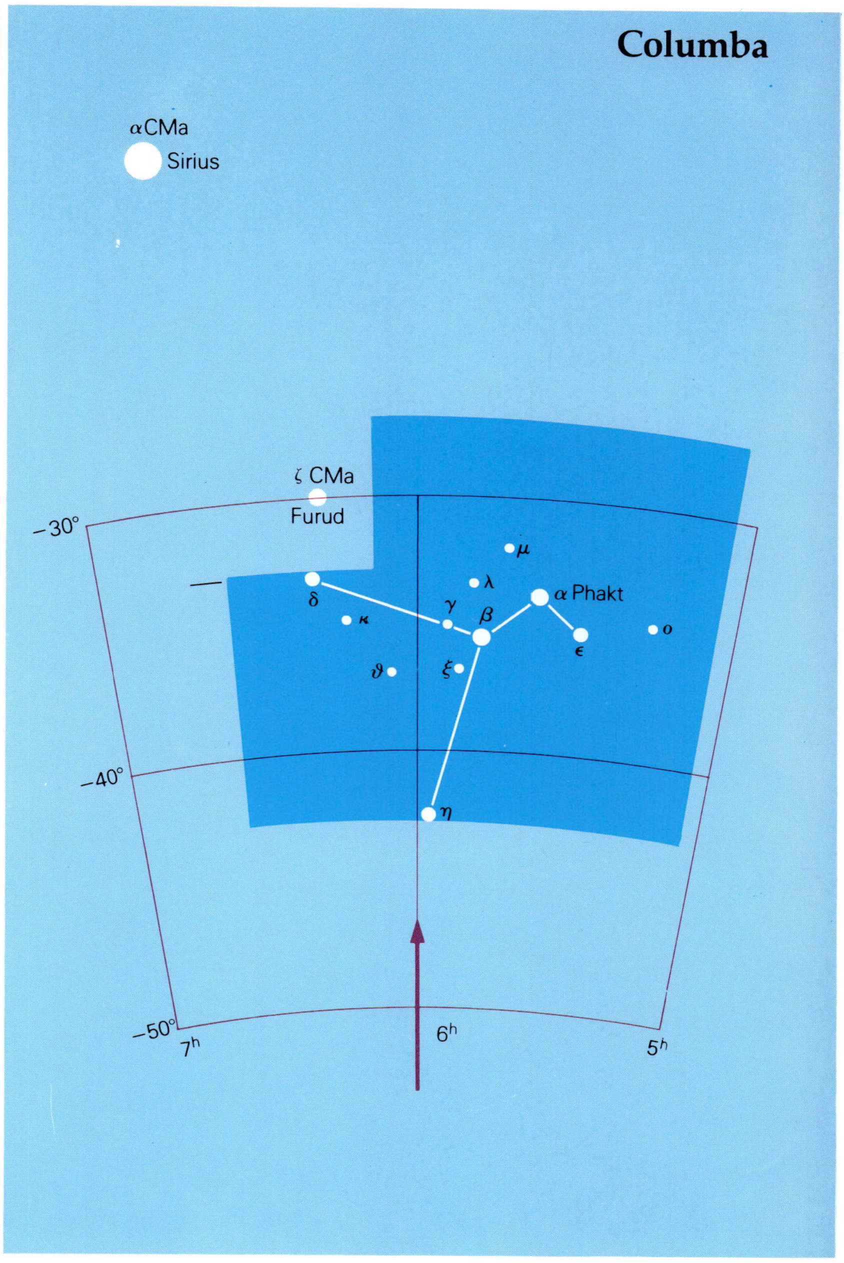

Circinus

Columba

Circinus Circini Cir *Zirkel*

Nur ein kleines Areal des Südhimmels wird von diesem Sternbild überdeckt. Es sieht aus wie ein langgezogenes Dreieck und wird umgeben von Triangulum Australe, Norma, Lupus, Centaurus, Musca und Apus. Es gehört eigentlich mehr zu Centaurus und zweigt etwa bei α Cen, dem uns nächsten Fixstern, davon ab. LACAILLE hat es aber im Jahre 1763 als eigenes Sternbild vom Centaurus abgetrennt, als er der Zahl der Sternbilder weitere 14 Konstellationen hinzufügte. Auf alle Fälle helfen die beiden hellsten Sterne des Centaurus, das Circinus-Dreieck zu finden. Der einzige interessante Stern der Gruppe ist α Cir, ein Doppelstern (Komponenten m = 3,4 und 8,8) von gelblicher und rötlicher Farbe.

Columba Columbae Col *Taube*

Ursprünglich hieß dieses südliche Sternbild *Columba Noae*, d. h. Noahs Taube. Heute ist die offizielle Bezeichnung *Columba*. Die beiden einzigen hervorzuhebenden Sterne sind α, Phakt, und β, Wezn. Phakt ist ein B 8-Stern der Größe 2,6 und der absoluten Helligkeit M = −0,06, er ist etwa 140 Lichtjahre entfernt. Wezn hat die Größe 3,2. Er liegt in der Mitte des unregelmäßigen „T", das die Konstellation aufspannt.

Zeichenerklärung der Karten
Skala der Größenklassen

0 1 2 3 4 5

Coma Berenices

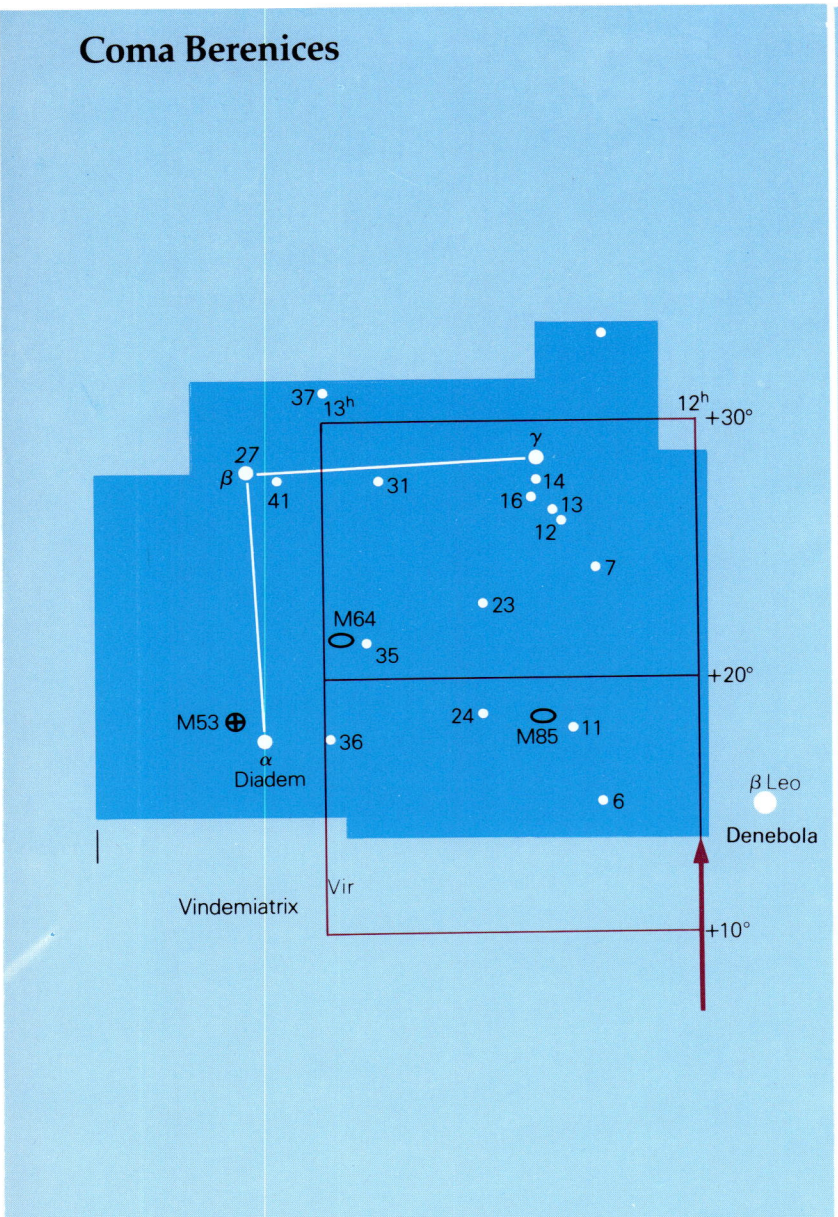

Corona Australis

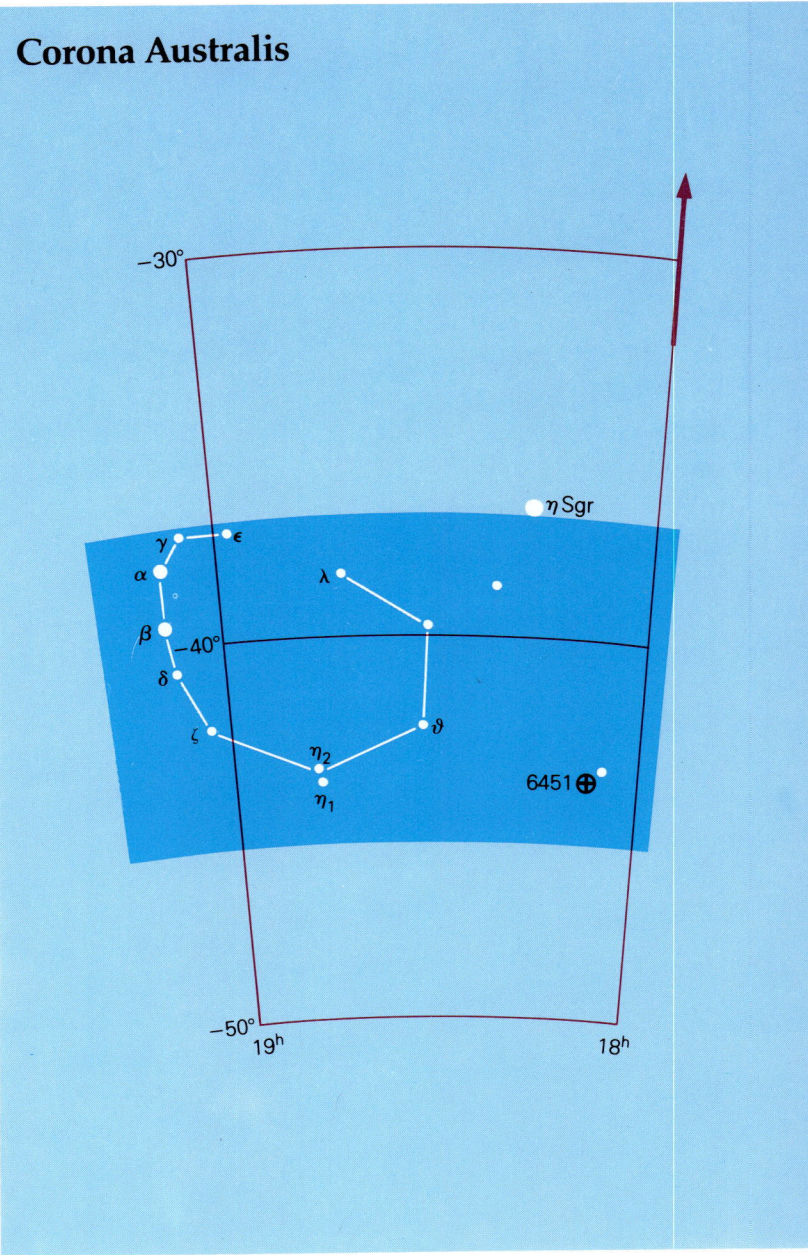

Coma Berenices Comae Berenices Com
Haar der Berenike

Tycho BRAHE fügte dieses Sternbild den übrigen im 16. Jahrhundert zu. Es wird umgeben von Ursa Maior, Leo, Virgo, Bootes und Canes Venatici und liegt zwischen RA $11^h 35^m$ und $13^h 35^m$, Dec 14 bis 34°. Der Name kommt aus dem Ptolemäischen Ägypten. Die Gattin des Pharaos, Berenike, versprach, ihr Haar der Venus zu opfern, wenn dieser heil aus dem Krieg gegen die Syrer zurückkehren würde. Dies geschah, aber die abgeschnittenen Haare verschwanden aus dem Tempel der Venus. Die Legende berichtet, daß Jupiter sie von dort geraubt hat, um sie an den Himmel zu versetzen. Coma Berenices hat nur Sterne schwächer als 4,5. Größe, aber der galaktische Nordpol liegt dicht neben der Verbindungslinie der Sterne β und γ. Außerdem ist das Gebiet reich an extragalaktischen Nebeln, da es weit von der galaktischen Ebene entfernt ist.

Corona Borealis Coronae Borealis CrB
Nördliche Krone

Das Sternbild sieht wie ein helleres Duplikat seiner südlichen Schwester aus, es wird im Westen von Bootes flankiert. Der hellste Stern ist α CrB, Gemma (oder auch Alphecca). Es ist ein Bedeckungsveränderlicher mit einer mittleren Größe von m = 2,23 und einer Periode von 17,4 Tagen. Der A0-Stern ist 76 Lichtjahre entfernt und hat eine absolute Helligkeit von M = 0,4. Der Stern R CrB ist der Prototyp einer Klasse von unregelmäßigen Veränderlichen. Seine normale Größe ist m = 6,3, und er wird hin und wieder um mehrere Größenklassen schwächer. Diese Lichtabnahme entsteht durch die Absorption von Kohlepartikeln in seiner Atmosphäre. Man kann den Stern auch mit einem Fernglas sehen.

Corona Australis Coronae Australis CrA
Südliche Krone

Das Sternbild gehört zu den ursprünglichen 48 des PTOLEMÄUS. Es liegt zwischen den großen Konstellationen Sagittarius und Scorpius. Corona Australis bildet einen Bogen, der von Sagittarius eingerahmt wird.
Am besten findet man das Sternbild, wenn man von den Sagittarius-Sternen α, β und ε ausgeht. denn es liegt in dem von diesen Sternen gebildeten Dreieck. Der Name kommt von der Ähnlichkeit mit Corona Borealis, der Nördlichen Krone. Die Konstellation enthält keine Sterne heller als 4. Größe.

Corvus Corvi Crv Rabe

Es sieht mehr wie ein Kinderdrachen aus, dieses im Südwesten der Jungfrau gelegene südliche Sternbild, und es gehört zu den ersten Ptolemäischen 48 Konstellationen.
Seine hellsten Sterne, γ, β, δ und ε sind heller als m = 3,1. Erst der 5. Stern hat die Bezeichnung α, die normalerweise dem jeweilig hellsten Stern vorbehalten ist. Der Stern γ ist ein B 8-Stern der absoluten Größe M = −3,1 in einer Entfernung von 450 Lichtjahren. β ist ein sonnenähnlicher G 5-Stern mit m = 2,66 in 108 Lichtjahren Entfernung. δ, Algorab, ist ein Doppelstern (m = 2,27 und 8,26), und ε ein K 3-Stern der Größe 3,04 in 140 Lichtjahren Entfernung.

Ekliptik
Doppelstern
Veränderlicher m > 5

o Veränderlicher m < 5
O Galaxie
● Galaktischer Nebel

◇ Planetarischer Nebel
⊕ Kugelhaufen
⊙ Offener Haufen

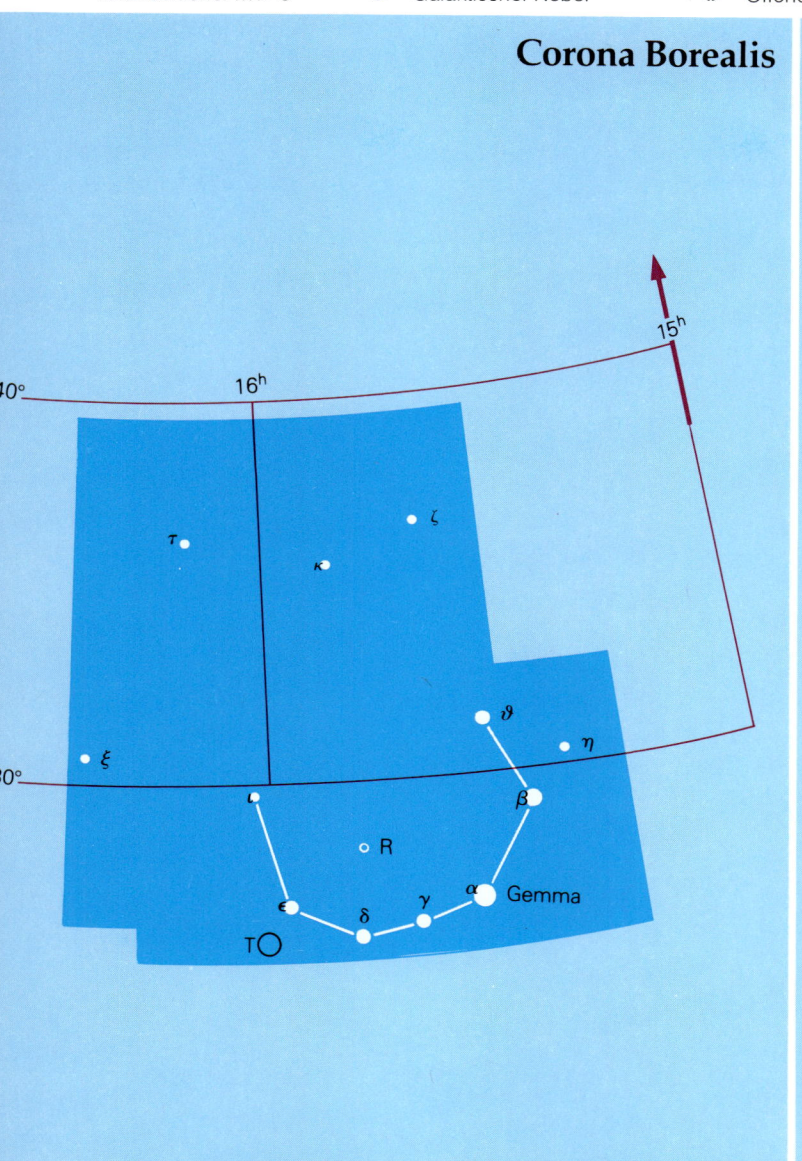

Corona Borealis

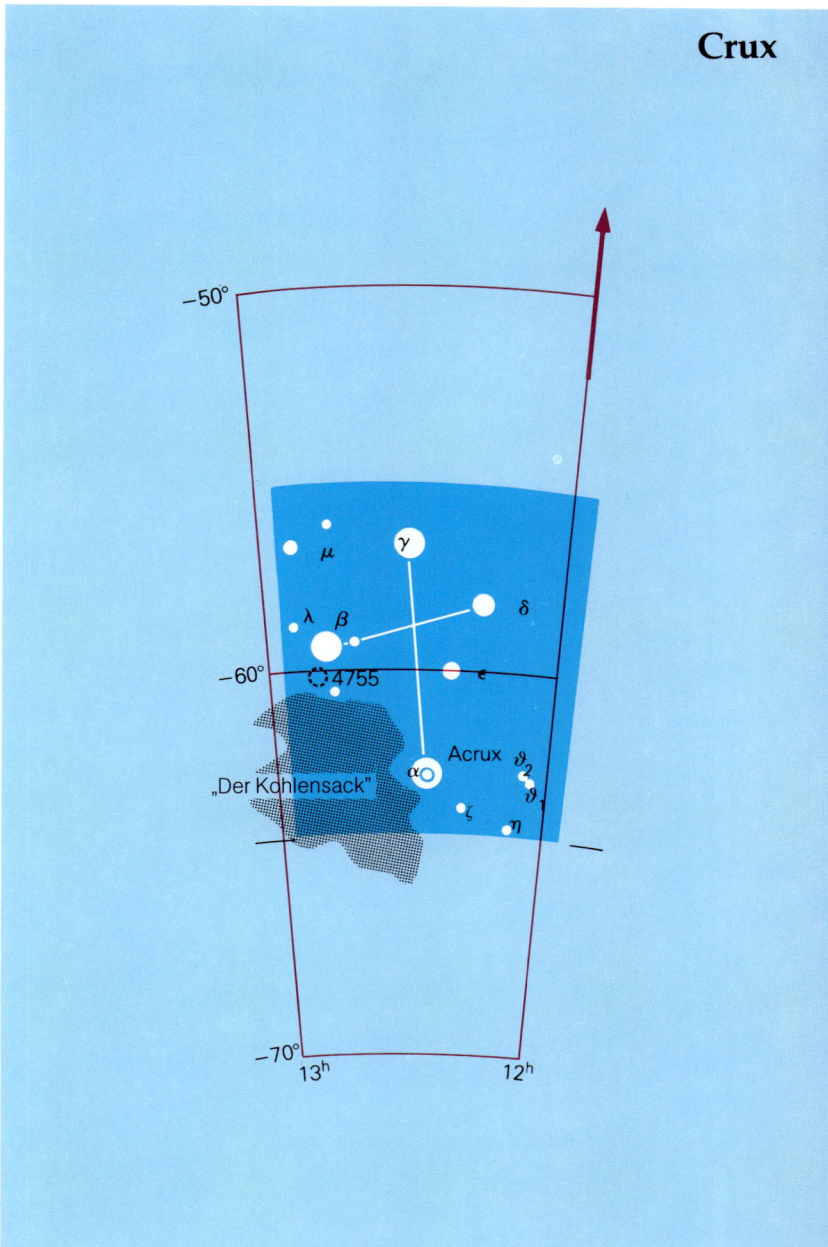

Crux

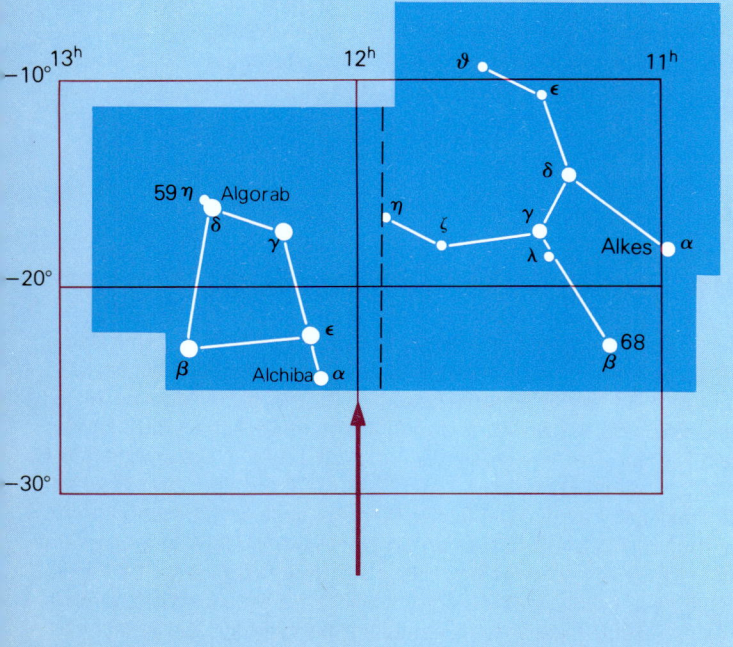

Corvus   **Crater**

Crater Crateris Crt *Becher*

Dieses Sternbild des Südhimmels wird von Leo, Virgo, Sextans, Hydra und Corvus eingerahmt. Es liegt zwischen RA $10^h 50^m$ und $11^h 55^m$ sowie Dec $-6°$ und $-25°$. Es ist recht unscheinbar, trotzdem gehört es zu den 48 alten Konstellationen. Der hellste Stern hat die Größe m = 4.

Crux Crucis Cru *Kreuz des Südens*

Crux ist das kleinste aller Sternbilder, es liegt zwischen RA $11^h 55^m$ und 12^h 55^m sowie Dec $-55°$ und $-64°$. An drei Seiten wird es von Centaurus umgeben, im Süden steht Musca. J. BAYER nahm es im 17. Jahrhundert in seinen Katalog auf. Vor allem ist es bekannt, weil seine Längsachse ziemlich genau auf den südlichen Himmelspol weist.

Der hellste Stern α, Acrux, ist ein Dreifachsystem mit den Komponentenhelligkeiten m = 1,6, 2,1 und 4,9. Das hellste Paar sieht man als Einzelstern der Größe 0,87, es liegt in 370 Lichtjahren Entfernung (M = $-3,9$ und $-3,4$). Beide Komponenten sind B-Sterne. β, Mimosa, ist 490 Lichtjahre entfernt, und als B 0-Stern hat er die absolute Helligkeit M = $-4,6$. γ, 220 Lichtjahre entfernt, hat m = 1,68 und ist ein M 3-Stern mit M = $-2,5$. δ ist ein 570 Lichtjahre entfernter Veränderlicher mit m zwischen 2,78 und 2,84.

Der Stern ε, von 3. Größe, scheint nicht richtig in das regelmäßige Bild eines Kreuzes zu passen. Im Gebiet zwischen α und β, dicht bei dem roten Stern ϰ, liegt der *Kohlensack*, ein berühmter, aus Gas und Staub bestehender Dunkelnebel.

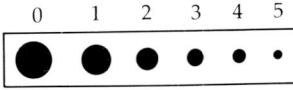

Cygnus

[Sternkarte Cygnus mit Beschriftungen:]
+60°
23
33
κ
20
+50° π₁
ψ ι
π₂ ϑ
○M39 ω₁
63 59 o₂ 30
W ○ ρ 60 55 o₁
7000 δ
Nordamerika-Nebel 57 α Deneb
68 ξ 56
+40° 74 ν
72 σ γ
61 Sadir
70 τ P ○ 22 15
λ 25 4
29
ν 28 8
T 47 η
ε 35 χ ○ 17
Glenah
6992–5 39
+30° 6960
22ʰ ζ 52 41
μ φ β 2
21ʰ Veil 20ʰ
Albireo

Delphinus

[Sternkarte Delphinus mit Beschriftungen:]
+20°
γ¹·² α
δ Sualocin
β ζ
Rotanev η
ε
κ +10°
Äquator
21ʰ 20ʰ 0°

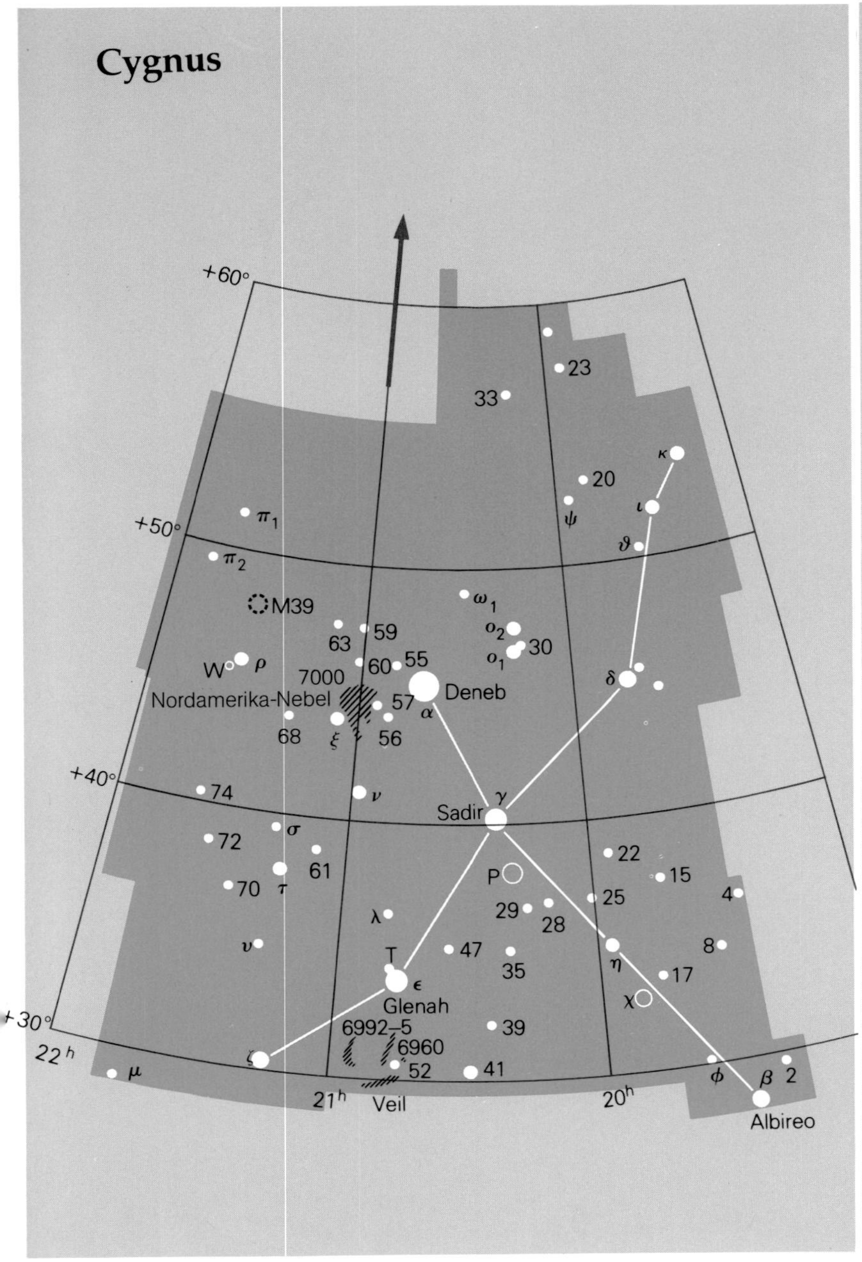

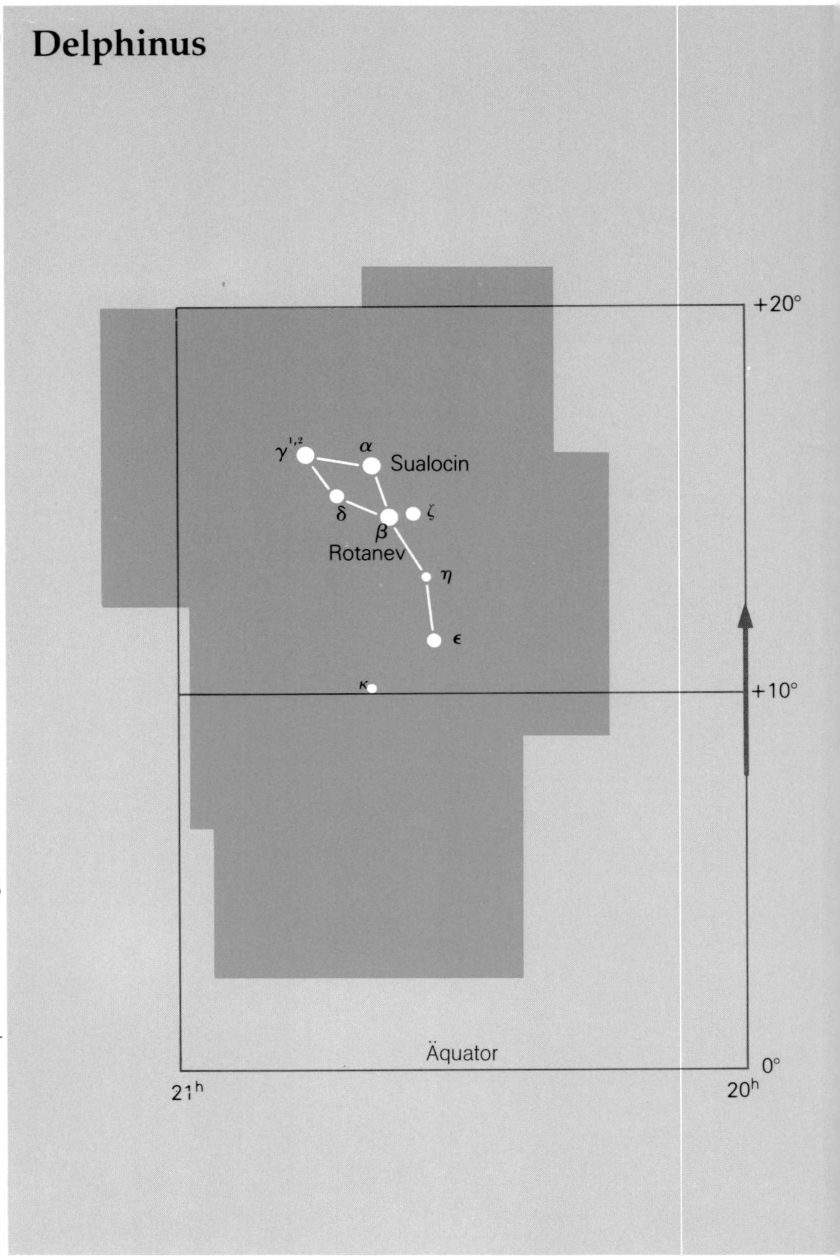

Cygnus Cygni Cyg *Schwan*

Es ist verständlich, daß dieses Sternbild häufig auch als *Nördliches Kreuz* bezeichnet wird. Der Hauptstern α, Deneb, ist einer der hellsten am Himmel. Mit einer scheinbaren Helligkeit von m = 1,25 und einer Entfernung von 1600 Lichtjahren besitzt dieser A2-Stern die absolute Helligkeit M = −7,3. Damit übertrifft seine Leuchtkraft die der Sonne um das 30 000fache! Der optische Doppelstern β Cyg gehört für den Beobachter zu den lohnendsten Objekten. Albireo ist ein orange-rötlicher K-Stern mit m = 3,07, 410 Lichtjahre von uns entfernt, der von einem goldgelben schwächeren Stern 5. Größe begleitet wird. Fast alle Sterne des Schwans haben eine große Leuchtkraft. Etwa in der Mitte der Verbindungslinie zwischen γ Cyg, Sadir, und Albireo steht ein interessanter Stern. Es ist χ Cyg, ein langperiodischer Veränderlicher (Periode 409 Tage), der Mira, o Ceti, ähnelt. Seine Helligkeit schwankt zwischen der 4. und 14. Größe. Wie die meisten Sterne in dieser Gruppe von Veränderlichen ist er normalerweise ziemlich regelmäßig, hin und wieder zeigt die Lichtkurve aber auch erhebliche Schwankungen.

Delphinus Delphini Del *Delphin*

Der Delphin liegt am westlichen Ende einer Gruppe von „wäßrigen" Sternbildern: Wassermann und Steinbock, der mythologisch mit einem Fischschwanz dargestellt wird, sowie weiter östlich Fische und Walfisch. Die Anordnung der Sterne zeigt eine gewisse Ähnlichkeit mit einem Delphin, obwohl man eher darin einen rautenförmigen Kinderdrachen erkennen kann. Die Namen der beiden hellsten Sterne, Sualocin (α) und Rotanev (β), ergeben rückwärts gelesen „Nicolaus Venator", und das ist die latinisierte Form von Nicolo Cacciatore. Er war Assistent des Astronomen Piazzi auf der Sternwarte von Palermo. Der Stern γ ist ein bekannter teleskopischer Doppelstern.

Dorado Doradus Dor *Schwertfisch*

Auch dieses Sternbild gehört zu denen, die Bayer 1603 in seinen Katalog einführte. Es soll einen Fisch darstellen, der häufig fälschlich als *Delphin* bezeichnet wird. Es enthält keine besonderen Sterne, als einziger sei α Dor mit einer Größe von 3,5 erwähnt. Jedoch liegt im südlichen Bereich von Dorado ein Teil der Großen Magellanschen Wolke (LMC). Sie erscheint als blasser Fleck, überdeckt mehr als 1ʰ in RA und liegt etwa mit ihrer Mitte auf dem −70. Deklinationskreis. Die Große Magellansche Wolke wurde zuerst im 16. Jahrhundert durch Berichte von der Magellanschen Weltumseglung in Europa bekannt. Ein scharfes Auge kann sie ohne Fernglas sehen. Sie ist eine unregelmäßige Galaxie und unserem Milchstraßensystem in einer Entfernung von 170 000 Lichtjahren unmittelbar benachbart. Ein sehr heller Stern, der Veränderliche S Dor, ändert seine Helligkeit zwischen m = 8,2 und 9,4. In der Entfernung der LMC hat er eine Leuchtkraft von M = −8.

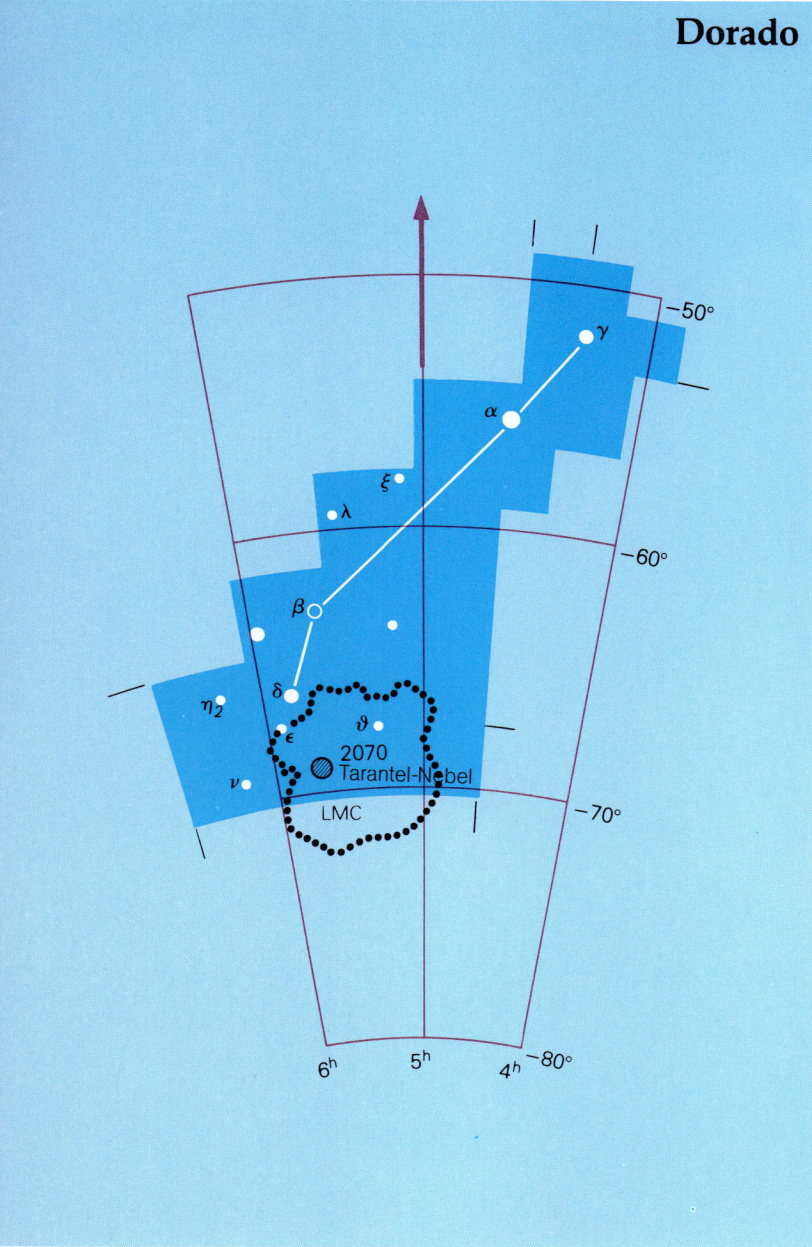

Dorado

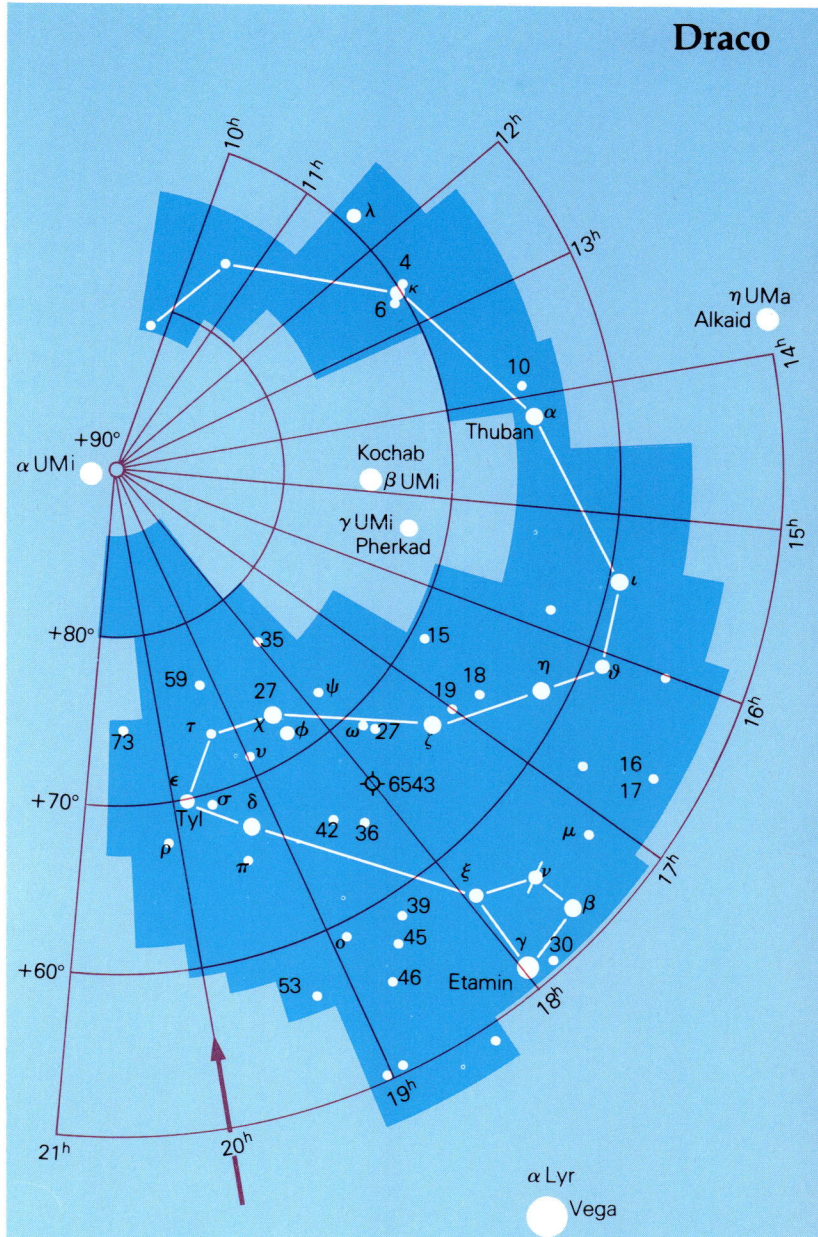

Draco

Draco Draconis Dra *Drache*

Der Drache gehört zu den ältesten bekannten Sternbildern. Sowohl die Ägypter als auch die Griechen, Chinesen und Araber erwähnen es unter verschiedenen Namen. Es zieht sich in einer langen Kette ziemlich isoliert stehender Sterne über ein großes Gebiet des nördlichen zirkumpolaren Himmels.

Der hellste Stern ist γ, Etamin, ein roter K 5-Riese der Größe 2,21, mehr als 100 Lichtjahre entfernt. Vor etwa 5000 Jahren war α Dra, Thuban, ein spektroskopischer Doppelstern der Größe 3,6, der *Polarstern*. Die Präzession hat inzwischen α Ursae Minoris zum Nordpol bewegt. β Dra, m = 2,77, ist ein Doppelstern mit den Komponenten 2,7 und 11,5. Der Drache enthält den Nordpol der Ekliptik, der bei RA 18ʰ etwa zwischen den Sternen δ und ζ liegt.

Equuleus

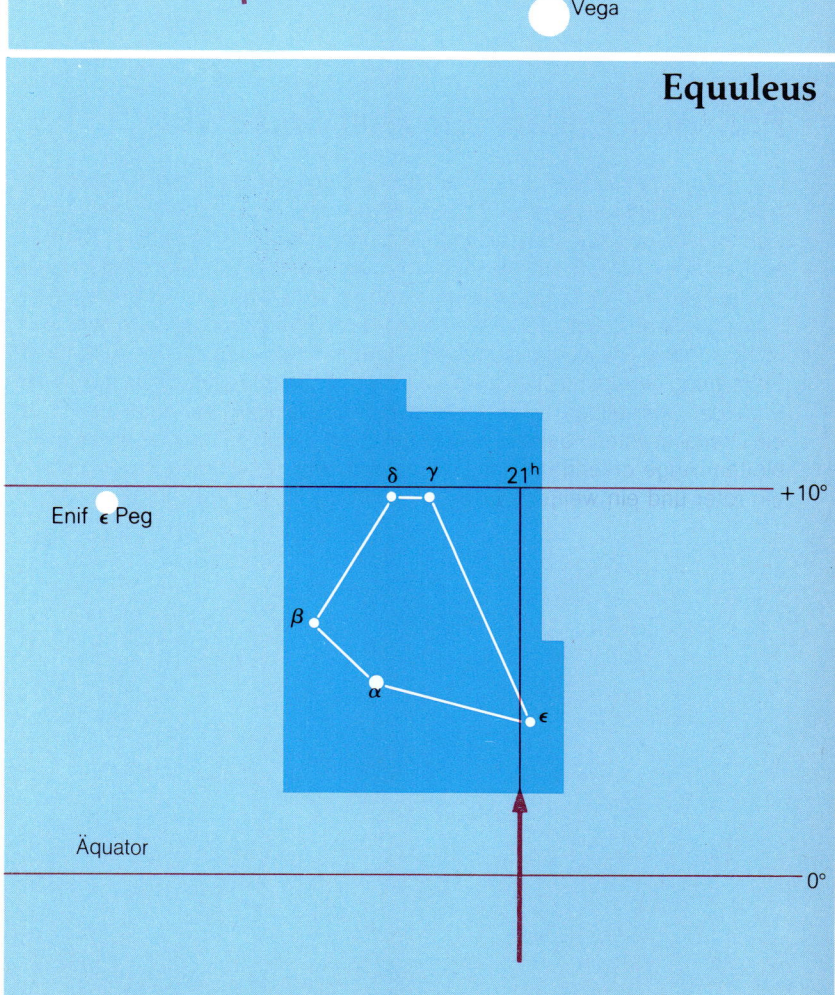

Equuleus Equulei Equ *Füllen*

Das kleine *Füllen* liegt zwischen Pegasus und Delphin. Obwohl es sehr unscheinbar ist, gehört es schon zu den bei den Babyloniern erwähnten Sternbildern. Am einfachsten findet man es westlich des Sterns ε Pegasi, Enif. Alle Sterne des Equuleus sind schwach, der hellste, α, erreicht gerade die 4. Größe, und β ist etwa eine Größenklasse schwächer. Auch sonst gibt es keine interessanten Objekte, aber das zwischen Pegasus, Delphin und Aquarius äquatornahe gelegene Gebiet ist sehr gut zu beobachten.

Zeichenerklärung der Karten
Skala der Größenklassen

0   1   2   3   4   5

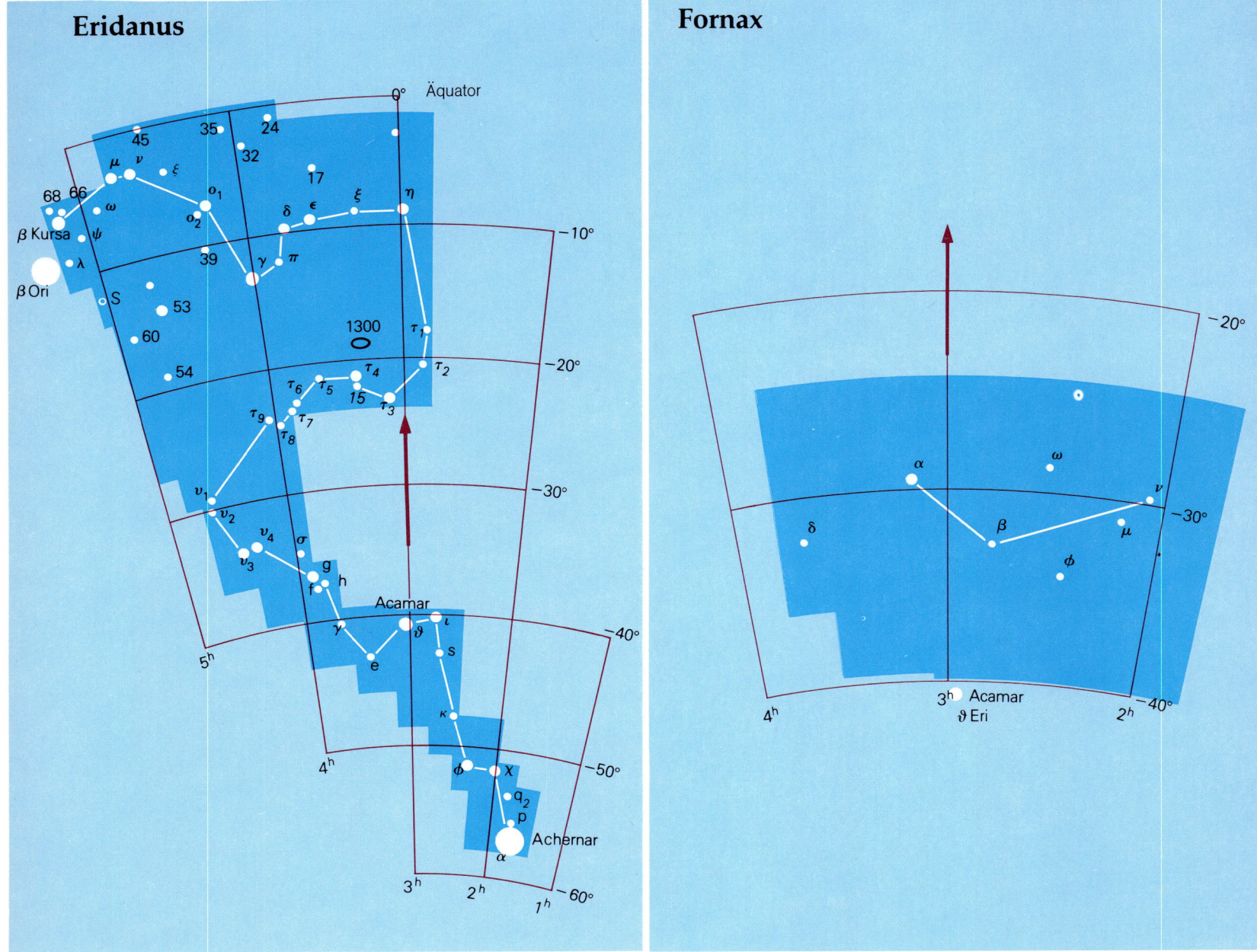

Eridanus

Fornax

Eridanus Eridani Eri *Fluß Eridanus*

Der Name bezeichnet das himmlische Gegenstück eines Flusses. Die Ägypter verbanden damit den Nil, die Babylonier den Euphrat. Er schlängelt sich südlich des Äquators bis in tiefe Deklinationen. Sein hellster Stern α, Achernar, ist von uns aus nicht sichtbar, denn er steht am südlichsten Ende der fast bis $-60°$ Deklination reichenden Konstellation. Dieser Stern hat die Helligkeit 0,48, er ist 140 Lichtjahre entfernt, und seine absolute Helligkeit ist M = 2,3. β Eri, Kursa, ist ein A3-Stern mit m = 2,8 und M = 0,9; seine Entfernung beträgt 80 Lichtjahre. Der Stern ϑ, Acamar, markierte früher das Ende des Sternbildes, später dehnte man dieses bis zu Achernar aus. Eri ist ein Dreifachsystem, dessen hellstes Mitglied, einen gelben Zwerg, man mit bloßem Auge erkennen kann. Die beiden sehr schwachen Begleiter sind ein roter und ein weißer Zwerg.

Fornax Fornacis For *(Chemischer) Ofen*

Früher gehörte das Sternbild mit zu dem verwinkelten Eridanus. Der Name kommt wie mehrere andere von dem Franzosen LACAILLE, der im 18. Jahrhundert lebte. Nachdem er die in der Nähe liegende Gruppe *Sculptor* (Bildhauer) genannt hatte, bezeichnete er andere Sternbilder mit den Namen der dazu gehörenden Handwerksgeräte, einschließlich eines Brennofens. Die drei Sterne, die die Hauptgruppe bilden, sind wie ein breites „V" angeordnet und liegen in der Mitte eines rechteckigen Gebiets, das dieses Sternbild ausmacht. Es gibt hier keinen Stern heller als 4. Größe.

---- Ekliptik   ○ Veränderlicher m < 5   ◇ Planetarischer Nebel
🟔 Doppelstern   ⬭ Galaxie   ⊕ Kugelhaufen
⊙ Veränderlicher m > 5   ◉ Galaktischer Nebel   ⸬ Offener Haufen

Gemini

Grus

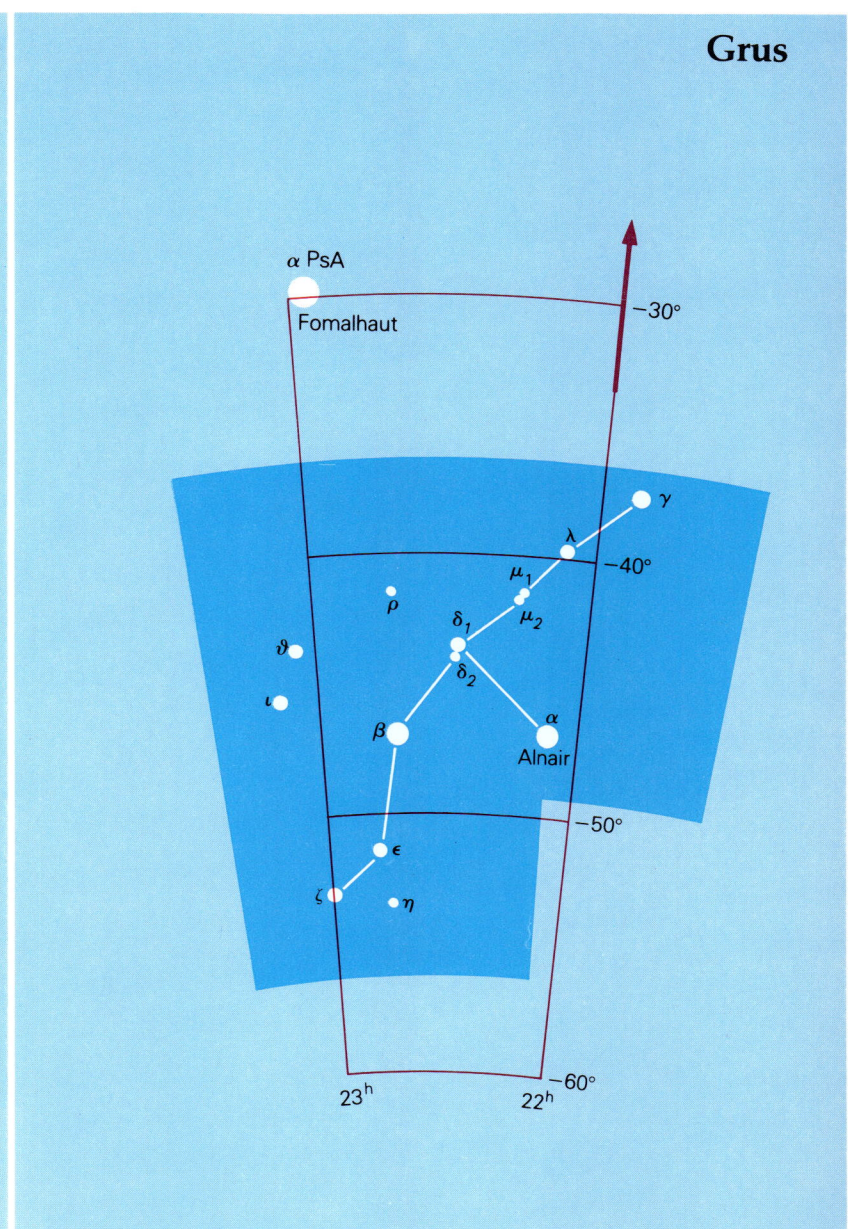

Gemini Geminorum Gem *Zwillinge*

Die Zwillinge gehören zum Tierkreis, sie liegen zwischen dem Stier und
dem Krebs.
Fast jeder kennt die beiden Sterne α, Castor und β, Pollux. Castor, der
schwächere, hat die Größe m = 1,62. Er setzt sich aus drei spektroskopi-
schen Doppelsternen zusammen (m = 1,97, 2,95 und 9,08). Alle sechs
Sterne bilden ein zusammengehöriges komplexes System in einer Entfernung von 45 Lichtjahren. Pollux, der hellste Zwillingsstern, ist ein K0-Stern
mit m = 1,15, 35 Lichtjahre von uns entfernt. Seine Leuchtkraft ist geringer
als die des Castor-Systems.
Alhena ist ein A-Stern der Größe 1,93, seine Entfernung beträgt 105 Lichtjahre. μ Gem, Tejat Posterior, ist ein Veränderlicher der mittleren Größe
2,92 in 160 Lichtjahren Entfernung. ε Mebsuta hat die gewaltige Entfernung
von über 1000 Lichtjahren. Der G8-Stern erscheint uns als Objekt 3. Größe.
Den schönen offenen Haufen M35 sieht man am besten mit einem wenig
vergrößernden Fernglas. Die Planeten Neptun und Pluto wurden übrigens
in diesem Sternbild entdeckt.

Grus Gruis Gru *Kranich*

Das Sternbild erhielt im 17. Jahrhundert wahrscheinlich durch BAYER seinen
Namen, obwohl es bereits früher unter dem Namen *Flamingo* erwähnt wird.
Die hellsten Sterne sind α, Alnair, ein B5-Stern der Größe 1,76 in 65 Lichtjahren Entfernung sowie β, ein schwach veränderlicher M3-Stern der mittleren Größe 2,17, etwa 300 Lichtjahre entfernt. Der Stern γ, Al Dhanab, ist
ein B8-Objekt mit m = 3,03. Seine Leuchtkraft ist größer als die der beiden
anderen (M = −3,1), aber wegen seiner größeren Entfernung von 550
Lichtjahren erscheint er uns schwächer. Den Doppelstern δ können wir mit
freiem Auge erkennen, es ist ein Objekt 4. Größe. Seine Komponenten
werden mit δ¹ und δ² bezeichnet.

Hercules

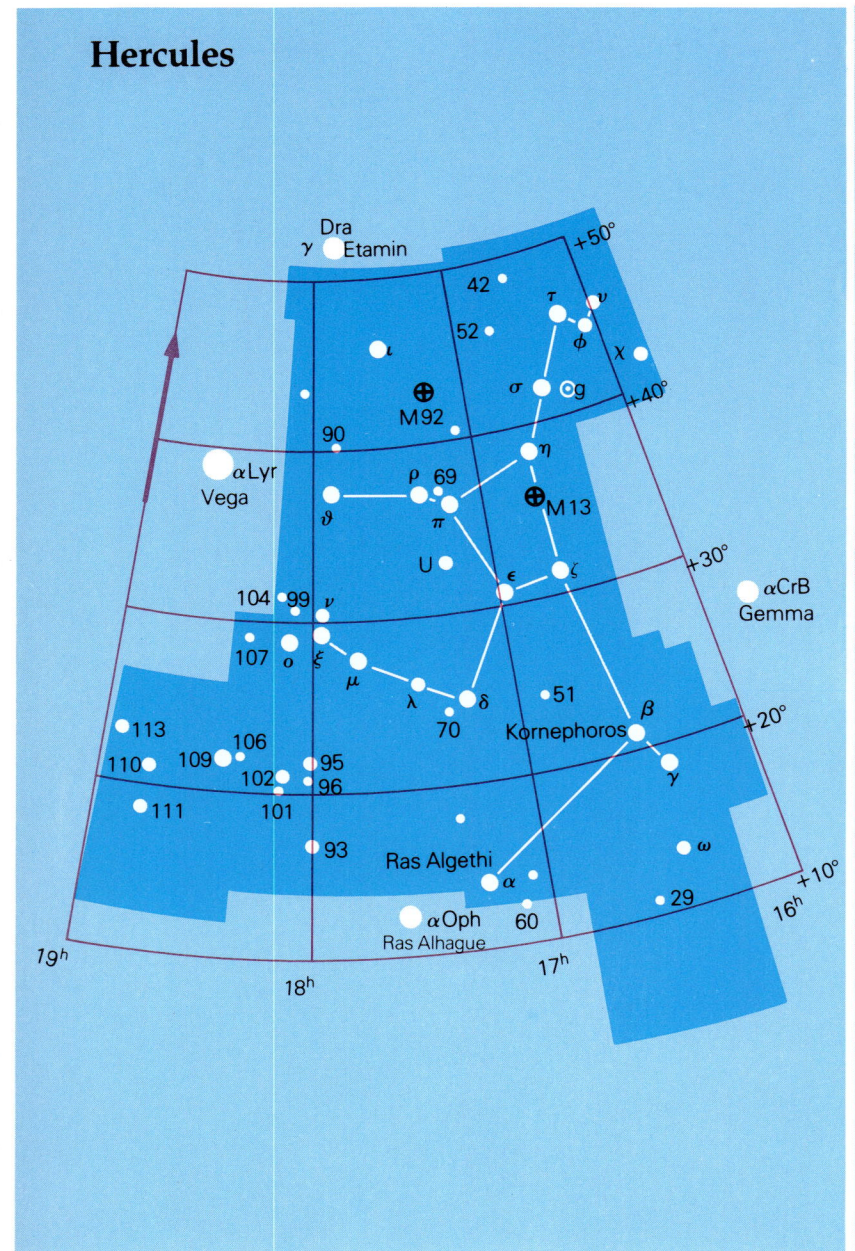

Horologium

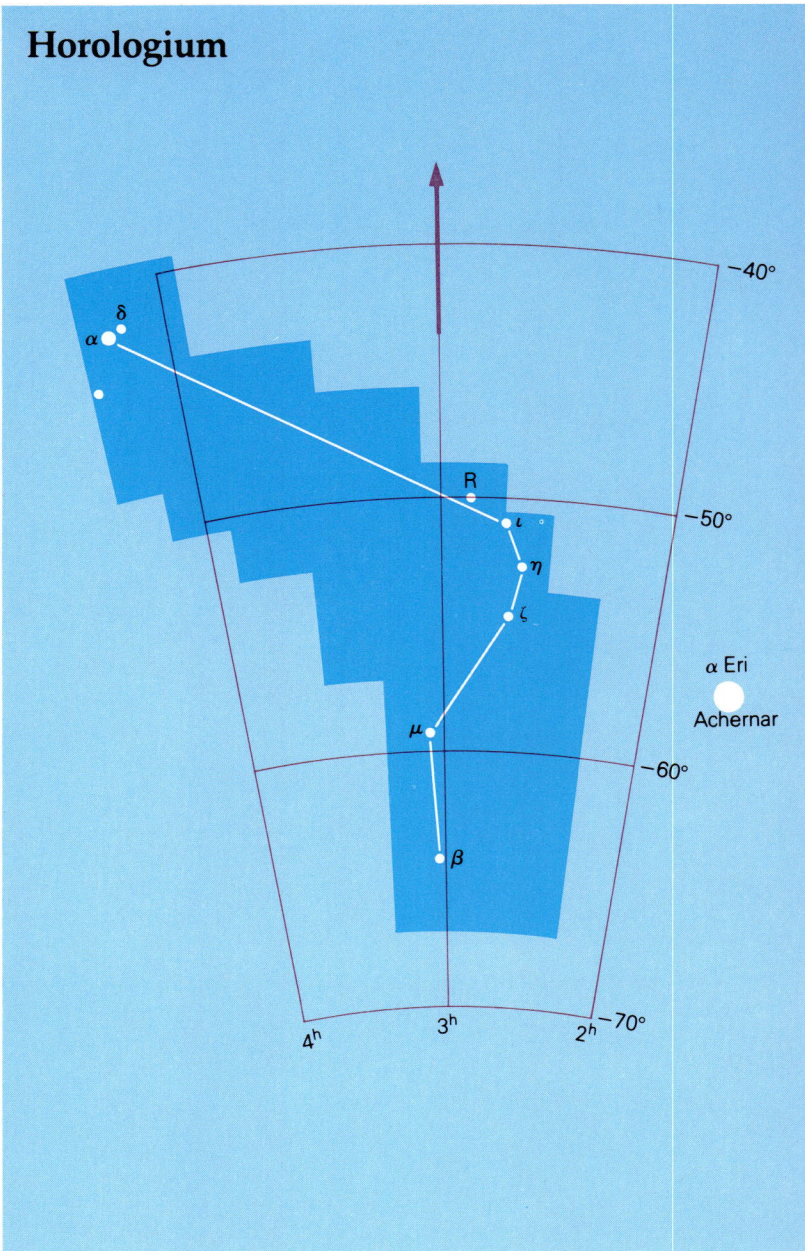

Hercules Herculis Her *Herkules*

Das seit langem bekannte Sternbild erhielt seinen Namen von dem mythologischen griechischen Helden. Das zentrale, aus den Sternen ε, ζ, π und η gebildete Viereck kann man zwischen Corona Borealis und Lyra leicht finden.

Der hellste Stern α, Ras Algethi, ist ein kühler roter veränderlicher Überriese der mittleren Helligkeit 3,5. Er hat einen schwächeren Begleiter vom Typ G mit einer Helligkeit von 6,1. Der Durchmesser des Überriesen wurde auf fast 1 Milliarde km geschätzt, und wenn das stimmt, wäre er der größte bekannte Stern. β, Kornephoros, ist ein G-Stern mit m = 2,8 in 100 Lichtjahren Entfernung. ζ und μ Her sind Mehrfachsysteme.

Der interessante Kugelhaufen M 13 liegt zwischen den Sternen η und ζ. Er scheint über 100 000 Sterne in einer Sphäre von etwa 100 Lichtjahren Durchmesser zu enthalten. Obwohl der Haufen etwa 34 000 Lichtjahre entfernt ist, kann man ihn mit freiem Auge sehen.

Horologium Horologii Hor *Pendeluhr*

Das Sternbild gehört zu den von LACAILLE im 18. Jahrhundert benannten. Es verläuft am Südhimmel in etwa parallel zum südlichen Ende des Eridanus, und von dem Stern Achernar aus kann man es gut finden. Sein hellster Teil liegt zwischen Eridanus und Caelum. Der hellste Stern hat die Größe m = 3,8, außer ihm gibt es in dieser Himmelsgegend nichts Besonderes zu sehen. Der Name erinnert an eine altmodische Pendeluhr, wie sie früher in Sternwarten benutzt wurde. Wegen seiner südlichen Lage ist das Sternbild von Mitteleuropa aus unsichtbar.

---- Ekliptik	○ Veränderlicher m < 5	◇ Planetarischer Nebel
●– Doppelstern	⬭ Galaxie	⊕ Kugelhaufen
⊙ Veränderlicher m > 5	⬤ Galaktischer Nebel	⬚ Offener Haufen

Sternkarten 43

Hydra

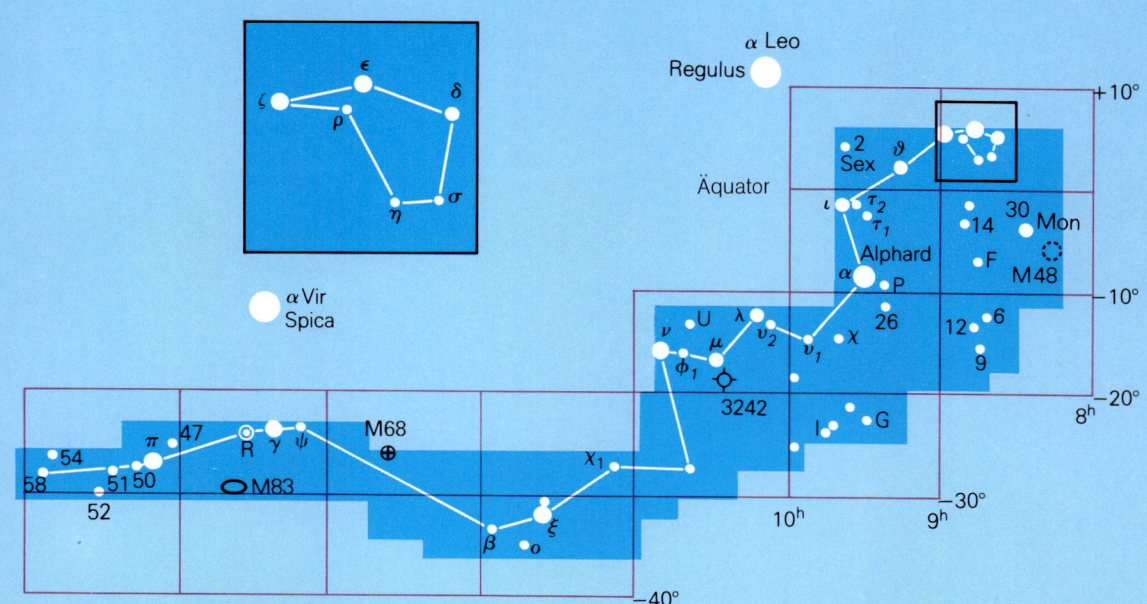

Hydra Hydrae Hyd *Nördliche Wasserschlange*

Hydra ist das ausgedehnteste Sternbild am Himmel. Es schlängelt sich zwischen RA $8^h 10^m$ und 15^h in Äquatornähe über den südlichen Himmel. Der „Kopf" wird von einer aus sechs Sternen bestehenden Gruppe gebildet, von denen zwei heller als 4. Größe sind.

Der Stern α, Alphard, ist ein roter K 4-Stern der Größe 1,98 (absolute Helligkeit M = −0,3) in einer Entfernung von 94 Lichtjahren. Er liegt südöstlich vom Schlangenkopf. ε ist einer der beiden Kopfsterne. Es ist ein Vierfachsystem mit den Komponentengrößen 3,7, 5,2, 6,8 und 12,1. Auf der Grenze zu dem benachbarten Centaurus liegt unterhalb des Sterns γ die Galaxie M 83 (NGC 5253), während zwischen den Sternen γ und ζ der Kugelhaufen M 68 zu finden ist. Der helle Haufen M 48 galt wegen eines Fehlers in MESSIERS erstem Katalog lange Zeit als „verschollen".

Hydrus

Hydrus Hydri Hyi *Südliche Wasserschlange*

Das weit im Süden liegende Sternbild wurde von BAYER im Jahre 1603 katalogisiert. Es ist ein recht unscheinbares, im wesentlichen aus drei Sternen gebildetes Dreieck südlich von Achernar (α Eri). Es enthält einen kleinen Teil der Kleinen Magellanschen Wolke (SMC), die zur Hauptsache in dem angrenzenden Sternbild Tucana liegt.

β Hydri ist ein G1-Stern mit m = 2,78, etwas über 20 Lichtjahre entfernt. Der zweithellste Stern α, ein F0-Typ mit m = 2,84, hat eine Entfernung von mehr als 30 Lichtjahren.

Indus

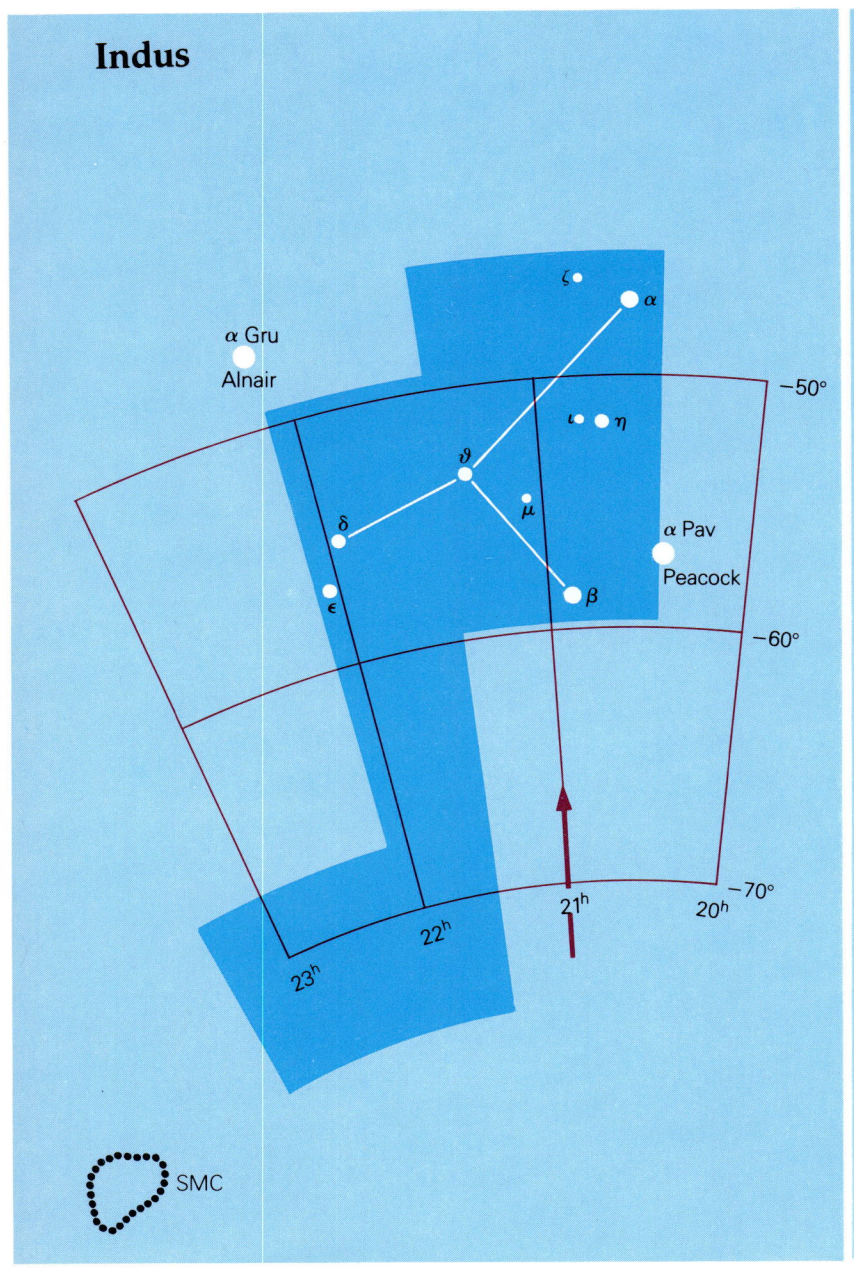

Lacerta

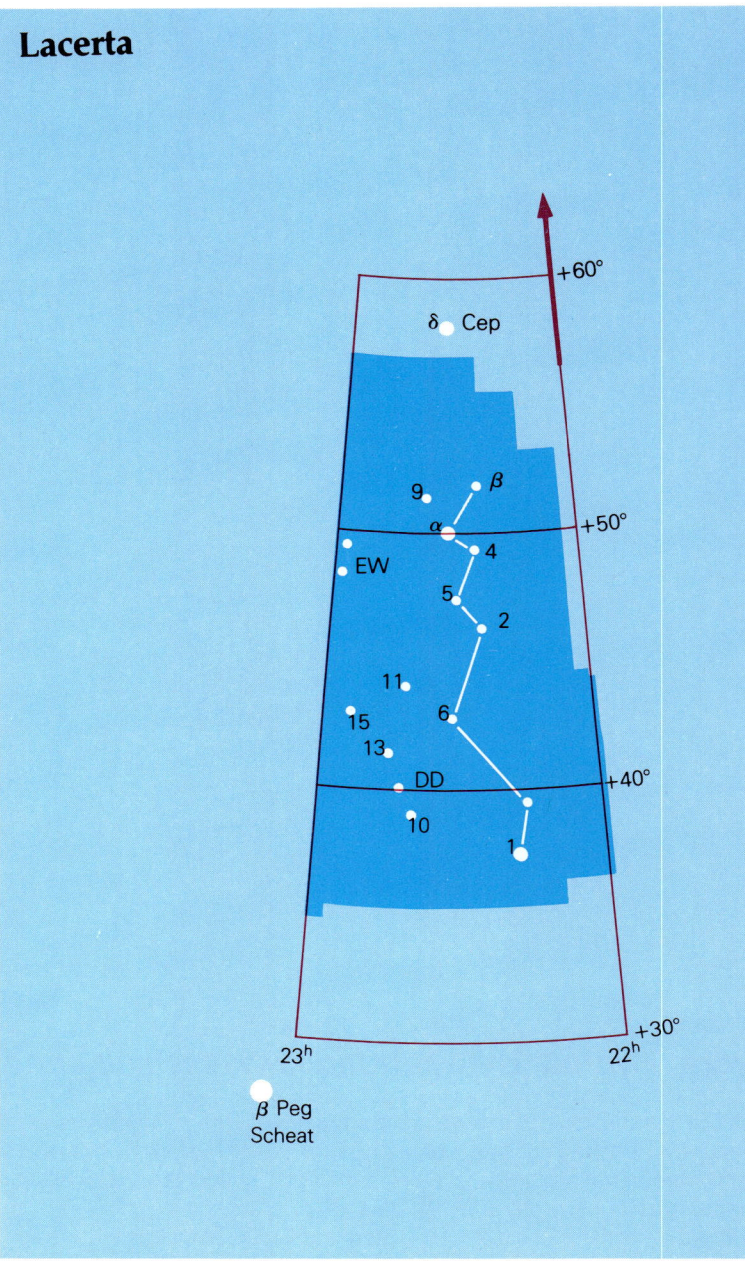

Indus Indi Ind *Inder*

Indus ist ein unscheinbares Sternbild am Südhimmel. Die Bezeichnung stammt von BAYER aus dem Jahre 1603. Man kann diese Sterngruppe ziemlich leicht zwischen den Sternen α Gruis und α Pavonis finden.

Der Stern α Indi, der hellste des Bildes, ist ein Objekt der Größe 3,2. β Indi hat etwa die 4. Größe. Alle anderen Sterne sind schwächer als m = 4. ε Indi ist nur 11,4 Lichtjahre von der Sonne entfernt und gehört zu den nächsten Sternen. Seine scheinbare Helligkeit ist m = 4,7 und die absolute M = 7,0.

Lacerta Lacertae Lac *Eidechse*

Die Konstellation, die ihren Namen im Jahre 1690 durch HEVELIUS bekam, liegt südlich von dem berühmten Veränderlichen δ Cephei. Nur 8 hellere Sterne gehören zu diesem Sternbild, alle etwa von 4. Größe. Darunter sind mehrere Veränderliche. Sonst weist Lacerta keine interessanten Objekte auf.

Leo Leonis Leo *Löwe*

Der Löwe gehört zu den ältesten Sternbildern. Bei vielen Völkern des Altertums war er bekannt, darunter die Babylonier, die Ägypter und die Griechen. Damals lag der Löwe in der Nähe des Sommersonnwendpunktes auf der Ekliptik.

Unter den Sternen fällt α Leonis, Regulus, auf. Es ist ein Doppelstern (m = 1,36 und 10,8) vom Spektraltyp B 7 mit einer absoluten Helligkeit M = 0,7 in einer Entfernung von 84 Lichtjahren. γ, Algieba, ist ein spektakulärer Doppelstern, dessen Komponenten grünlich und gelb erscheinen. Zusammen haben sie die Größe 1,99 und sind etwa 200 Lichtjahre von uns entfernt. β Leonis, Denebola, ist ein A3-Stern der Größe 2,14, 43 Lichtjahre entfernt. Einer der Sterne mit der größten Leuchtkraft ist ε, Asad Australis, ein G0-Stern mit m = 2,99 und M = −2,1, etwa 340 Lichtjahre entfernt. Wie bei seiner Nachbarschaft zu den Sternbildern Coma Berenices und Virgo zu erwarten, enthält der Löwe viele Galaxien, die oberhalb der galaktischen Ebene liegen.

Leo Minor Leonis Minoris LMi *Kleiner Löwe*

HEVELIUS nahm dieses Sternbild in der 2. Hälfte des 17. Jahrhunderts in seinen Katalog auf, es liegt zwischen Ursa Maior und Leo. Der Hauptstern β ist ein Objekt 4. Größe. Dieselbe Helligkeit haben die restlichen drei helleren Sterne der Konstellation, die sehr wenig auffällig ist und außer einigen Veränderlichen für einen Amateurastronomen nichts Interessantes enthält. Mit größeren Teleskopen kann man einige schwache, weit entfernte Galaxien sehen.

---- Ekliptik	○ Veränderlicher m < 5	◇ Planetarischer Nebel
● Doppelstern	◯ Galaxie	⊕ Kugelhaufen
⊙ Veränderlicher m > 5	◉ Galaktischer Nebel	⊙ Offener Haufen

Sternkarten 45

Leo

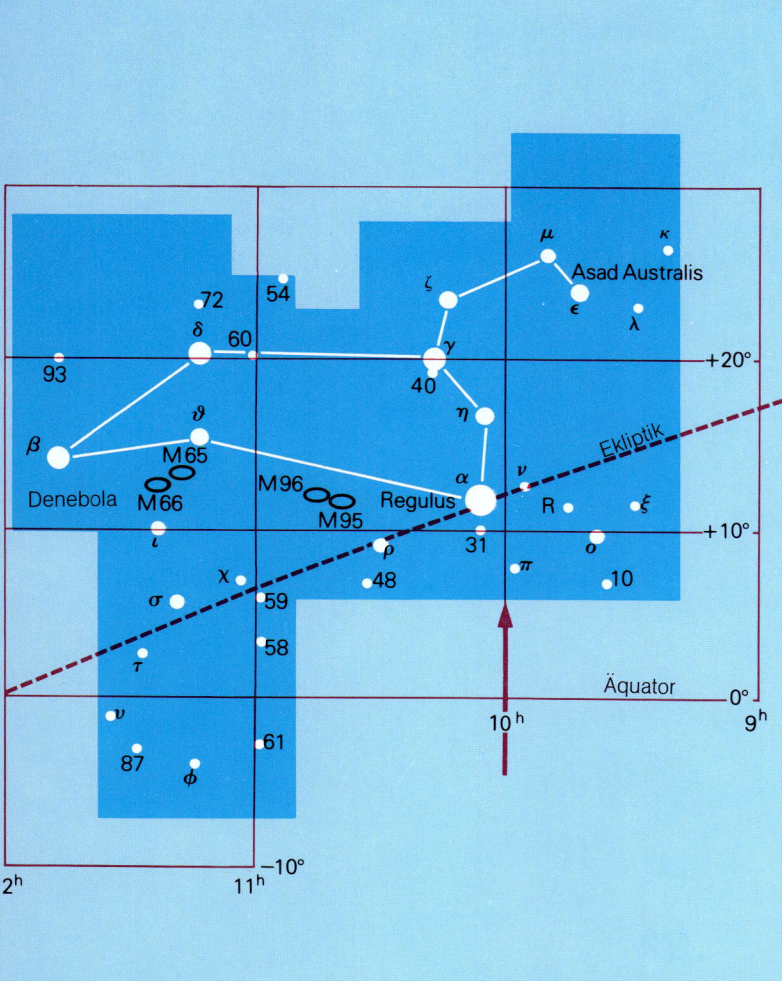

Leo Minor

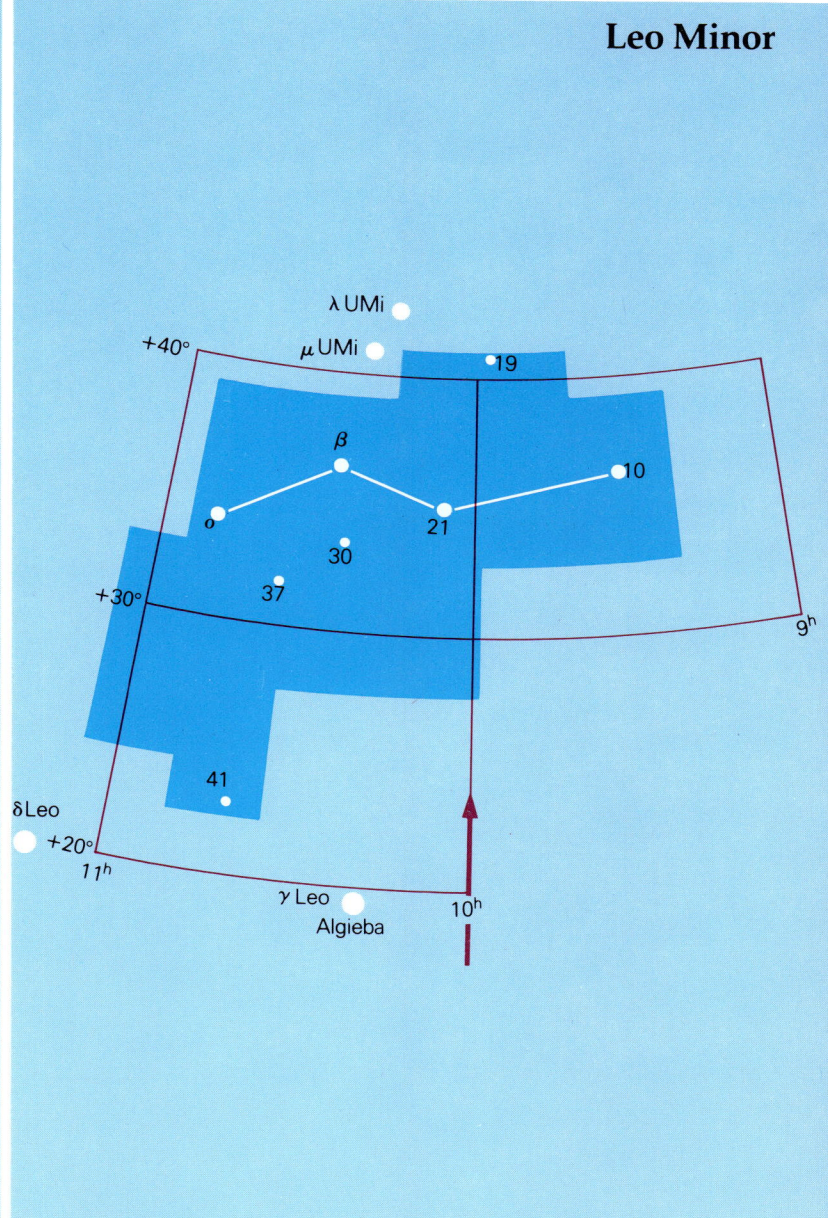

Lepus Leporis Lep *Hase*

Das Sternbild gehört zu den von PTOLEMÄUS zusammengestellten 48 Konstellationen. Wahrscheinlich soll der Name an eines der von Orion gejagten Tiere erinnern, da das Sternbild an den Orion angrenzt.

Sein Hauptstern α, Arneb, ist ein F0-Typ der Größe 2,58 mit der absoluten Helligkeit M = −4,6; seine Entfernung beträgt 900 Lichtjahre. Von geringerer Leuchtkraft ist β Lep, Nihal, ein G5-Stern mit m = 2,81 (M = 0,1), 113 Lichtjahre entfernt. Es ist ein Doppelstern mit einem Begleiter der Größe 9,4. Der Stern ε Lep hat die Helligkeit m = 3,2, während μ m = 3,3 hat. In Richtung zum Eridanus können wir einen Veränderlichen mit einer Periodenlänge von 430 Tagen beobachten. Es ist R Leporis, dessen Maximalhelligkeit m = 6 beträgt und der dann gerade mit bloßem Auge zu sehen ist. Im Minimum bei m = 10,4 ist er natürlich ohne Vergrößerung unsichtbar. Der Kugelhaufen M 79 liegt südwestlich von Nihal (β Lep). Man findet ihn am besten, wenn man die Verbindungslinie zwischen α Lep und β Lep etwa um ihre eigene Länge verlängert.

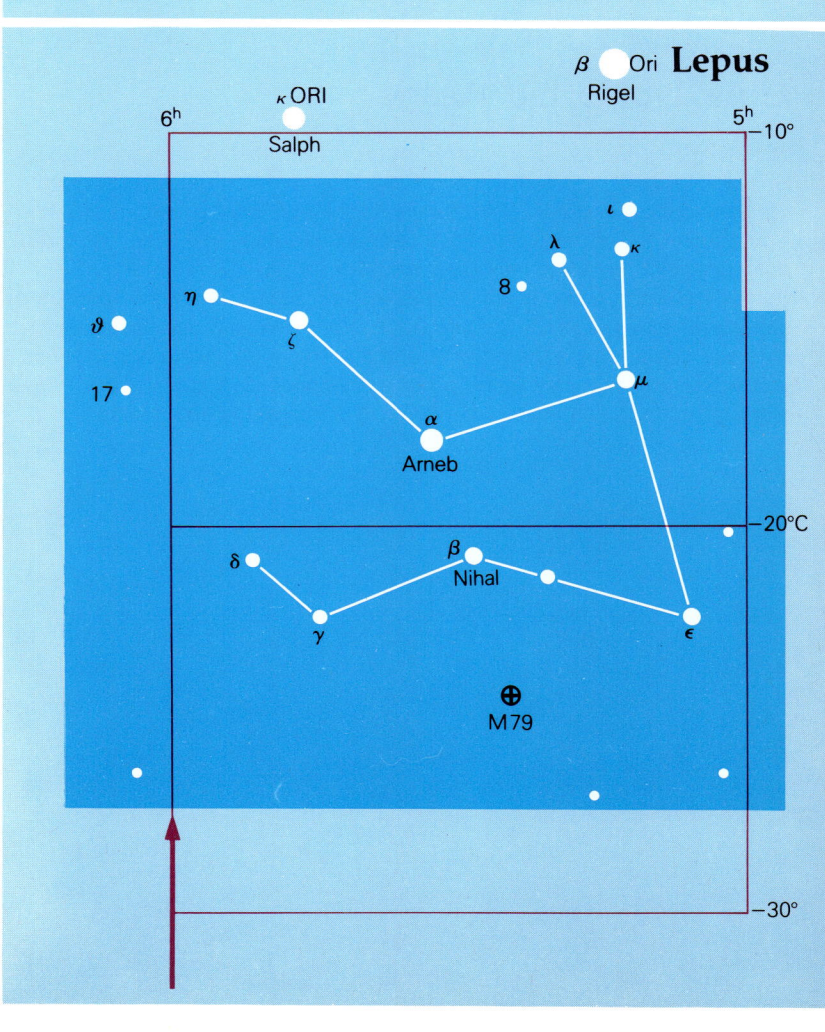

Zeichenerklärung der Karten
Skala der Größenklassen

0 1 2 3 4 5

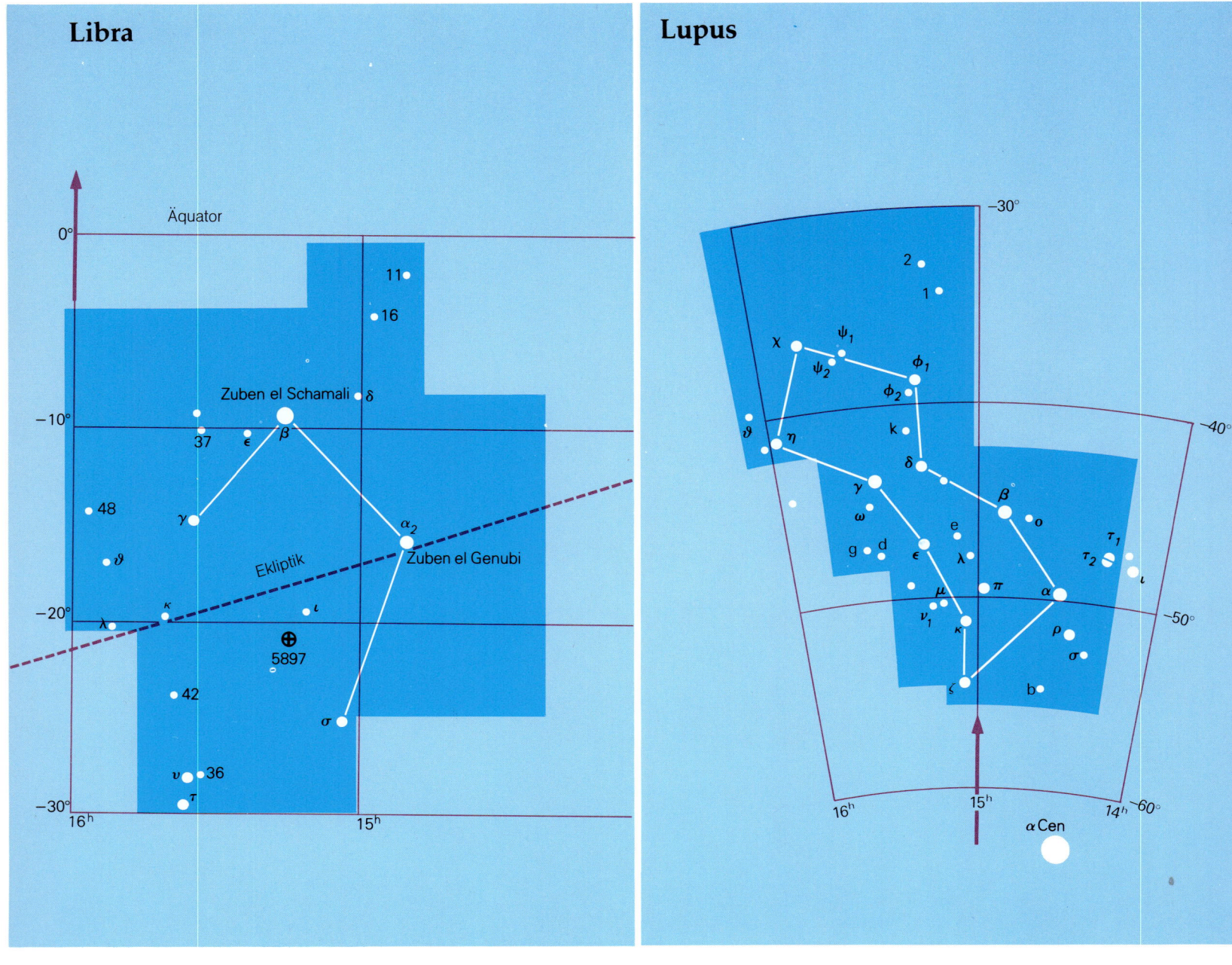

Libra

Lupus

Libra Librae Lib *Waage*

Die Waage gehört zu den alten Sternbildern. Früher wurde sie mit zum Skorpion gezählt, der östlich davon liegt. Sie wird von der Ekliptik durchkreuzt und ist deshalb ein Tierkreisbild. Ihr hellster Stern β, Zuben el Schamali, ist ein B 8-Typ der Größe 2,61. Seiner Entfernung von 140 Lichtjahren entspricht eine absolute Helligkeit von $M = -0,6$.

Zuben el Genubi, α Lib, ist ein Doppelstern der Spektralklasse A 3 mit einer absoluten Helligkeit $M = 1,2$. Gute Beobachter wollen in dem Begleiter einen leuchtend grünen Stern der Größe 5,2 erkennen. Allerdings wird das von mehreren bekannten Astronomen und Amateuren bestritten. Der Farbeindruck scheint von einer subjektiven Wahrnehmung abzuhängen.

Lupus Lupi Lup *Wolf*

Auch Lupus gehört zu den alten Sternbildern. Es füllt das Gebiet zwischen dem hellen Stern α Centauri (Toliman) und α Scorpii (Antares) aus.

Die drei hellsten Sterne, α, β und γ sind heller als $m = 2,8$, und alle gehören zu den Spektraltypen B 1 oder B 2. α ist ein $m = 2,3$-Stern in einer Entfernung von 430 Lichtjahren, und β mit $m = 2,69$ ist 540 Lichtjahre entfernt. Ihre absoluten Helligkeiten sind $M = -3,3$ bzw. $-3,4$. Es sind also Sterne von großer Leuchtkraft. Auch γ, ein $m = 2,8$-Stern, hat eine absolute Helligkeit von $M = -2,7$. Er ist 570 Lichtjahre von der Sonne entfernt, ein Doppelstern mit den Komponenten $m = 3,5$ und $3,7$.

ζ Lupi ist ebenfalls ein Doppelstern mit $m = 3,4$ und $3,8$, wie auch η Lupi, dessen Komponenten die Größe $m = 3,5$ und $7,7$ haben.

----	Ekliptik	○	Veränderlicher m < 5	◇	Planetarischer Nebel
●	Doppelstern	◯	Galaxie	⊕	Kugelhaufen
⊙	Veränderlicher m > 5	◉	Galaktischer Nebel	⦂	Offener Haufen

Lynx

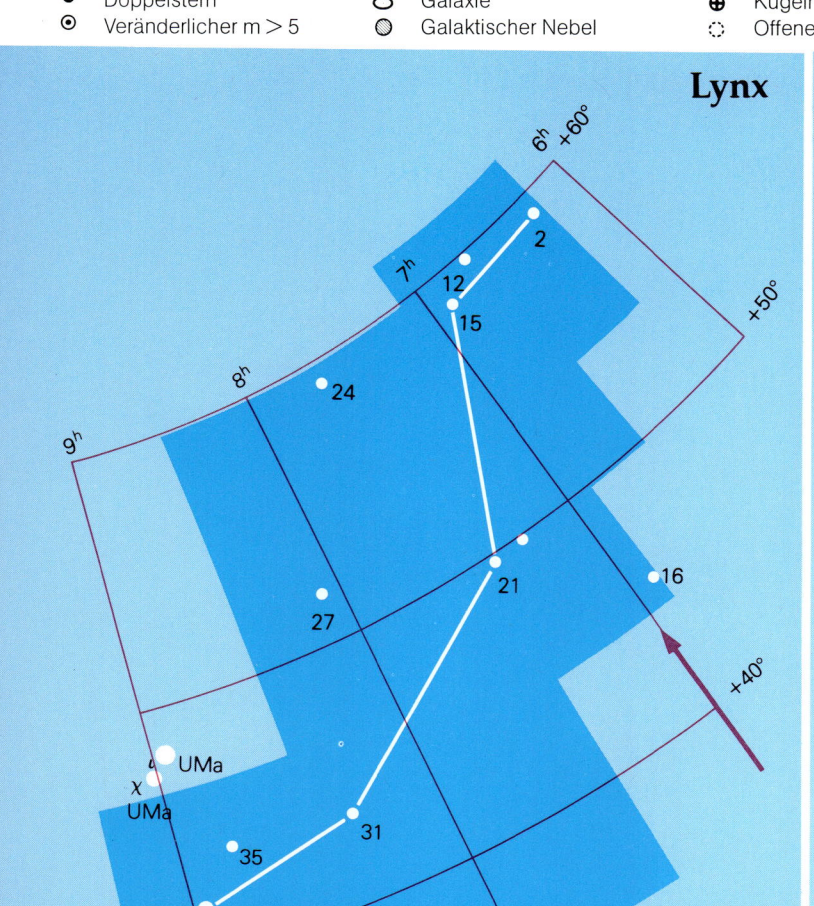

Lyra

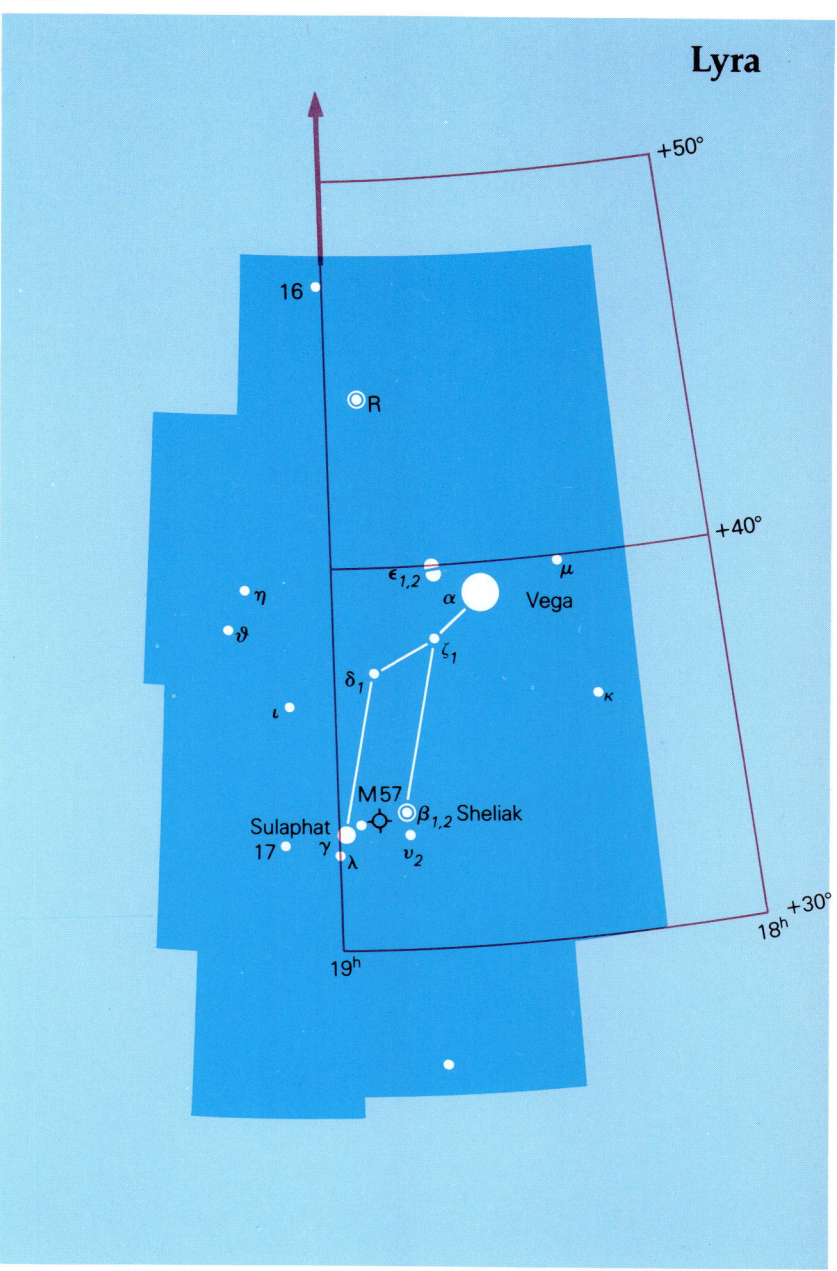

Lynx Lyncis Lyn *Luchs*

HEVELIUS nannte dieses Sternbild gegen Ende des 17. Jahrhunderts angeblich Luchs, weil sehr gute Augen nötig sind, um in dieser scheinbar sternleeren Gegend etwas zu erkennen. Die Konstellation liegt zwischen drei großen Sternbildern (Auriga, Gemini und Ursa Maior) und drei unscheinbaren Gruppen (Camelopardalis, Cancer und Leo Minor).
α Lyncis ist ein 180 Lichtjahre entfernter Stern der Größe 3,2. Alle anderen Sterne sind schwächer als 4. Größe.

Lyra Lyrae Lyr *Leier*

Die Leier ist eines der schon sehr früh erwähnten Sternbilder. Sein Hauptstern Wega, α Lyrae, ist der zweithellste Stern der nördlichen Hemisphäre, ein A 0-Objekt der Größe m = 0,04. Seine Entfernung beträgt 26 Lichtjahre (M = 0,5), und er hat einen schwachen Begleiter der 10. Größe.
Sheliak, β Lyrae, ist ein Bedeckungsveränderlicher (Größe zwischen m = 3,4 und 4,1), mit einem Begleitstern der Größe 7,8. Die beiden Sterne, deren Radien zwischen 16 und 24 Millionen km betragen, laufen in einem Abstand von weniger als 5 Millionen km umeinander. ε Lyrae ist ein Doppelsystem, dessen zwei Komponenten jeweils wieder doppelt sind. Die eine besteht aus zwei Sternen der Größe 4,6 und 6,3, die anderen beiden Sterne haben die Größen 4,9 und 5,2. Alle vier Sterne sind gravitativ aneinander gebunden. Solche Systeme kommen häufig vor. Dabei können komplizierte gravitative Wechselwirkungen auftreten.
Noch ein weiterer Doppelstern, ζ Lyrae, gehört zu dem Sternbild. Er hat die Komponenten m = 4,2 und 5,5, und er liegt etwa in der Mitte zwischen den Sternen δ und α. Im Jahre 1919 wurde in der Leier eine Nova beobachtet, die südlich von M 57 aufleuchtete. Ein Kugelhaufen M 56 liegt südwestlich von γ Lyrae auf der Verlängerung der Verbindungslinie von α Lyrae nach γ. Der berühmte Ringnebel mit der Katalognummer M 57 (NGC 6720) liegt etwa halbwegs zwischen γ und β. Es ist ein klassischer planetarischer Nebel, der entstand, als der in seiner Mitte stehende Stern 15. Größe eine Hülle von Material ausschleuderte.

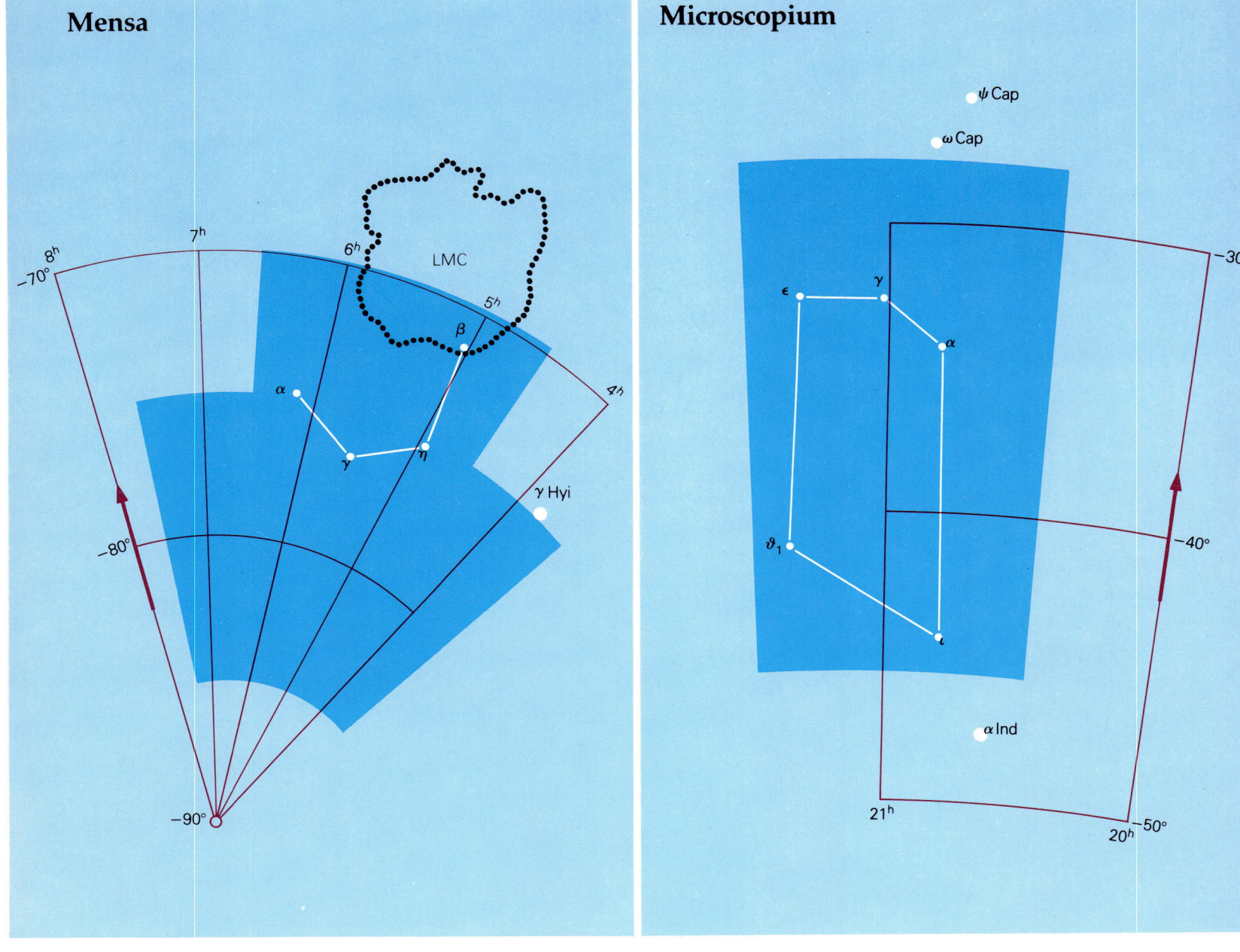

Mensa

Microscopium

Mensa Mensae Men *Tafelberg*

Dieses Sternbild erhielt seinen Namen, als LACAILLE auf seiner Sternwarte in Kapstadt den Südhimmel beobachtete. Es enthält etwa 20 Sterne der 5. Größe, die aber wenig interessant sind. Eigentlich kennt man das Sternbild nur, weil es einen Teil der Großen Magellanschen Wolke enthält, die zum größeren Teil im Sternbild Dorado liegt. Der schwache Stern β liegt mitten im Tarantelnebel, dem auffallendsten Detail der Großen Magellanschen Wolke.

Microscopium Microscopii Mic *Mikroskop*

Das Mikroskop ist eines der wenigen Sternbilder, die aus einem durch vier Geraden begrenzten Rechteck bestehen. Auch dieses südliche Sternbild verdankt seinen Namen dem Astronomen LACAILLE. Es enthält keine bemerkenswerten Objekte.

- - - - Ekliptik
○ Veränderlicher m < 5
◇ Planetarischer Nebel
Doppelstern
⬭ Galaxie
⊕ Kugelhaufen
⊙ Veränderlicher m > 5
◉ Galaktischer Nebel
⚬ Offener Haufen

Monoceros

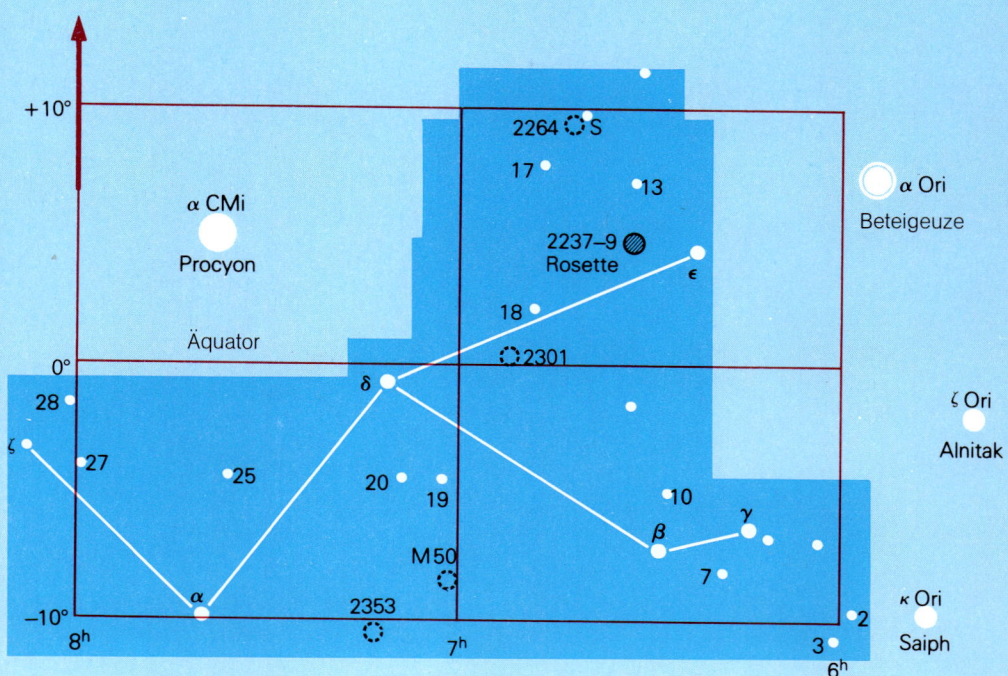

Monoceros Monocerotis Mon *Einhorn*

HEVELIUS nahm dieses Sternbild im Jahre 1690 in seinen Atlas auf. Es liegt genau auf dem Himmelsäquator und enthält einen Teil der Milchstraße. Keiner der Sterne ist besonders hell. Die drei hellsten, α, γ und δ, sind etwas schwächer als 4. Größe. Den Nebelfleck NGC 2264 kann man mit bloßem Auge sehen, er liegt nahe bei dem unregelmäßigen Veränderlichen *S* Monocerotis. Der sehr schöne und berühmte Rosettennebel NGC 2237-9 liegt nicht weit davon.

Musca

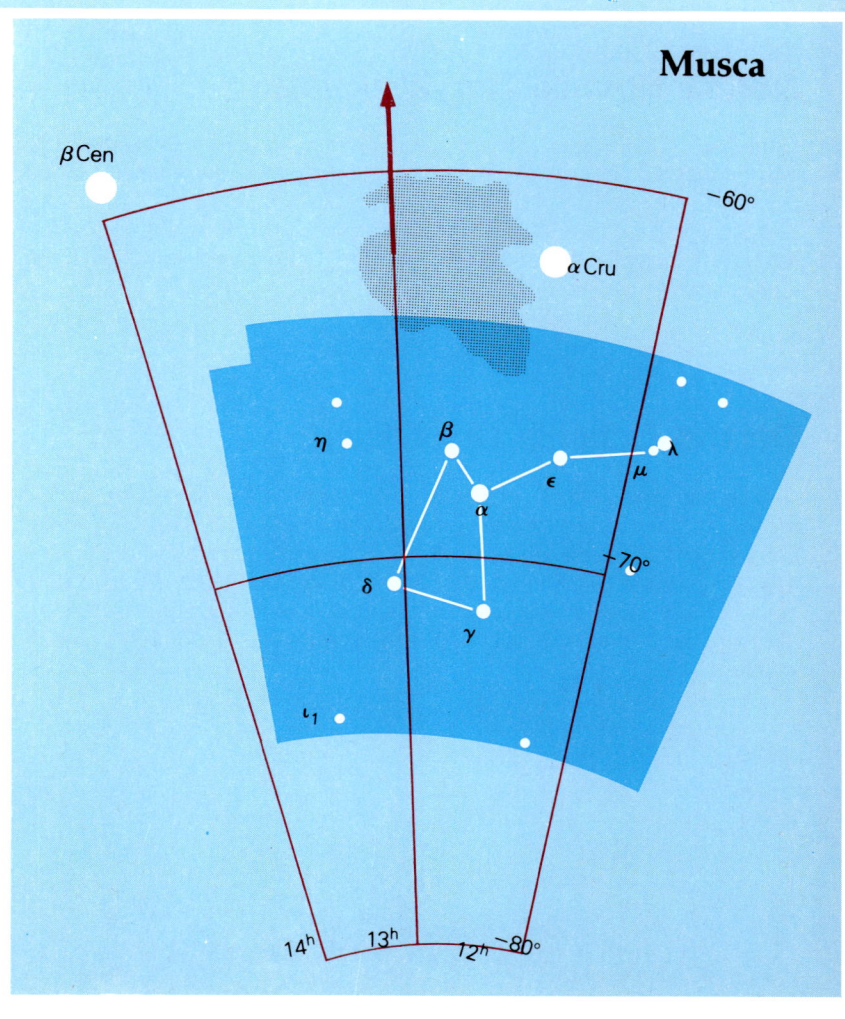

Musca Muscae Mus *Fliege*

Das Sternbild wird manchmal auch als *Musca Australis* (südliche Fliege) bezeichnet, es wurde von BAYER im Jahre 1603 katalogisiert. Es liegt südlich von α Crucis und von dem berühmten Dunkelnebel *Kohlensack*. Der Stern α Muscae ist ein Veränderlicher der Größe 2,7 (Variation zwischen m = 2,66 und 2,73). Er hat den Spektraltyp B 3, die absolute Helligkeit M = −2,9 und eine Entfernung von 430 Lichtjahren vom Sonnensystem. β Mus ist ein B 3-Doppelstern der Größe 3,06. Seine Komponenten haben m = 3,7 und 4,1, und das System ist 470 Lichtjahre von uns entfernt.

Norma

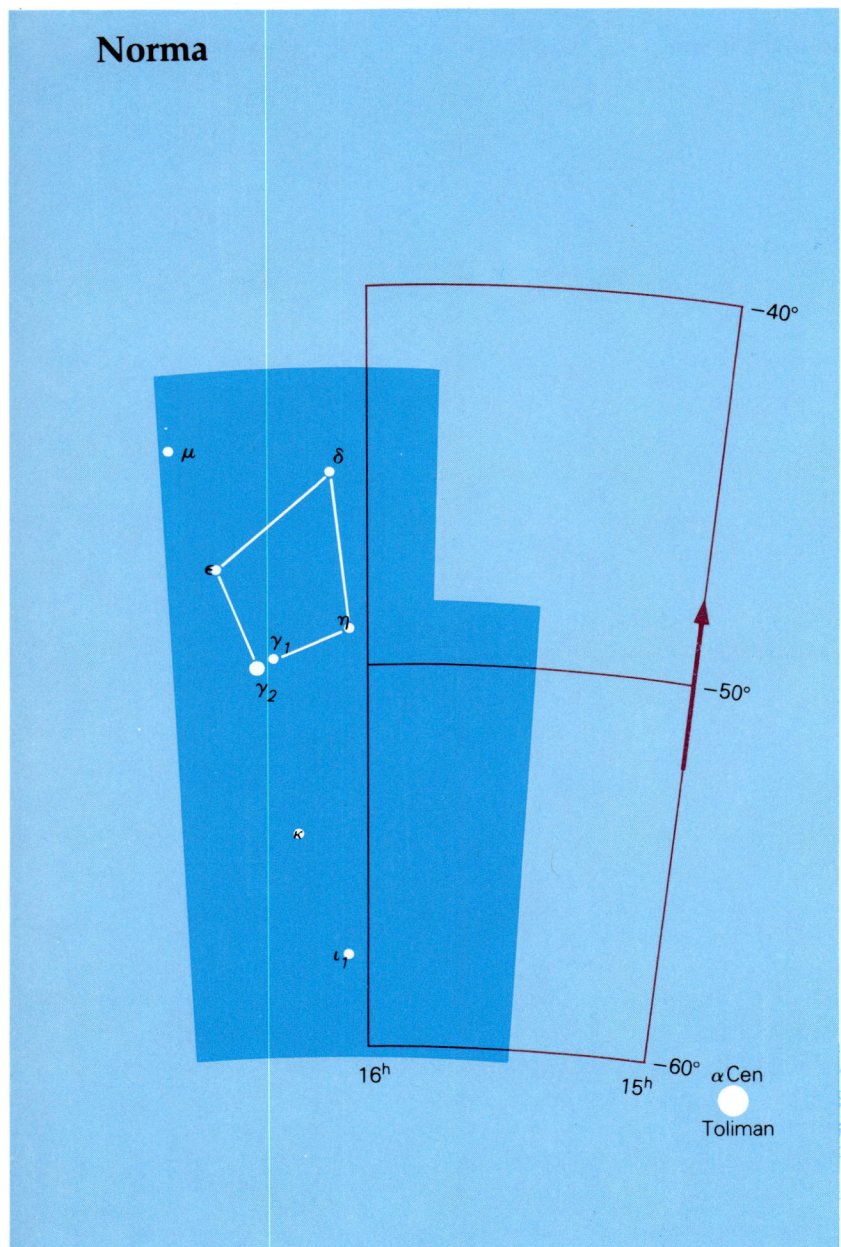

Octans

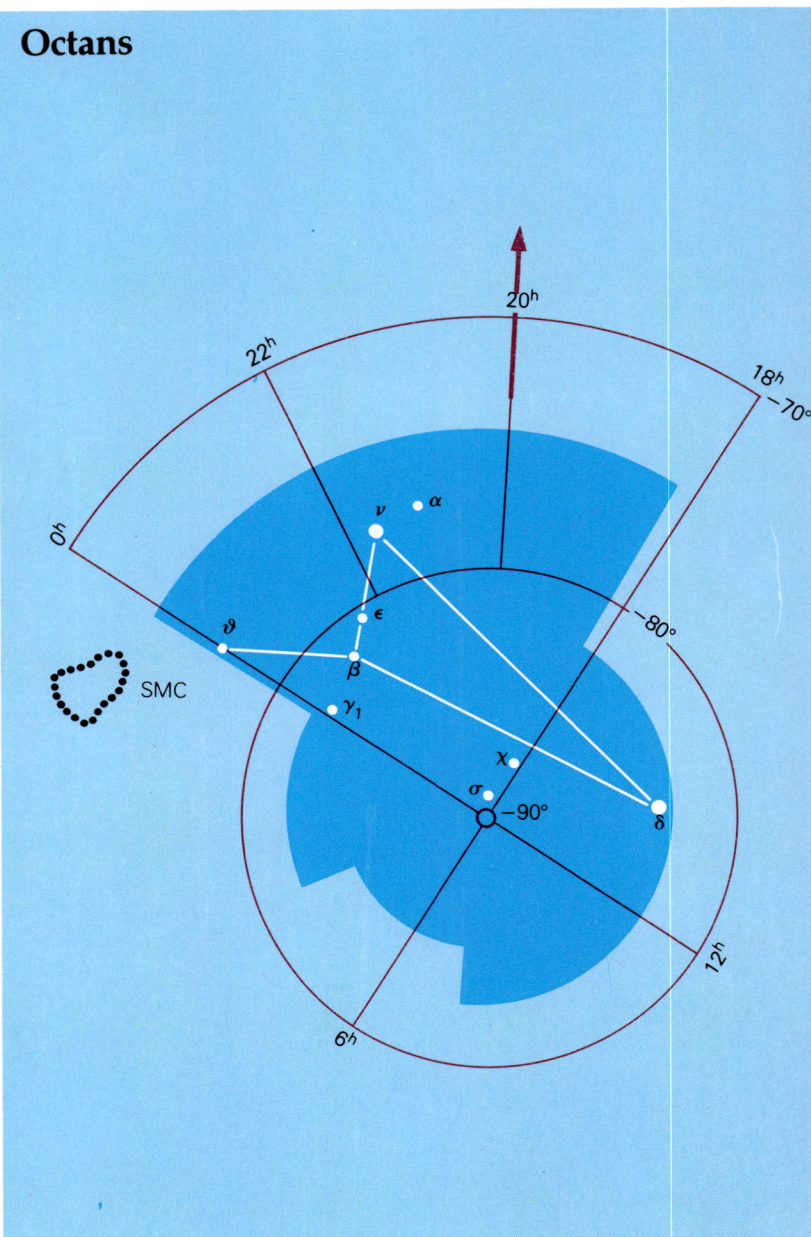

Norma Normae Nor *Winkelmaß*

Ursprünglich hieß dieses südliche Sternbild *Norma et Regula* (Winkelmaß und Lineal). LACAILLE wollte damit Handwerksgeräte des Bildhauers bezeichnen.
Alle Sterne dieser unscheinbaren Gruppe sind schwächer als 4. Größe. Interessant ist ein offener Haufen – NGC 6067 –, der nahe bei dem Stern ϰ auf einer Verbindungslinie der Sterne ε und γ liegt.

Octans Octantis Oct *Oktant*

Dieses Sternbild enthält den Südpol des Himmels. LACAILLE hatte es ursprünglich nach einem wichtigen Navigationsinstrument *Hadley's Oktant* genannt, später wurde dieses durch einen Sextanten ersetzt, den es auch noch am Himmel gibt. Der hellste Stern ν hat die Größe 3,7. Am nächsten beim Pol liegt σ Oct, ein schwacher Stern 6. Größe. Außer seiner besonderen Lage am Himmelssüdpol hat das Sternbild nichts Besonderes aufzuweisen.

Ophiuchus Ophiuchi Oph *Schlangenträger*

Als der Tierkreis vor einigen 1000 Jahren seine Sternbildnamen erhielt, lag der Ophiuchus noch außerhalb. Deswegen wurde er nicht in die Liste aufgenommen. Die Präzession hat inzwischen bewirkt, daß die Sonne heute mehrere Wochen durch dieses Sternbild läuft, das außerdem noch auf dem Himmelsäquator liegt.
Ras Alhague ist sein hellster Stern. Er steht nördlich des Äquators und südlich von Herkules. Es ist ein A 5-Stern mit m = 2,09, M = 0,8 und 58 Lichtjahre entfernt. η Oph, Sabik, ist ein Doppelstern mit der Gesamtgröße 2,46 (Komponenten 3,0 und 3,4). Sein Spektraltyp ist A 3 und seine absolute Helligkeit, entsprechend einer Entfernung von 70 Lichtjahren, beträgt M = 1,4.
Der Stern ζ, Han, steht im Nordwesten von Sabik. Es ist ein O 9-Stern der Helligkeit 2,57 mit einer absoluten Helligkeit von M = − 4,3 in einer Entfernung von über 500 Lichtjahren. Am anderen Ende des Spektralbereichs steht δ, Yed Prior. Er liegt fast auf der Grenze zum benachbarten Sternbild Serpens Caput. Es ist ein M 1-Stern mit m = 2,72, M = − 0,5, 140 Lichtjahre entfernt von uns.
β Oph, Kelb Alrai, ist ein K 2-Stern, m = 2,77 und M = − 0,1 in 124 Lichtjahren Entfernung. Drei schwache Kugelhaufen liegen in einem Dreieck, das von den Sternen Yed Prior, γ und μ aufgespannt wird. Diese drei Haufen, M 10, M 12 und M 14, sind sehr weit entfernt. Der Kugelhaufen M 9 liegt neben der Verbindungslinie der Sterne η und ξ. M 19 liegt westlich von ϑ Oph.

Legende:

---- Ekliptik | ○ Veränderlicher m < 5 | ◇ Planetarischer Nebel
◆ Doppelstern | ◯ Galaxie | ⊕ Kugelhaufen
⊙ Veränderlicher m > 5 | ◯ Galaktischer Nebel | ⋰ Offener Haufen

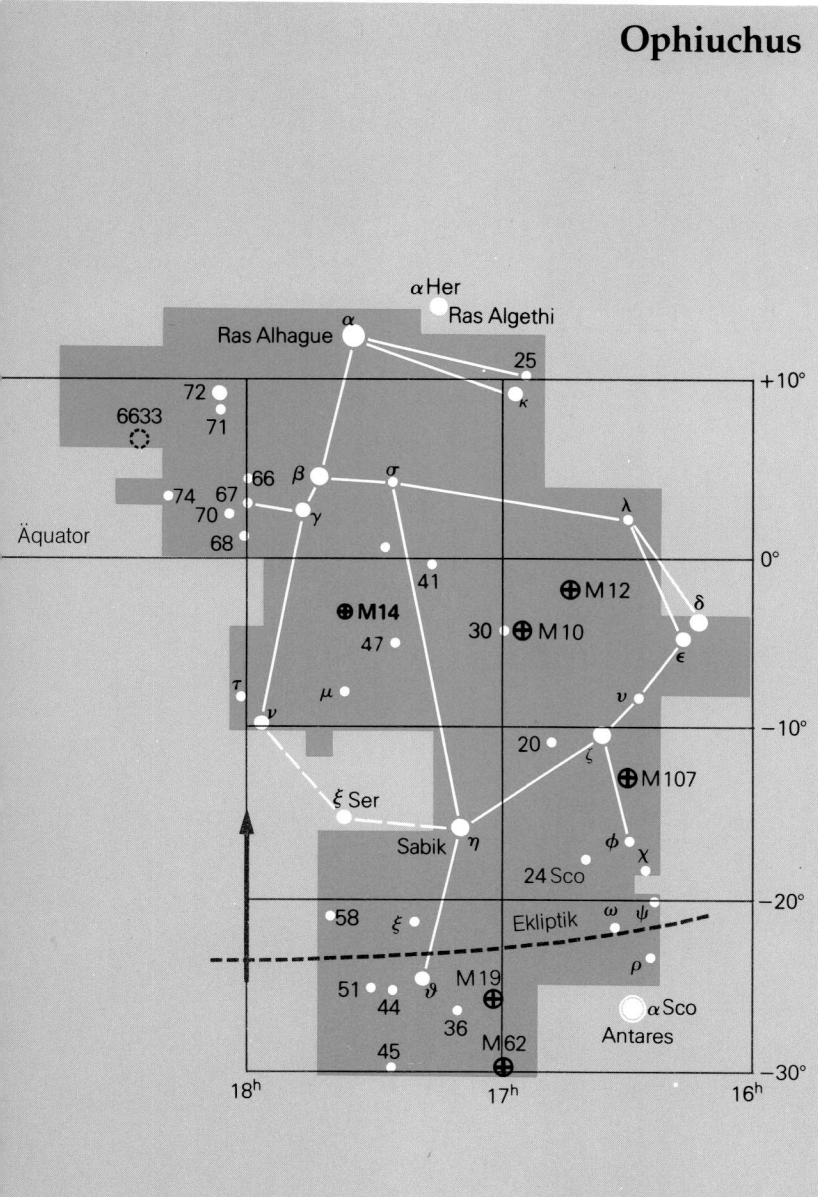

Ophiuchus

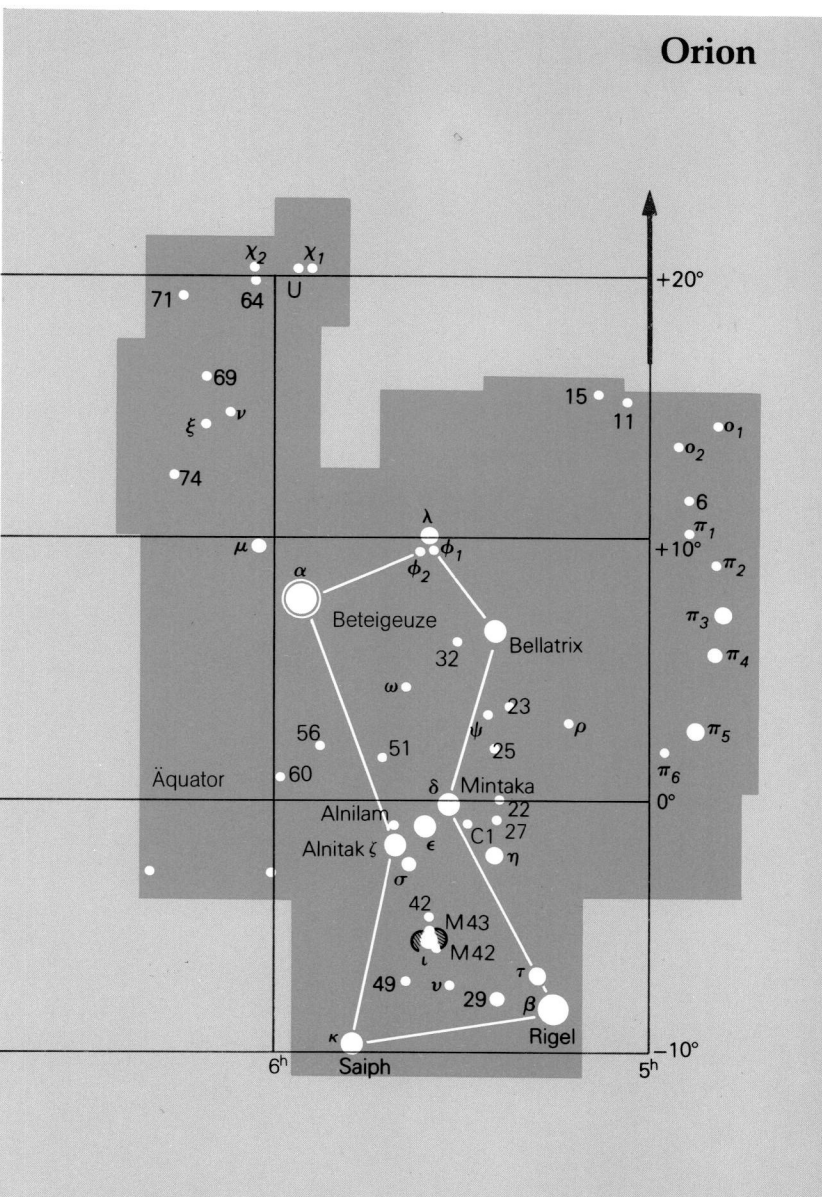

Orion

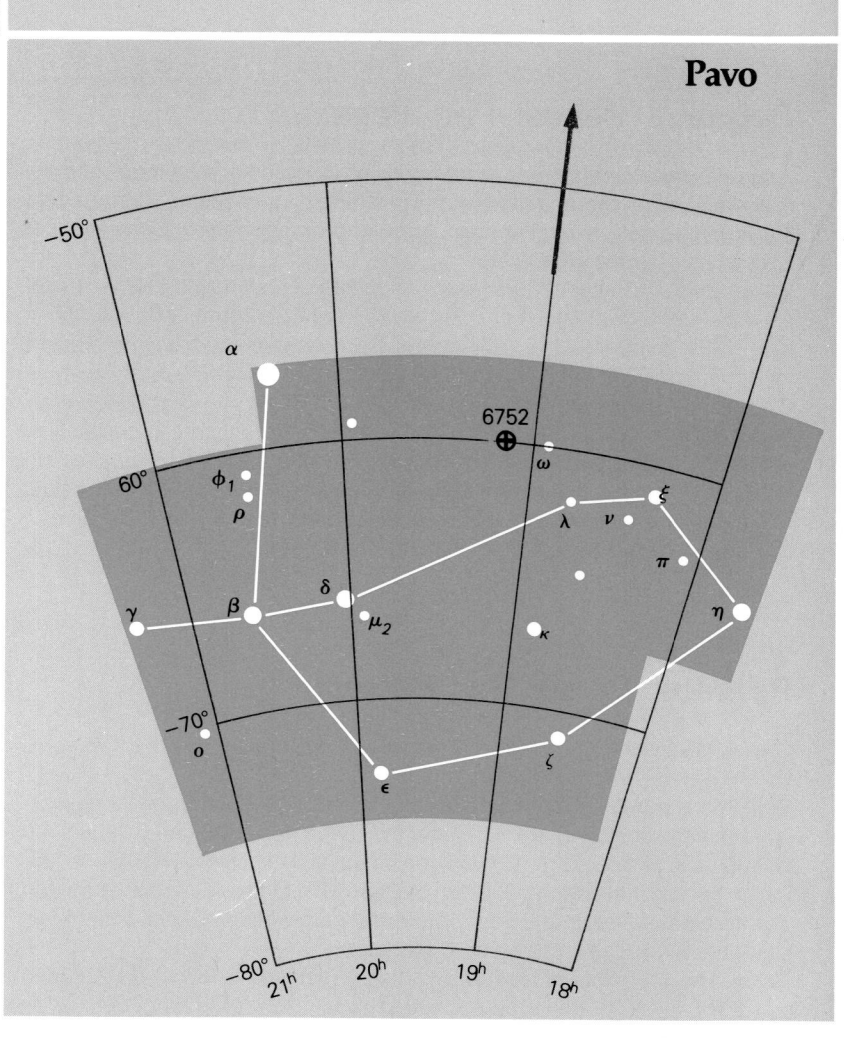

Pavo

Orion Orionis Ori *Orion*

Eines der bekanntesten Sternbilder, in dem es viel Interessantes zu beobachten gibt, ist der Orion. Er liegt am Himmelsäquator, deshalb ist er für alle
Astronomen gut sichtbar. Drei sehr bemerkenswerte Sterne bilden den berühmten Gürtel: ζ, Alnitak, ε, Alnilam und δ, Mintaka. Alnitak ist ein weit entfernter Doppelstern der Größe m = 1,79 (Komponenten 1,9 und 4,05),
seine absolute Helligkeit ist M = − 6,6. Alnilam gehört zu den Überriesen
der Spektralklasse B 0, seine Entfernung beträgt, ähnlich wie die des Alnitak, etwa 1600 Lichtjahre, und seine absolute Helligkeit ist M = − 6,8. Mintaka ist ein Bedeckungsveränderlicher (m = 2,2 bis 2,35) mit einem Begleiter der Größe 6,47, die Periode beträgt knapp sechs Tage.
Der obere Teil des Orion wird von dem Überriesen α Ori, Beteigeuze (einem M 2-Veränderlichen mit m zwischen 0,5 und 1,1) und γ Ori, Bellatrix,
markiert (einen B 2-Typ mit m = 1,64). Ganz im Süden liegt der B 0-Stern ϰ,
Saiph (m = 2,06) sowie β, Rigel, ein B 8-Stern mit m = 0,11 und M = −7,0,
Entfernung 900 Lichtjahre. σ Orionis ist ein auffallendes Vierfachsystem, es
liegt südwestlich von Alnitak. Noch etwas weiter südlich finden wir den großen Orionnebel, der mit bloßem Auge nur schwach sichtbar ist, in Teleskopen aber ein überaus reizvolles Bild darbietet. Die ausgedehnte Gaswolke
wird von den Trapezsternen ϑ Ori beleuchtet. Es sind sehr junge Sterne
zwischen der 6. und 8. Größe.

Pavo Pavonis Pav *Pfau*

Das Sternbild gehört zu den von BAYER benannten. An der Grenze zu Indus
und Telescopium liegt α Pavonis, ein B 3-Stern mit m = 1,95 und M = −2,9,
310 Lichtjahre entfernt. ϰ Pav ist ein Cepheiden-Veränderlicher mit einer
Größe zwischen 4,0 und 5,5. Seine Periode beträgt etwas über neun Tage.
Ein interessanter Kugelhaufen ist NGC 6752.

Pegasus

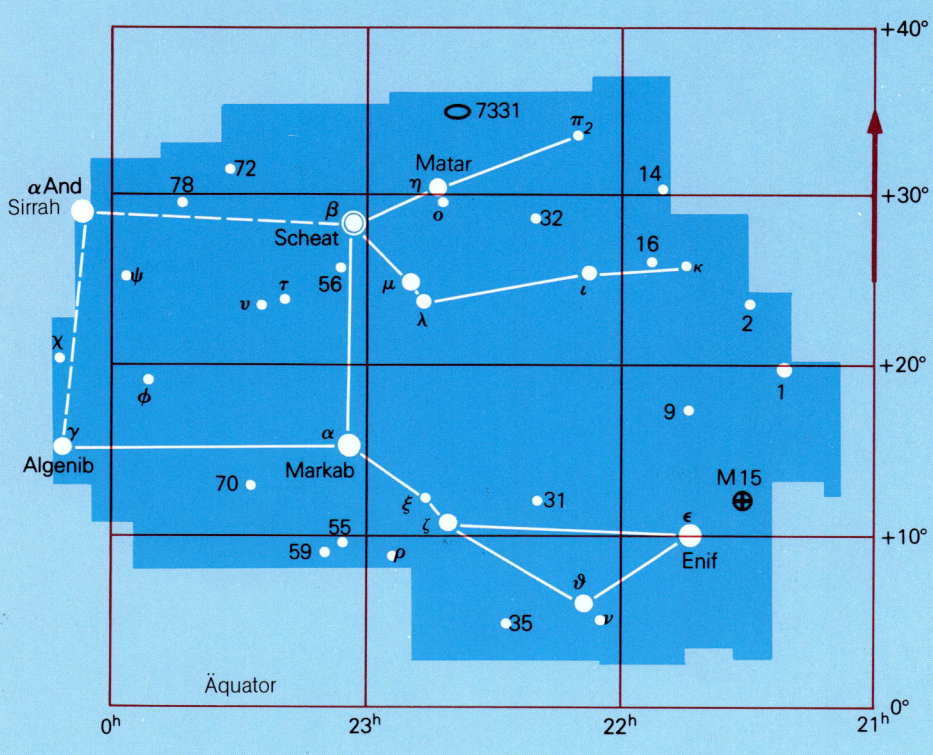

Pegasus Pegasi Peg *Pegasus*

Auch Pegasus ist ein interessantes Sternbild. Man kann es leicht an dem großen, aus drei Sternen (β, α und γ) gebildeten Viereck erkennen, zu dem außerdem der Stern α der benachbarten Andromeda gehört. Er liegt auf der Grenze der beiden Sternbilder.

Die anderen im Pegasus liegenden drei Ecken bestehen aus Sternen heller als 3. Größe. β, Scheat, ist ein veränderlicher M2-Überriese (M = −1,5) in einer Entfernung von 210 Lichtjahren. Seine scheinbare Helligkeit variiert zwischen m = 2,4 und 2,7. α Peg, Markab, ist ein weißer B9-Stern mit m = 2,5 und γ, Algenib, ein B 2-Stern der Größe 2,84 (M = −3,4). Die Entfernungen dieser beiden Sterne beträgt 110 bzw. 570 Lichtjahre. Nordwestlich von β Peg liegt η, Matar, ein G8-Stern der Größe 2,95. ε Peg, Enif, ist ein K2-Stern (m = 2,3) mit einem schwächeren Begleiter (m = 9). Enif ist fast 800 Lichtjahre entfernt, seine absolute Helligkeit ist M = −4,6. Nordwestlich davon liegt M 15, ein Kugelhaufen der 6. Größe.

Perseus Persei Per *Perseus*

Dieses klassische Sternbild liegt zwischen Cassiopeia und Auriga im nördlichen Teil der Milchstraße.

Sein interessantester Stern ist β, Algol, der Prototyp eines Bedeckungsveränderlichen. Der B8-Stern Algol, der zwischen m = 2,06 und 3,28 variiert, ist 105 Lichtjahre entfernt. Er wird von einem fast gleich großen, nur 16 Millionen km von ihm entfernten Stern begleitet. Die Umlaufperiode der beiden Sterne beträgt knapp drei Tage. Außerdem umrundet ein dritter, sehr viel kleinerer Stern das System in 23 Monaten.

Der hellste Stern im Perseus ist α, Mirfak. Es ist ein F5-Riese der Größe m = 1,8 (M = −4,4), den mehrere viel schwächere Sterne umgeben. ζ Per

und ε Per sind Doppelsterne (m = 3 und 9 bzw. m = 3 und 8), δ Per ist ein Veränderlicher zwischen m = 3,2 und 3,8. Die beiden offenen Haufen η und χ Persei sind lohnende Objekte für ein wenig vergrößerndes Instrument. M 34 ist ein sehr lockerer, offener Haufen. In der Nähe von φ befindet sich ein schwacher planetarischer Nebel, M 76.

Phoenix Phoenicis Phe *Phönix*

Auch der Phönix gehört zu den Konstellationen des Johannes BAYER. Sein Name deutet auf den mythischen Vogel hin, der immer wieder verbrannte und sich stets aus seiner eigenen Asche erneuerte. Es ist kein sehr auffallendes Sternbild, nur drei Sterne sind heller als 3. Größe. Der hellste Stern ist α, Ankaa, ein K0-Stern der Größe 2,39 in einer Entfernung von 93 Lichtjahren. Seine absolute Helligkeit beträgt M = 0,1. β Phe ist ein Doppelstern mit zwei gleich hellen Komponenten der Größe 4,1.

γ Phe ist ein Objekt 4. Größe wie auch ζ Phe, der einen schwächeren Begleiter hat (m = 8,4). Man findet die (bei uns nicht sichtbare) Sterngruppe nördlich von Achernar (α Eridani) am Südhimmel.

Pictor Pictoris Pic *Maler*

Diese bei uns nicht sichtbare südliche Konstellation findet man am besten von dem hellen Stern Canopus, α Carinae, aus.

Die beiden einzigen helleren Sterne sind α und β. Der erste ist ein m = 3,27-Objekt, der zweite hat die Größe 3,9. Im Jahre 1925 flammte in dem Sternbild eine Nova, *RR* Pic, auf. Sie steht nicht weit von α Pic und ist noch immer zu sehen. Allerdings braucht man dazu ein größeres Fernrohr.

- - - - Ekliptik
- Doppelstern
- Veränderlicher m > 5
- Veränderlicher m < 5
- Galaxie
- Galaktischer Nebel
- Planetarischer Nebel
- Kugelhaufen
- Offener Haufen

Perseus

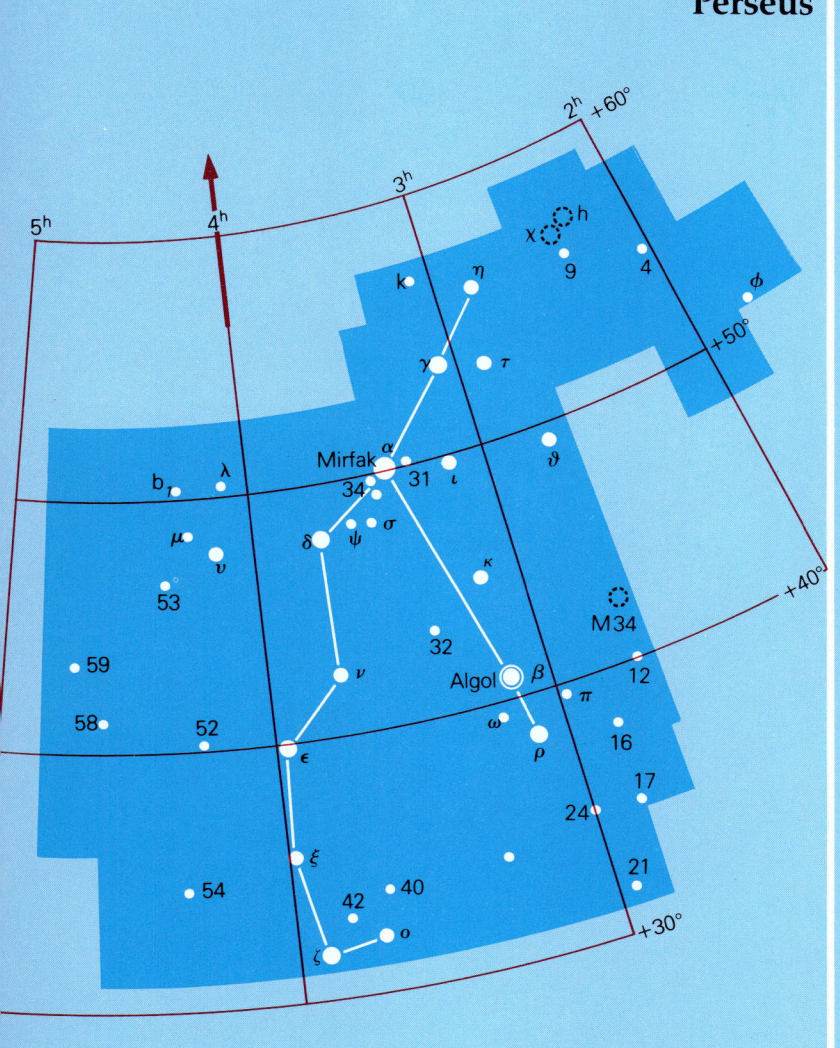

Pictor

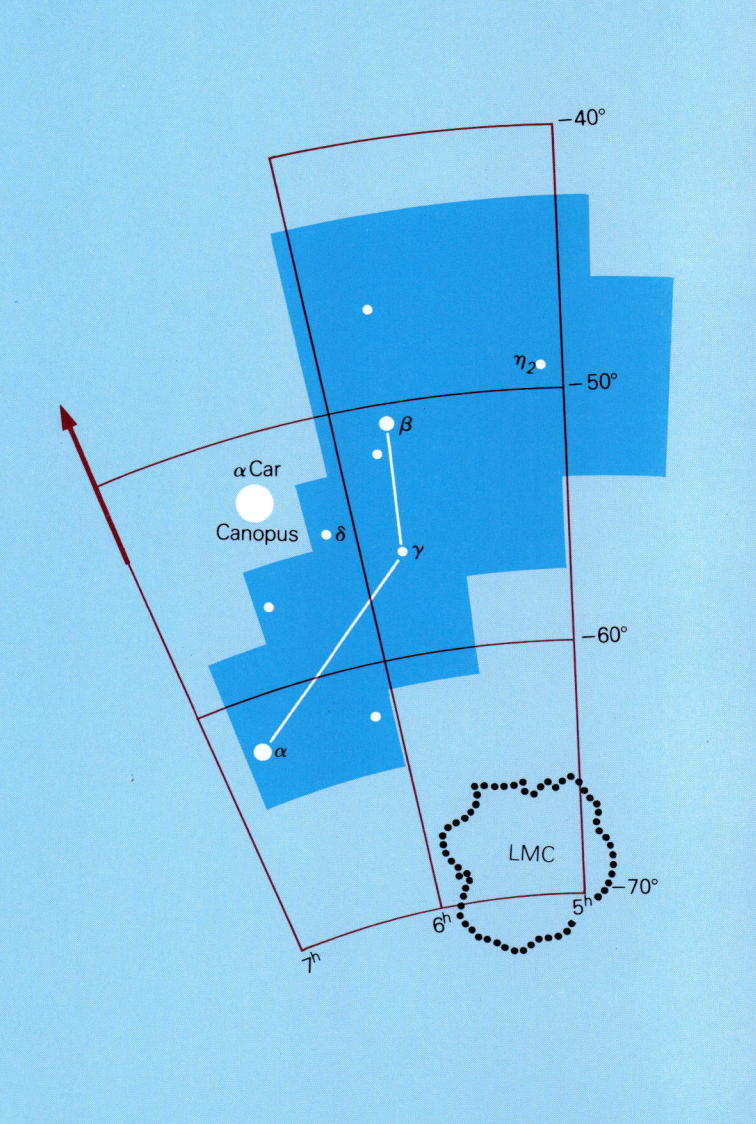

Phoenix

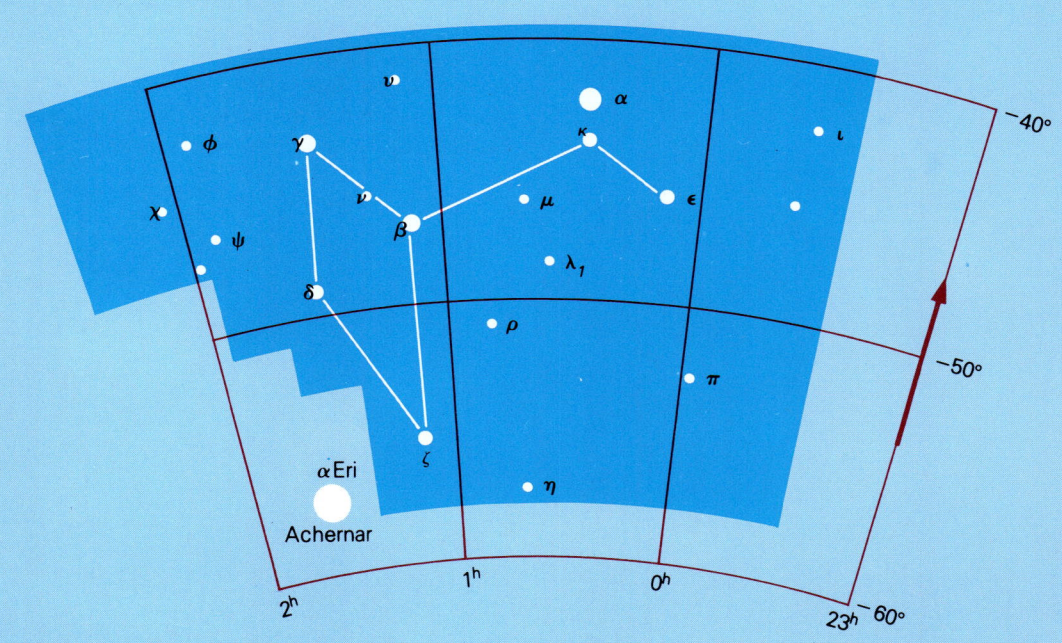

Pisces

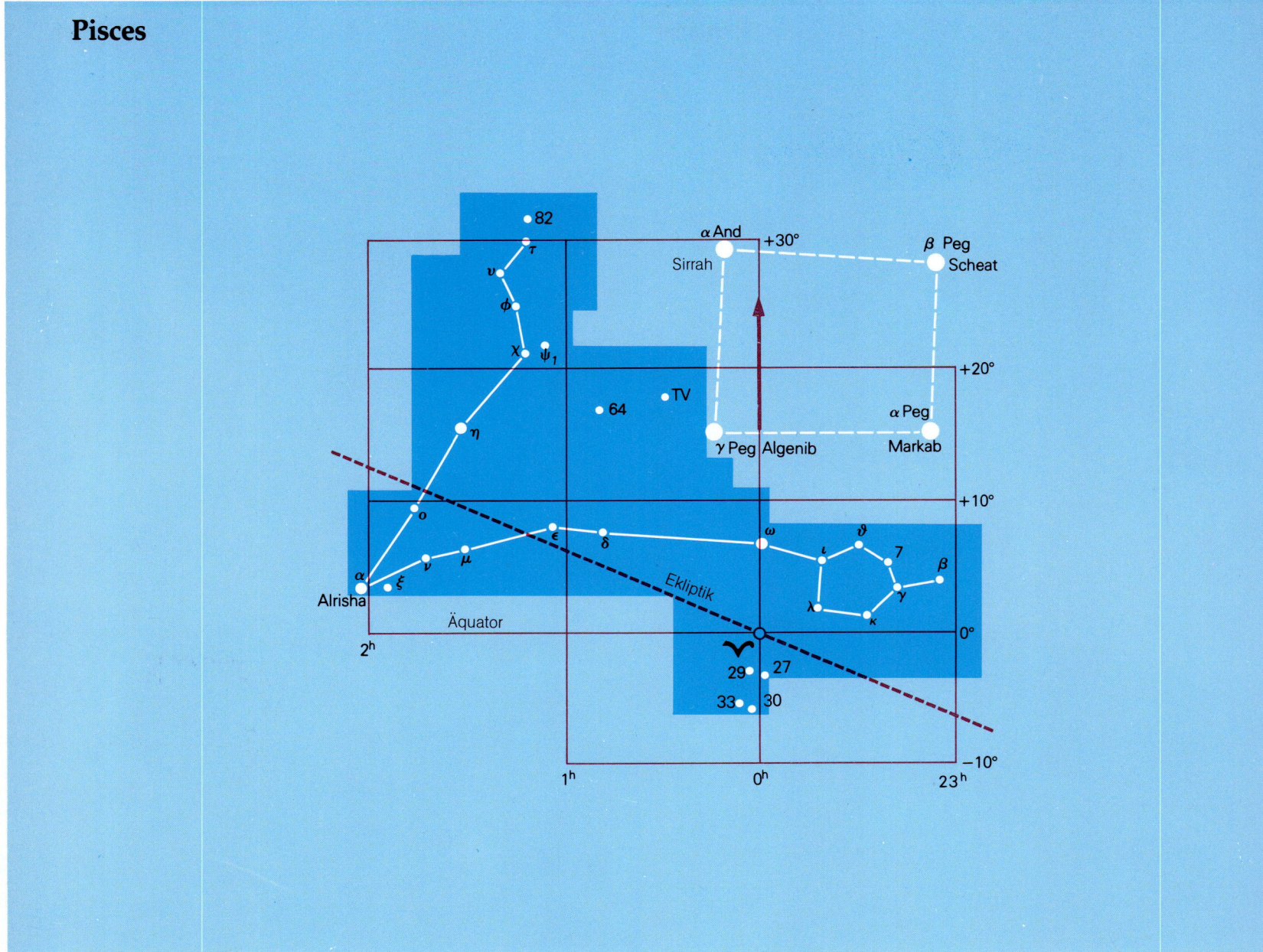

Pisces Piscium Psc *Fische*

Obwohl das Sternbild recht unscheinbar ist, gehört es zu den ältesten Tierkreisbildern. Es grenzt im Süden und Osten an das große Viereck des Pegasus an. Der Frühlingspunkt, der früher im Widder lag, ist heute durch die Präzession in die Fische gewandert.

Das hellste Objekt in den Fischen ist η Piscium (m = 3,9), gefolgt von α, Alrisha, einem Doppelstern der Gesamthelligkeit m = 3,94 (Größe der Komponenten 4,3 und 5,2). In der Nähe von η Psc liegt eine Galaxie, der MESSIER die Katalognummer M 74 gab.

---- Ekliptik	○ Veränderlicher m < 5	◇ Planetarischer Nebel
● Doppelstern	○ Galaxie	⊕ Kugelhaufen
⊙ Veränderlicher m > 5	◉ Galaktischer Nebel	⊙ Offener Haufen

Sternkarten 55

Piscis Austrinus

Puppis

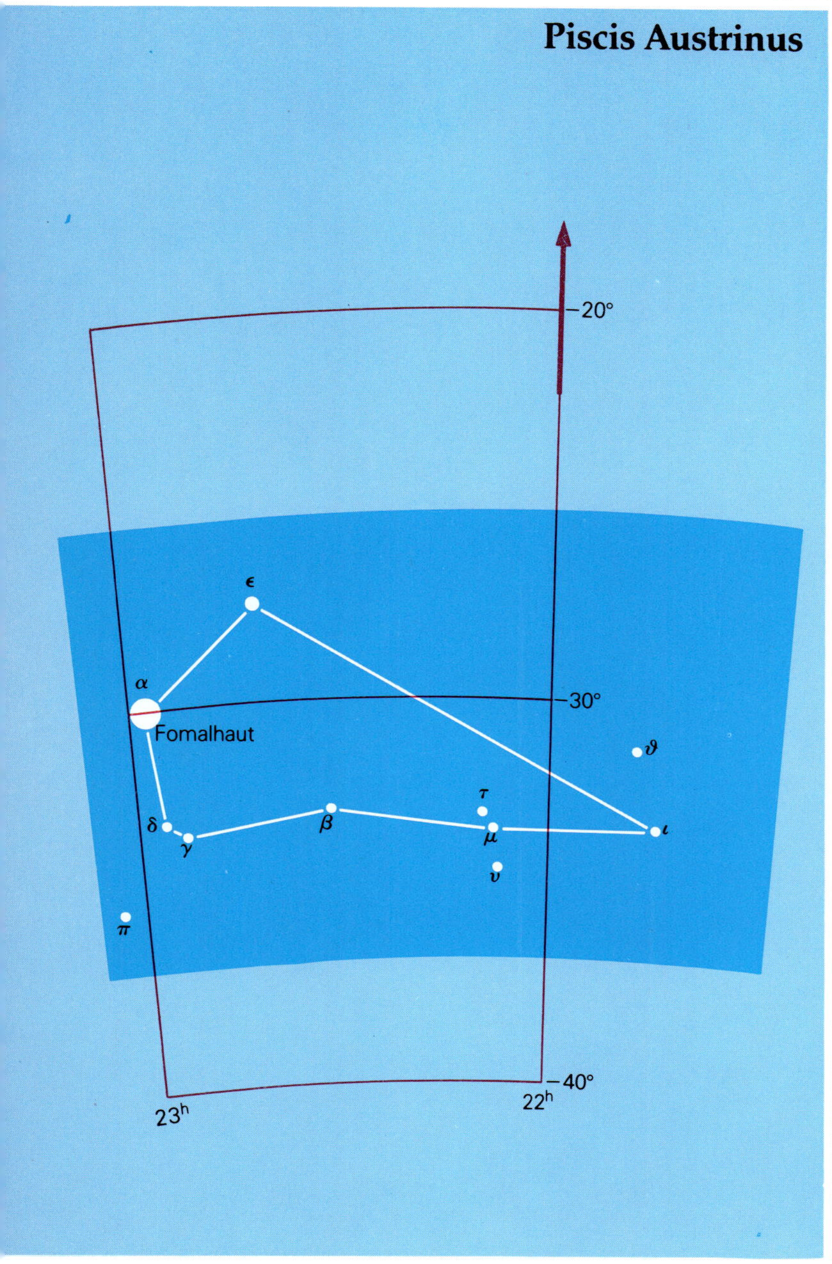

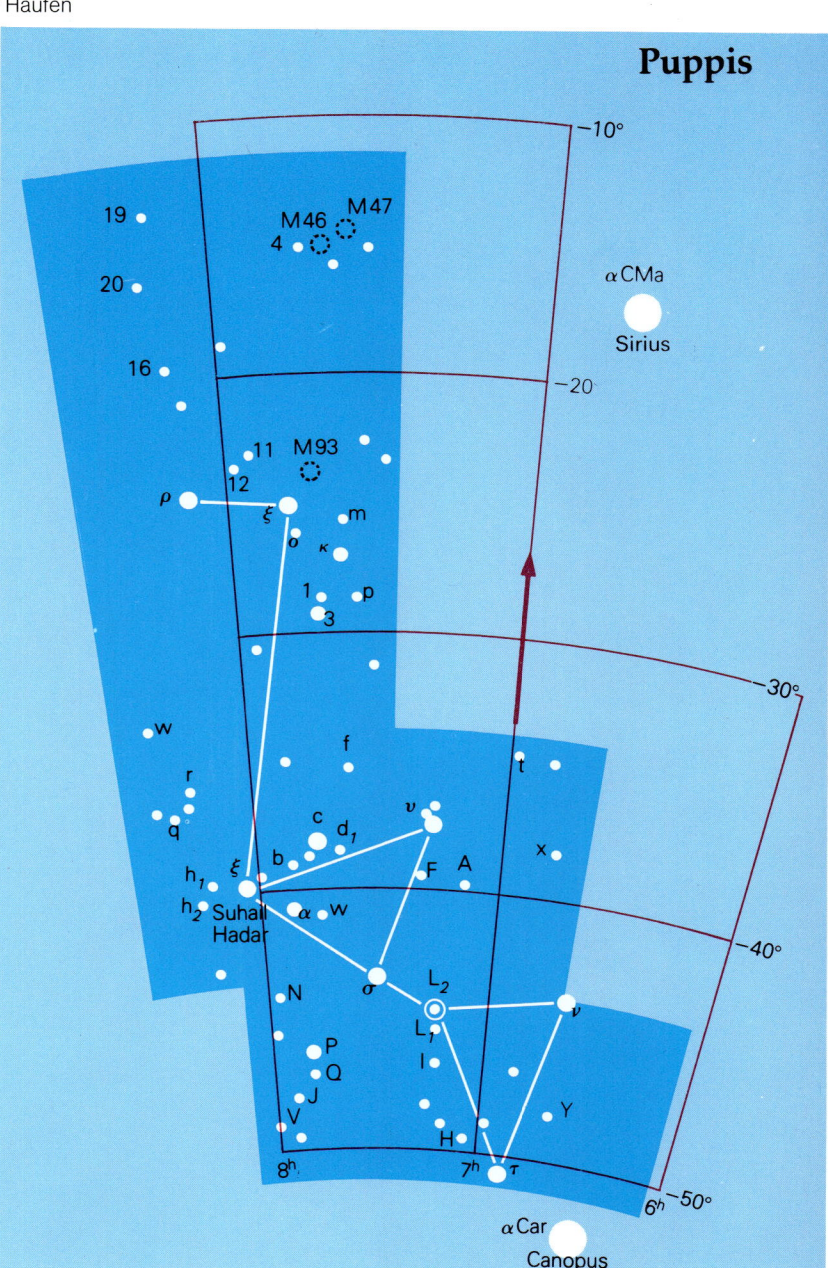

Piscis Austrinus Piscis Austrini PsA
Südlicher Fisch

Diese zu den alten gehörende Konstellation liegt zwischen Aquarius und Grus am Südhimmel. Der einzige wirklich interessante Stern ist der helle, weiße Fomalhaut, ein A 3-Typ der Größe 1,16. In Mitteleuropa kann man ihn im Oktober/November tief im Süden sehen. Er ist uns mit einem Abstand von 23 Lichtjahren verhältnismäßig nahe, und seine absolute Helligkeit beträgt M = 2. Damit hat er die elffache Leuchtkraft der Sonne. Alle anderen Objekte in dem Sternbild sind schwächer als 3. Größe.

Puppis Puppis Pup *Achterschiff*

Puppis umfaßt eine der drei Sterngruppen, die früher die große Konstellation Argo Navis bildeten. Dieses Sternbild gehörte zu den 48 Sternbildern des PTOLEMÄUS, in der Neuzeit wurde es in Puppis, Carina und Vela aufgeteilt. Um Puppis zu finden, geht man am besten von Canopus (α Carinae) aus nach Nordosten. Der Rest von Carinae bleibt für Mitteleuropa allerdings unsichtbar.

In diesem Gebiet liegt der hellste Stern ξ, Suhail Hadar. Er hat die Größe 2,23 bei einer für so helle Sterne enormen Entfernung von 2400 Lichtjahren, denn er ist ein überaus heißer Stern mit M = −7,1 und der seltenen Spektralklasse 0 5. Die Sterne L_1 und L_2 sind optische Doppelsterne, d. h. sie stehen nur zufällig in derselben Richtung. L_2 ist veränderlich zwischen m = 3,4 und 6,2.

Nur noch τ Pup sollte außerdem erwähnt werden, ein K 0-Stern der Größe 2,97, woraus sich mit 125 Lichtjahren Entfernung die absolute Helligkeit 0,1 ergibt. Ferner enthält Puppis einige offene Haufen. Den hellsten, M 47, kann man mit bloßem Auge erkennen. M 46 und M 93 sind schwächer, aber es lohnt sich, sie in Vergrößerung zu beobachten.

Zeichenerklärung der Karten
Skala der Größenklassen

0 1 2 3 4 5

Pyxis

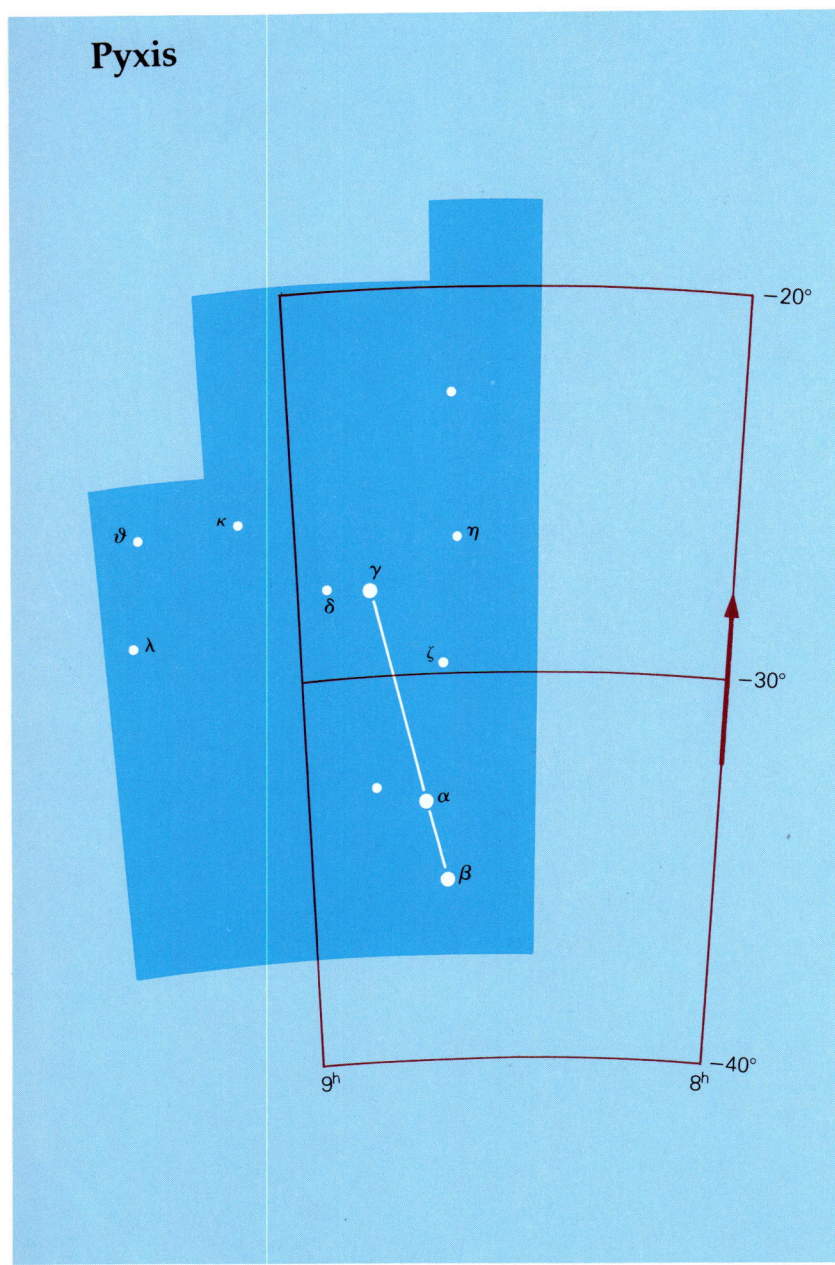

Sagitta

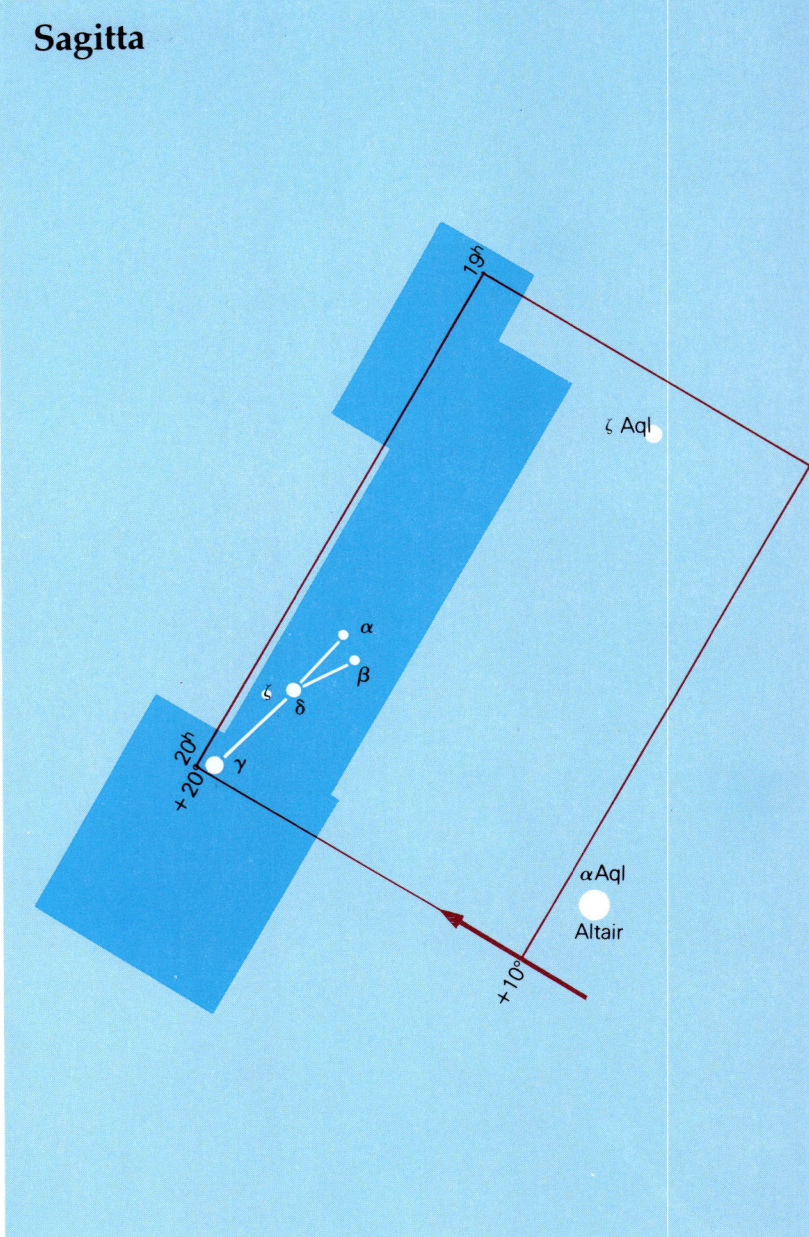

Pyxis Pyxidis Pyx *Schiffskompaß*

Wahrscheinlich ist dies das unscheinbarste Sternbild am ganzen Himmel. Lacaille gab ihm seinen Namen. Neben den Konstellationen des ursprünglichen Argo Navis, das in Carina, Puppis und Vela aufgeteilt wurde, ist es völlig unbedeutend. Pyxis hat Hydra, Puppis, Vela und Antlia als Nachbarn, es liegt zwischen RA $8^h 25^m$ und $9^h 25^m$ sowie Dec $-17°$ bis $-37°$. Helle Sterne enthält es nicht.

Reticulum Reticuli Ret *Netz*

Obwohl Reticulum gewöhnlich als eines der Lacaille-Sternbilder angesehen wird, wurde es schon früher von Habrecht erwähnt. Allerdings soll es weniger ein Netz darstellen als vielmehr das Fadenkreuz im Okular eines Teleskops, das man zur Messung von Sternörtern benutzt. Das Sternbild ist leicht nordwestlich der Großen Magellanschen Wolke tief am Südhimmel zu finden. Nur α Ret, ein G 3-Stern der Größe 3,3, ist erwähnenswert. Es handelt sich um einen Doppelstern mit einem schwächeren Begleiter.

Reticulum

Sagitta Sagittae Sge *Pfeil*

Der Pfeil gehört zu den alten Sternbildern des Ptolemäus. Er liegt in der Milchstraße nördlich von Atair im Adler. Sagitta enthält nur schwache, uninteressante Sterne. Zu erwähnen ist der Kugelhaufen M 71, der etwa zwischen den Sternen γ und δ liegt.

---- Ekliptik	o	Veränderlicher m < 5	⬦	Planetarischer Nebel
⬮ Doppelstern	⬯	Galaxie	⊕	Kugelhaufen
⊙ Veränderlicher m > 5	⬤	Galaktischer Nebel	⬚	Offener Haufen

Sternkarten 57

Sagittarius

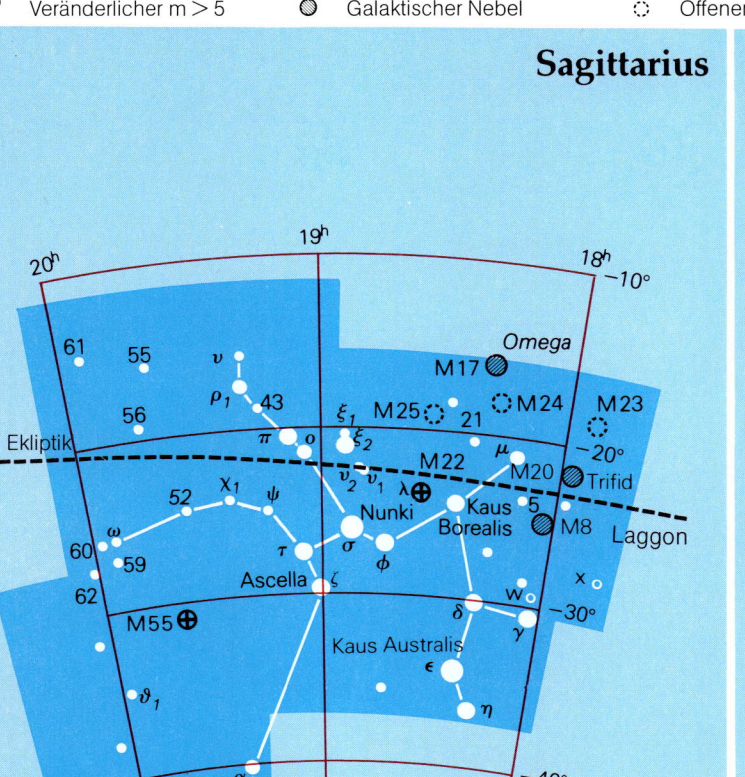

Scorpius

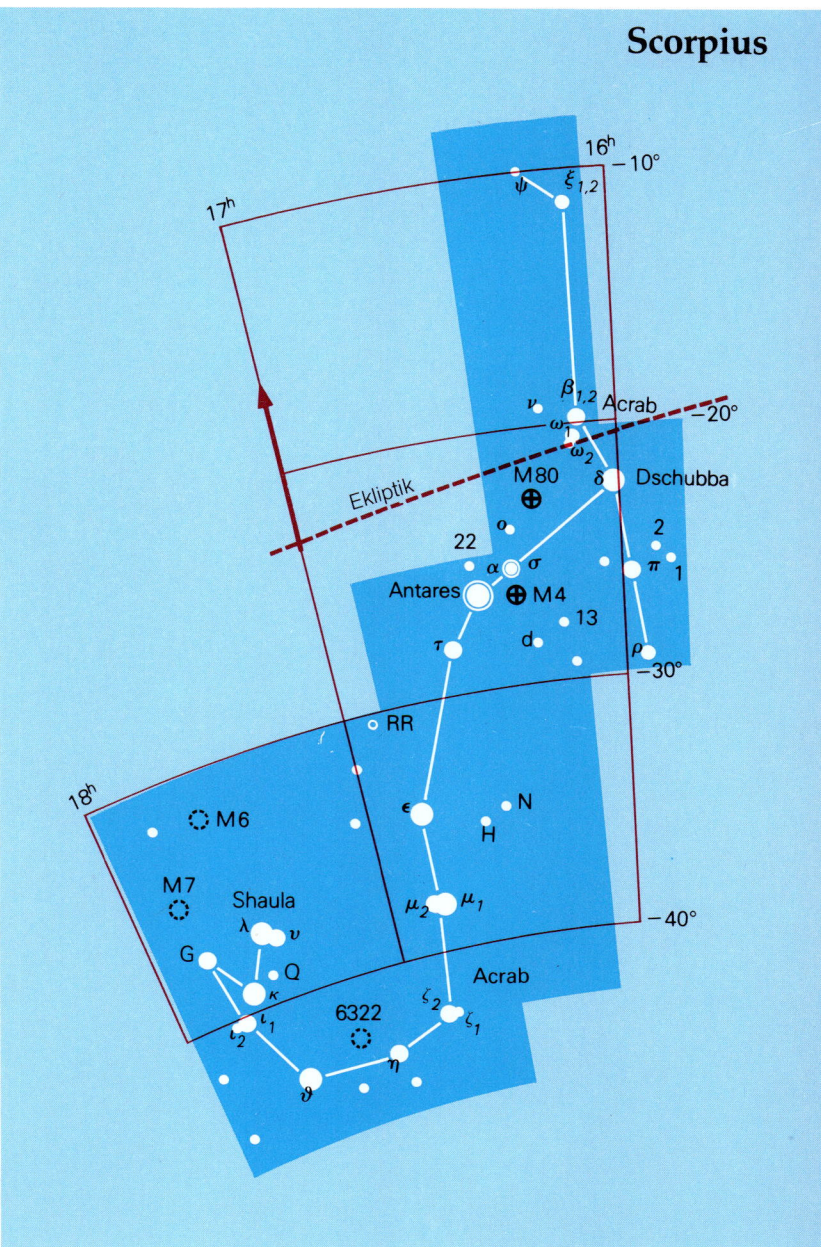

Sagittarius Sagittarii Sgr *Schütze*

Von allen 88 Konstellationen enthält Sagittarius wohl die größte Vielfalt von Objekten. Wir finden hier Sterne, das galaktische Zentrum, Gasnebel, offene und Kugelhaufen. Das Sternbild liegt auf der Ekliptik und gehört zu den klassischen 12 Tierkreisbildern.

Die griechischen Bezeichnungen der Sterne weichen hier völlig von der Rangfolge der Helligkeiten ab. Der hellste Stern ist ε, Kaus Australis, ein B 9-Stern der Größe 1,81 in 124 Lichtjahren Entfernung. Der zweithellste ist σ, Nunki, ein B 2-Stern mit m = 2,12, Entfernung 300 Lichtjahre. Es folgt ζ, Ascella, ein A 2-Typ mit m = 2,61, es ist ein Doppelstern mit den Komponenten m = 3,3 und 3,5. δ Sgr, Kaus Meridionalis, hat m = 2,71 und ein K 2-Spektrum. In einer Entfernung von 85 Lichtjahren entspricht das einer absoluten Helligkeit von M = 0,7. Danach kommt λ, Kaus Borealis, ebenfalls ein K 2-Stern mit m = 2,8, 71 Lichtjahre entfernt; ferner γ, Al Nash, ein K 0-Typ mit m = 2,97 in 124 Lichtjahren Entfernung. η Sgr ist ein Doppelstern mit den Komponenten 3,17 und 10. Ein Dreifachsystem ist π Sgr mit den Größen 3,7, 3,8 und 6. Außerdem finden wir den Trifid-Nebel M 20, eine schwache, diffuse Gaswolke, den ähnlichen Lagunen-Nebel, M 8 und den Omega-Nebel M 17, ebenfalls ein diffuser Gasnebel. Eine stattliche Anzahl von Kugelhaufen ist im Sagittarius versammelt: M 22, M 28, M 69, M 70, M 54, M 55 und M 75. Nicht viel geringer ist die Zahl der offenen Haufen: M 18, M 24, M 25, M 23 und M 21.

Scorpius Scorpii Sco *Skorpion*

Obwohl die Sonne sich nur etwa eine Woche lang im Skorpion aufhält, gehört dieser zu den Tierkreisbildern. Sein interessantester Stern ist α, Antares, ein veränderlicher Überriese (m = 0,86 bis 1,02) mit einem deutlich grünlichen Begleiter (m = 6,5). Antares hat einen Durchmesser von etwa 560 Millionen km. Sein Spektrum ist vom Typ M 1, und er hat eine Entfernung von 173 Lichtjahren.

ε Sco ist ein K 2-Typ der Größe 2,28, etwa 66 Lichtjahre entfernt. Die Sterne δ (Dschubba), β (Acrab), τ, σ, π und μ sind sämtlich B-Sterne, ihre Größen liegen zwischen m = 2,34 und 2,99, und sie sind zwischen 520 und 750 Lichtjahren entfernt. Ferner gibt es in dem Sternbild zwei Kugelhaufen, M 4 und M 80, beide in der Nähe von Antares. Zwei offene Haufen, M 6 sowie der sehr viel größere M 7, sind ebenfalls im Skorpion zu finden. Der letztere hebt sich kaum gegen den dichten Sternhintergrund der Milchstraße ab, die sich breit im Zentralgebiet des Sternbildes und weiter nach Süden erstreckt. Bei uns kommt der südliche Teil, der Schwanz des Skorpions, nicht mehr über den Horizont.

Zeichenerklärung der Karten
Skala der Größenklassen

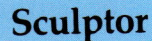

Sculptor

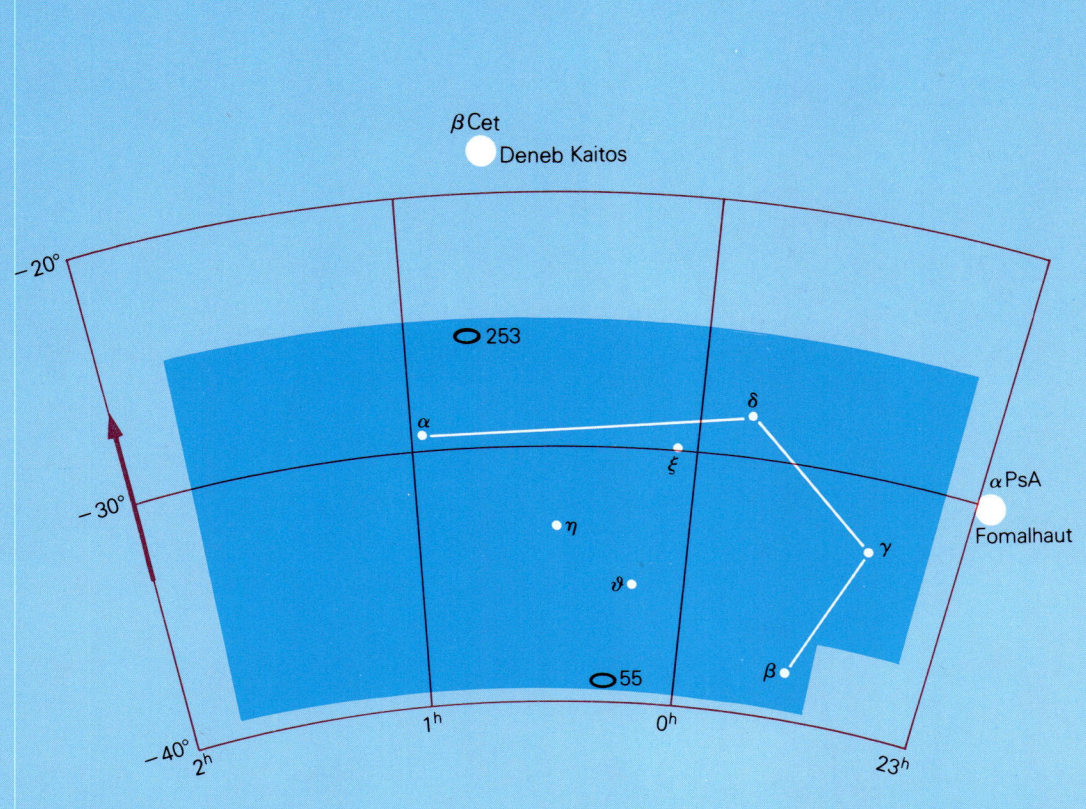

Scutum

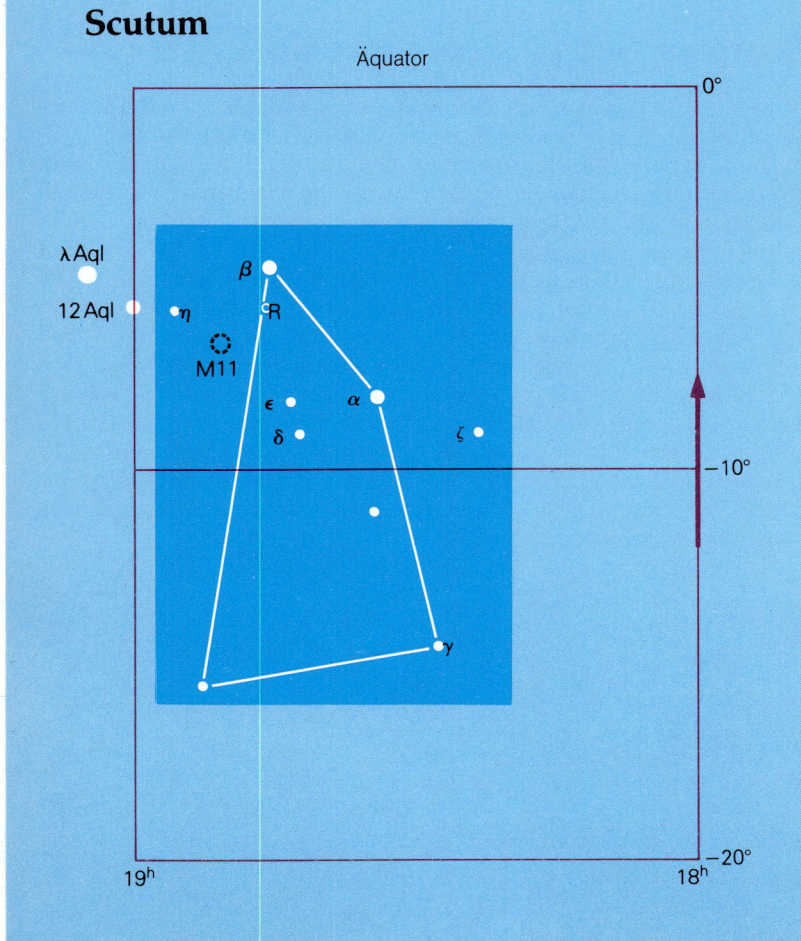

Sculptor Sculptoris Scl *Bildhauer*

Östlich von Fomalhaut, dem hellsten Stern des Südlichen Fisches, liegt das Sternbild Sculptor. Es erhielt seinen Namen im Jahre 1752 durch LACAILLE. Sculptor enthält den galaktischen Südpol, der etwas nördlich einer Linie liegt, welche die beiden Sterne α und ι verbindet. Außer der relativ hellen Galaxie NGC 253 gibt es in dem Sternbild nichts Besonderes.

Scutum Scuti Sct *Sobieskischer Schild*

Scutum, das 1690 von HEVELIUS seinen Namen erhielt, ist für das bloße Auge ein unauffälliges Stück Himmel. Schon mit einem kleinen Fernrohr sieht man aber ein mit Sternen übersätes Gebiet der Milchstraße.
Von den Sternhaufen, die in der Konstellation liegen, sind M 11 und M 26 besonders zu erwähnen. M 11 hat ein sehr auffallendes Aussehen, er enthält wahrscheinlich über 600 Sterne in einem Gebiet von etwa 21 Lichtjahren Durchmesser, während seine Entfernung von uns nur 6000 Lichtjahre beträgt. Den nordwestlich davon stehenden Veränderlichen *R* Scuti kann man mit einem Fernglas trennen. δ Scuti ist der Prototyp einer Klasse von pulsierenden Veränderlichen.

---- Ekliptik	○ Veränderlicher m < 5	◇ Planetarischer Nebel
●─ Doppelstern	⬭ Galaxie	⊕ Kugelhaufen
☉ Veränderlicher m > 5	● Galaktischer Nebel	⊙ Offener Haufen

Sternkarten 59

Serpens

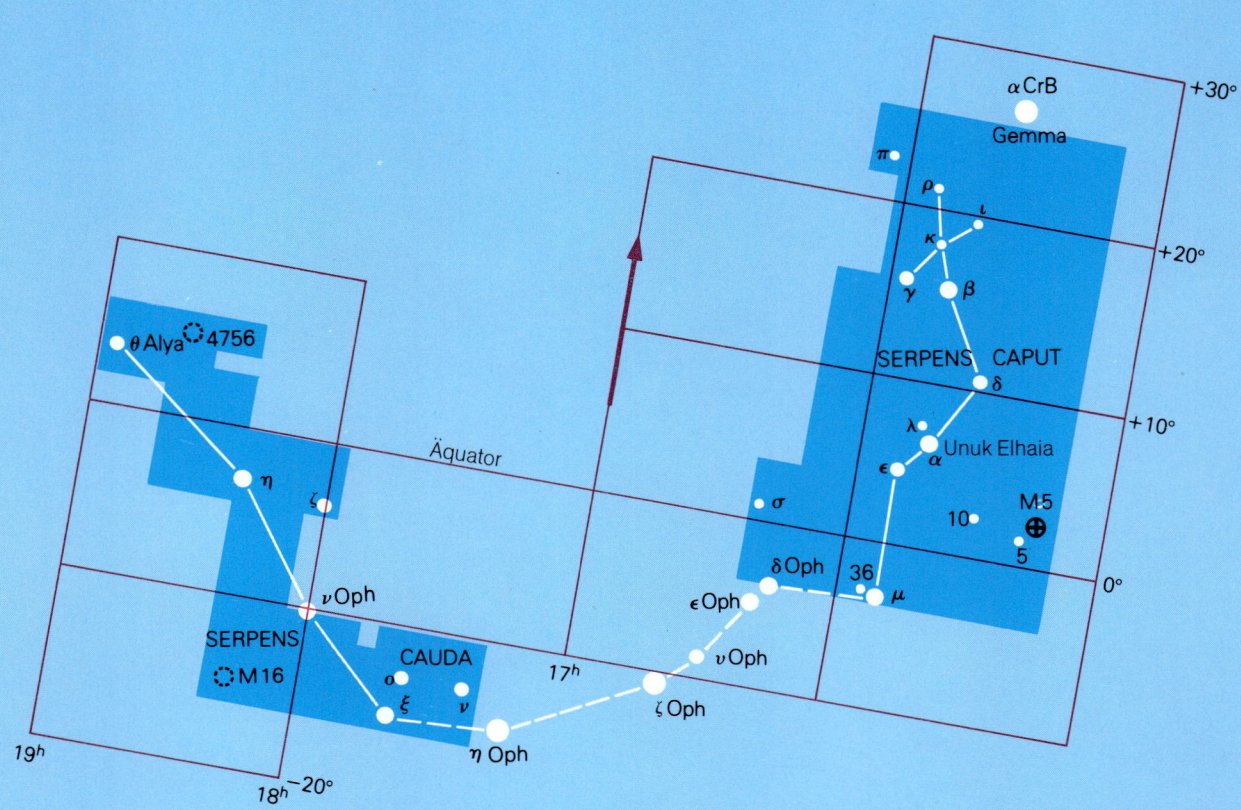

Serpens Serpentis Ser *Schlange*
Serpens Caput   *Kopf der Schlange*
Serpens Cauda   *Schwanz der Schlange*

Das Sternbild zerfällt in zwei Teile: Serpens Caput und Serpens Cauda. Es stellt eine Schlange dar, die mit dem Schlangenträger Ophiuchus kämpft. Das ist für dieses durch Ophiuchus getrennte Sternbild eine verständliche Erklärung.

Der einzige hellere Stern von Serpens Caput ist α, Unuk Elhaia, ein Stern der Größe 2,65. Die restlichen Sterne sind schwach. Einen der hellsten Kugelhaufen des Himmels, M 5, können wir in dem Gebiet allerdings sehen. – Der hellste Stern der anderen Hälfte (Serpens Cauda) ist ι, ein Objekt der Größe 3,4. M 16 ist ein nebelartiger Sternhaufen, während NGC 4756 ein sehr verstreuter offener Haufen ist.

Sextans

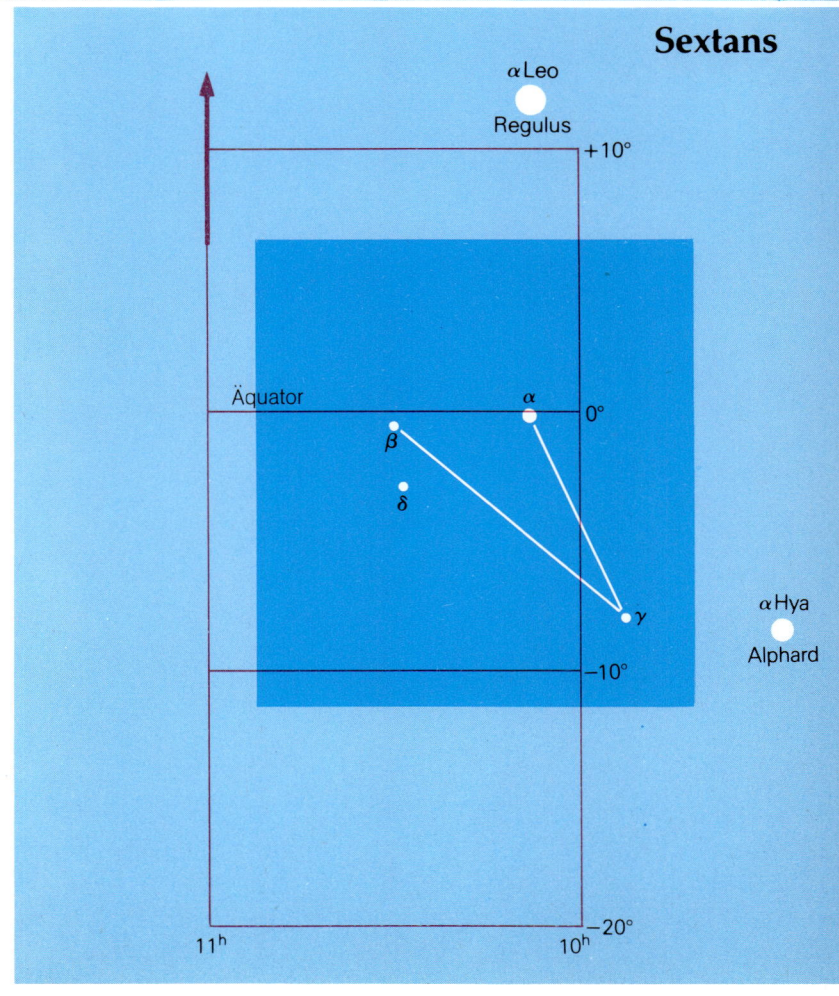

Sextans Sextantis Sex *Sextant*

Das Sternbild hat eine fast genau quadratische Begrenzung. Es wird flankiert von Leo, Hydra und Crater. Offiziell bekam es seinen Namen gegen Ende des 17. Jahrhunderts durch HEVELIUS. Es ist wenig interessant und enthält nur einige schwache Doppelsterne, Veränderliche und andere Objekte.

Taurus

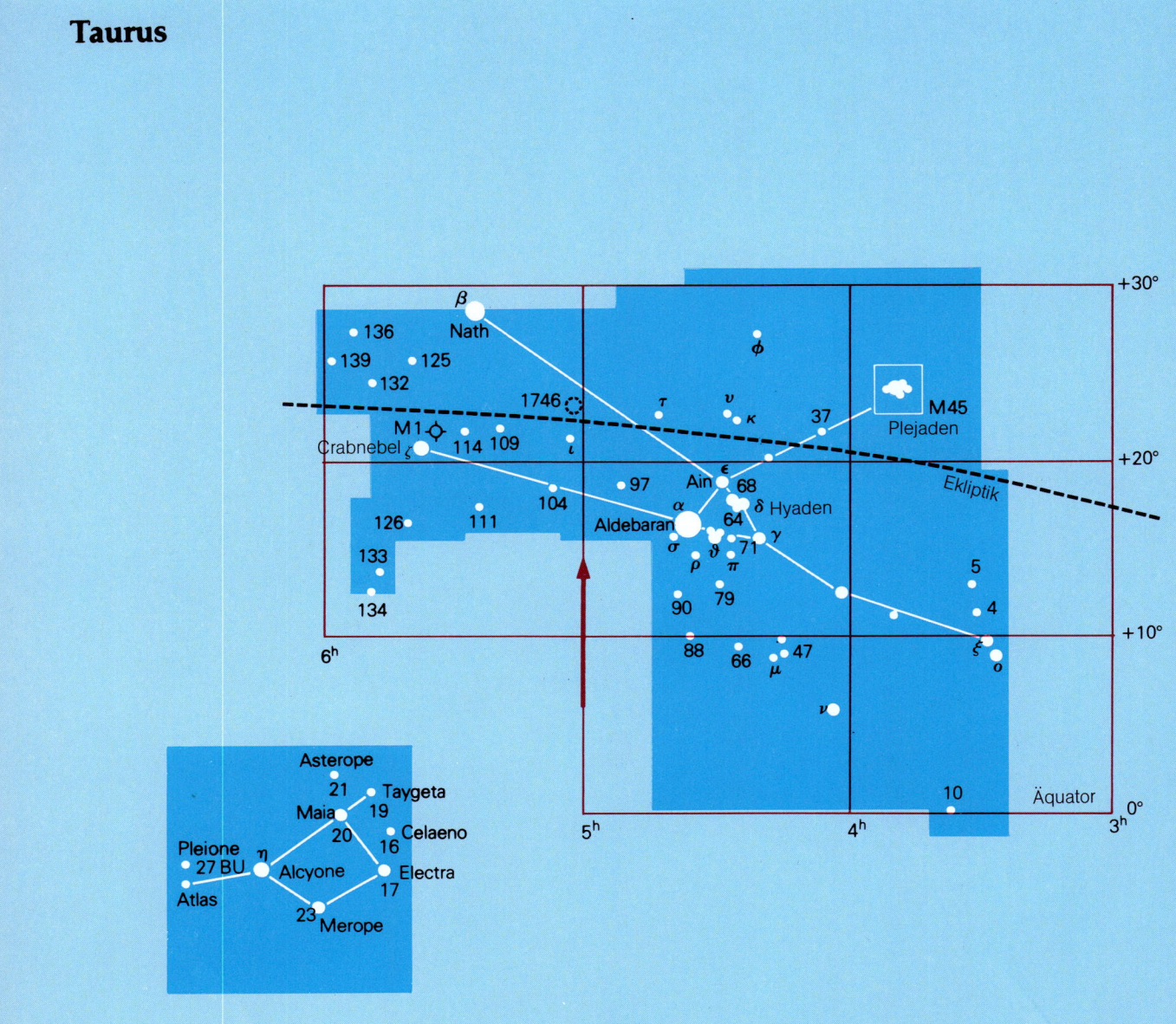

Taurus Tauri Tau *Stier*

Der Stier gehört wahrscheinlich zu den ersten Sternbildern, denen ein Name gegeben wurde, und erinnert an das älteste Haustier des Menschen. Vor 3000 v. Chr. lag der Frühlingspunkt im Taurus. Dieser überdeckt eine an interessanten Objekten reiche Himmelsgegend mit hellen Sternen, den beiden Sternhaufen der Plejaden und Hyaden und dem schwachen, aber sehr wichtigen Krebs- (oder Krabben-)Nebel.

Der Hauptstern α, Aldebaran, ist ein K 5-Riese mit m = 0,85 und M = − 0,7 in 68 Lichtjahren Entfernung. Er ist veränderlich und hat einen Durchmesser von rund 50 Millionen km. Seine Leuchtkraft übertrifft die der Sonne um das 120fache. β Tauri, El Nath, ist ein B 7-Stern (m = 1,65, M = −3,2) in einer Entfernung von 300 Lichtjahren.

Auch η, Alcyone, sowie ζ Tau sind B-Sterne (m = 2,86 bzw. 3,07), Entfernung 540 bzw. 940 Lichtjahre. Die Plejaden gruppieren sich um Alcyone, die der hellste Stern dieses Haufens ist, der aus etwa 300 Sternen besteht. Im Fernrohr sieht man eine Anzahl von heißen blauen, sehr jungen Sternen. Bei günstiger Sicht wird ein zarter Nebelschleier wahrnehmbar, der über dem ganzen Gebiet liegt. Das System, das sich geschlossen im Raum bewegt, ist etwa 500 Lichtjahre entfernt.

Nahe bei Aldebaran findet man die Hyaden, einen Haufen von nur 170 Lichtjahren Entfernung. In der Nähe des Sterns ζ liegt der Crab-(„Krebs"-)Nebel, das Überbleibsel einer im Jahre 1054 explodierten Supernova, die 3500 Lichtjahre von uns entfernt ist.

- - - - Ekliptik
- Doppelstern
⊙ Veränderlicher m > 5

○ Veränderlicher m < 5
○ Galaxie
◉ Galaktischer Nebel

◇ Planetarischer Nebel
⊕ Kugelhaufen
⊙ Offener Haufen

Sternkarten 61

Telescopium

Triangulum

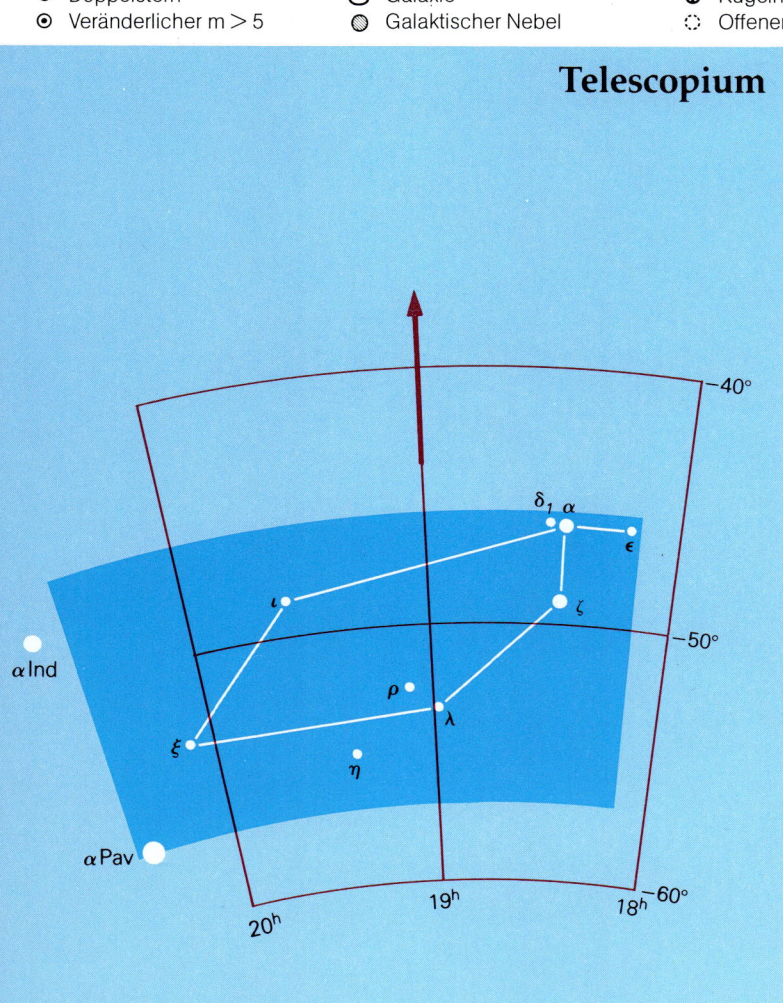

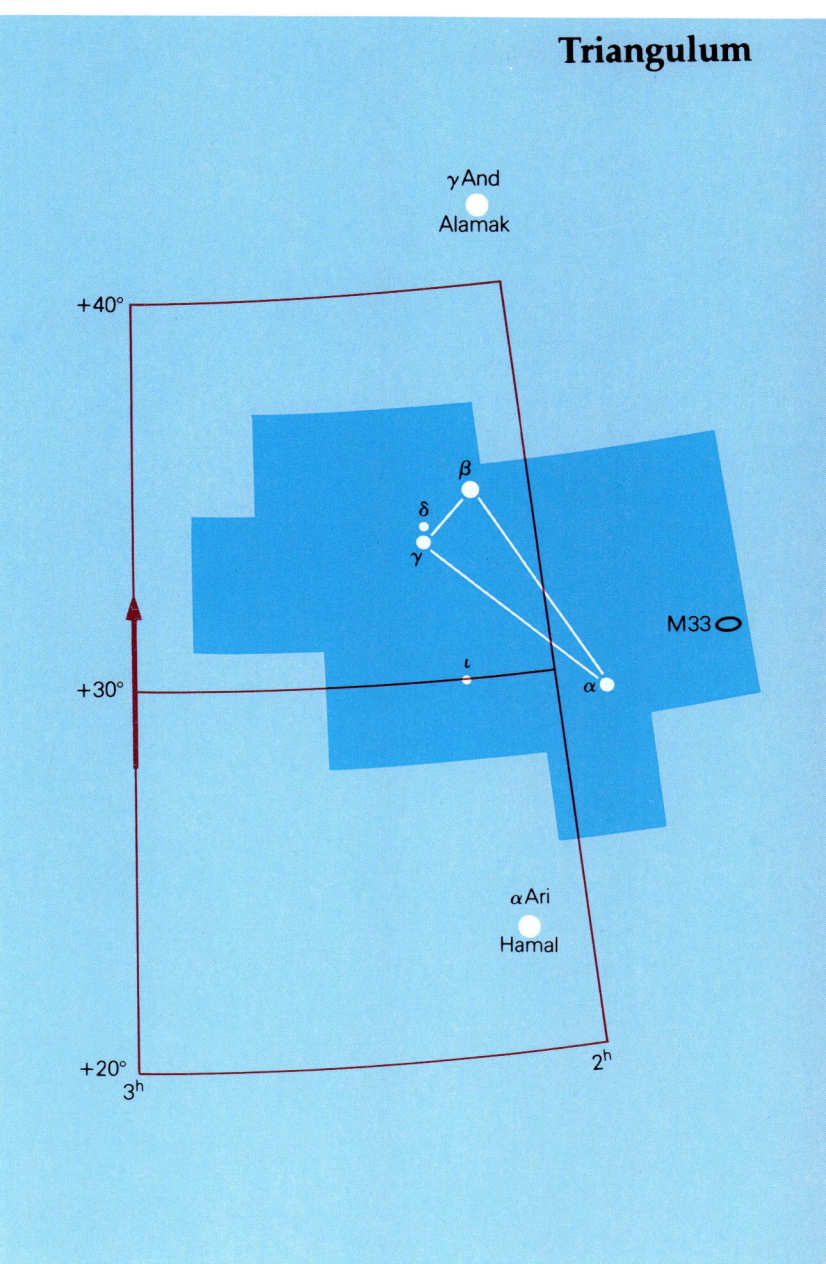

Telescopium Telescopii Tel *Fernrohr*

Das Sternbild hätte man besser mit der Südlichen Krone zusammenfassen sollen. Es wird von diesem Sternbild sowie von Ara, Pavo, Indus und Sagittarius umgeben. Die drei hellsten Sterne liegen nahe beisammen an der Grenze zu Corona Australis, lohnende Beobachtungsobjekte sind nicht vorhanden. Wegen seiner Lage tief am Südhimmel ist Telescopium von Mitteleuropa aus nicht zu sehen.

Triangulum Trianguli Tri *Dreieck*

Das kleine Sternbild bekam sehr früh seinen Namen, obwohl es recht unscheinbar ist. α Trianguli hat nur die Größe m = 3,45, etwas heller ist β Tri (m = 3). Auch hier weicht die Reihenfolge von der Helligkeitsskala ab. Zu erwähnen ist noch die Spiralgalaxie M 33, die man unter günstigen Bedingungen gerade mit bloßem Auge ausmachen kann.

Triangulum Australe

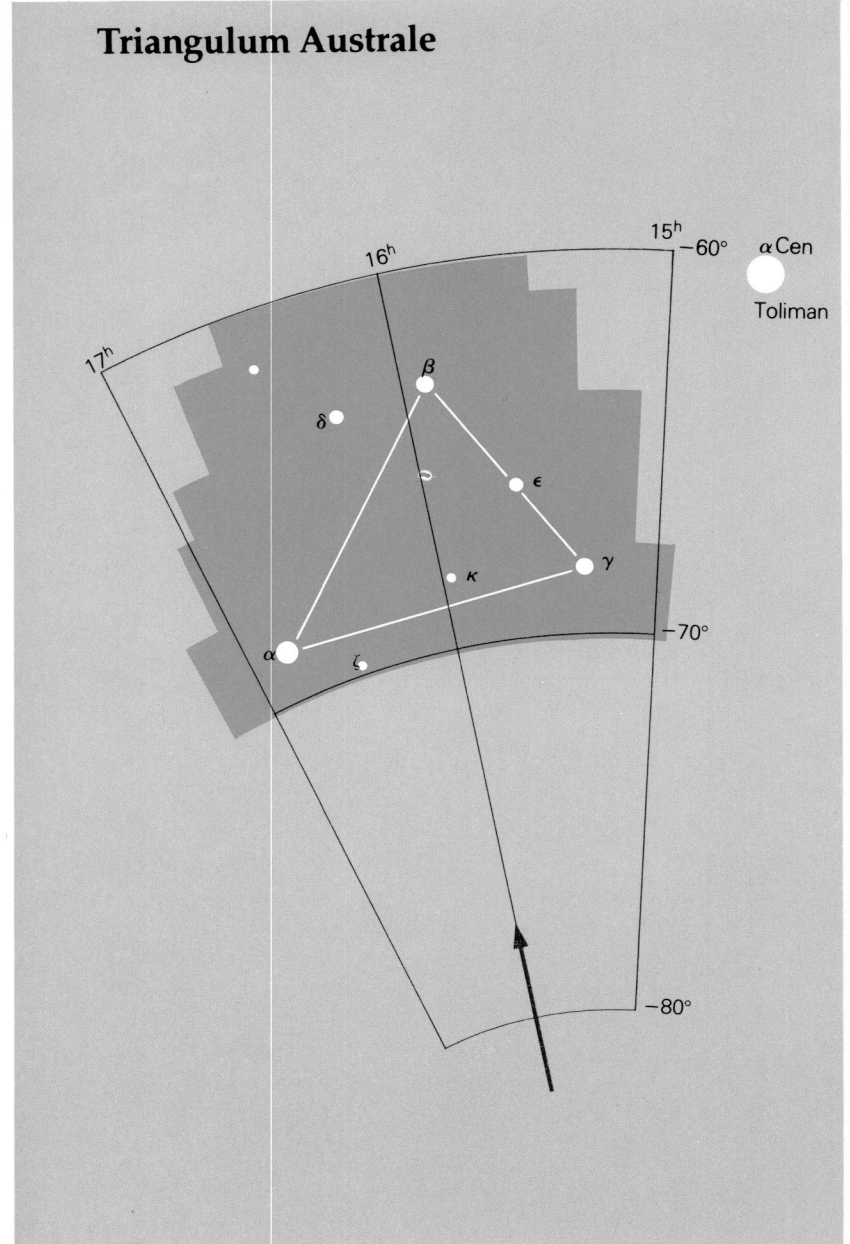

Tucana

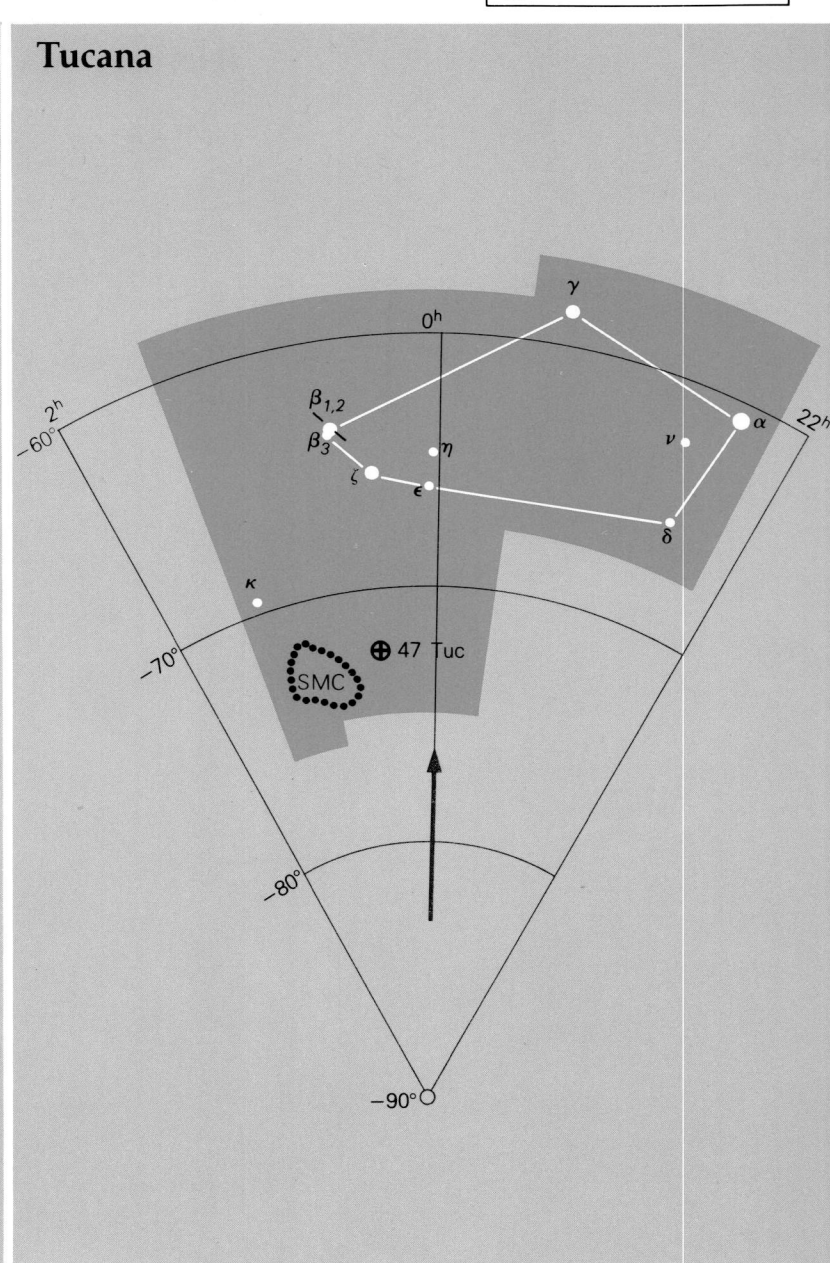

Triangulum Australe Trianguli Australis TrA
Südliches Dreieck

Dieses (bei uns nicht sichtbare) Sternbild gehört zu den Konstellationen des BAYERschen Katalogs. Von α Centauri aus ist es ziemlich leicht zu finden.

Der Stern α ist ein K2-Typ mit m = 1,93 und M = − 0,1 in 82 Lichtjahren Entfernung. β ist ein F2-Stern der Größe 2,87 in 42 Lichtjahren Entfernung. γ, ein A0-Stern, hat eine Entfernung von 113 Lichtjahren und bei einer absoluten Helligkeit von M = 0,2 die Größe m = 2,94. Sonst gibt es nichts Erwähnenswertes in diesem Gebiet.

Tucana Tucanae Tuc *Tukan*

Der größte Teil der Kleinen Magellanschen Wolke liegt in diesem südlichen Sternbild. Die unregelmäßige Galaxie ist uns benachbart, allerdings ist sie etwas weiter entfernt als die Große Magellansche Wolke im Sternbild Dorado. Die Konstellation enthält außerdem mehrere interessante Nebel und zwei Kugelhaufen. Der hellere hat die Bezeichnung 47 Tuc (NGC 104), und er steht nahe bei der Kleinen Magellanschen Wolke. α Tuc ist ein K3-Stern mit m = 2,8 in einer Entfernung von 62 Lichtjahren.

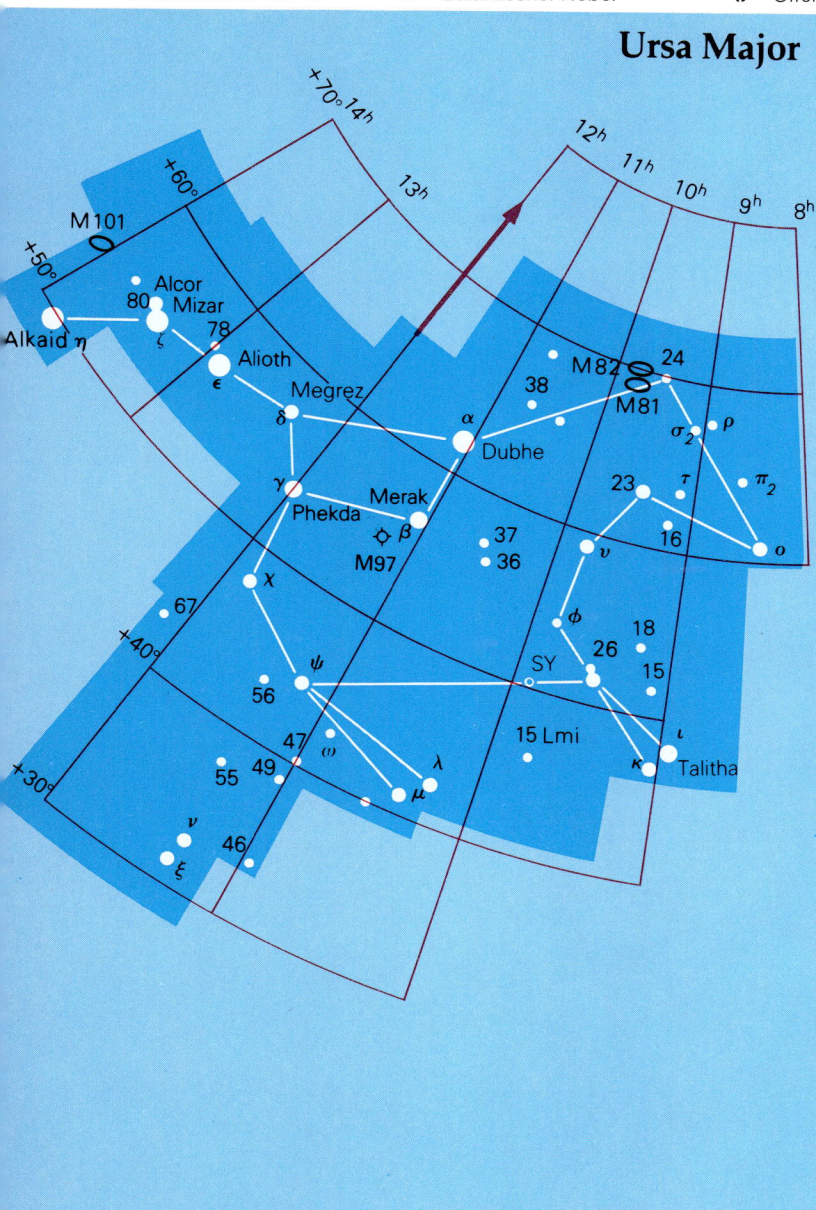

Ursa Major

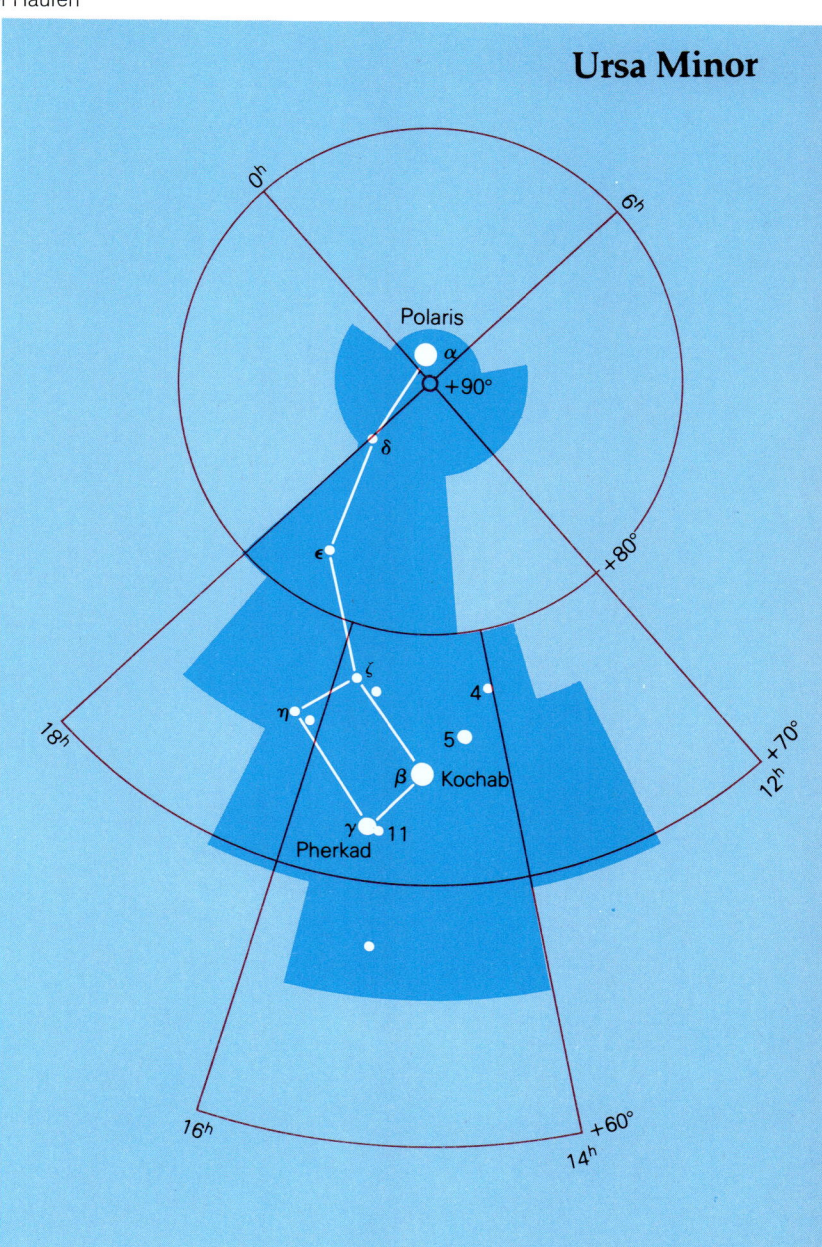

Ursa Minor

Ursa Maior Ursae Maioris UMa *Großer Bär*

Wahrscheinlich ist der Große Bär das bekannteste Sternbild überhaupt. Es ist wegen seiner Lage am Nordhimmel gut sichtbar, und seine sieben hellsten Sterne bilden eine sehr charakteristische Figur. Sie werden auch als *Großer Wagen* bezeichnet, stellen aber nur einen kleinen Teil des gesamten Sternbildes dar, dessen Sterne über ein großes Gebiet verstreut sind. Nach wachsenden Rektaszensionen geordnet sind die sieben Wagensterne: α, Dubhe, m = 1,81, ein enger K0-Doppelstern in 107 Lichtjahren Entfernung (Komponenten m = 1,88 und 4,82); β, Merak, ein A1-Typ mit m = 2,37, M = 0,5 in einer Entfernung von 78 Lichtjahren; γ, Phekda, ein A0-Stern mit m = 2,44, M = 0,2, 90 Lichtjahre entfernt und δ, Megrez, ein relativ schwacher m = 3,3-Stern. ε, Alioth, ist mit m = 1,79 der hellste der sieben, ein A0-Typ mit M = 0,2 in 68 Lichtjahren Entfernung. ζ, Mizar, kennen wir als Doppelstern vom Typ A2 der Größe 2,06 (Komponenten m = 2,1 und 4,2, von denen der erste selbst wieder doppelt ist; es war der erste spektroskopische Doppelstern, den man entdeckte). Schließlich ist η, Alkaid, mit 210 Lichtjahren ziemlich weit entfernt; es ist ein B3-Stern mit m = 1,87 und M = −2,1.
Weiter gibt es in dem Sternbild vier interessante Doppelsterne: ϑ hat die Komponenten m = 3,19 und 14, das System ι hat m = 3,12 und 10,8, κ hat m = 4,0 und 4,2 und ο (Muscida) m = 3,57 und 15. Schließlich enthält UMa auch noch sechs von Messier katalogisierte Objekte. Es sind die Galaxien M81, M82, M101, M108 und M109 sowie der planetarische Nebel (*Eulennebel*) M97.

Ursa Minor Ursae Minoris UMi *Kleiner Bär*

Der Kleine Bär gehörte zu den 48 ältesten Konstellationen. Er ist dadurch ausgezeichnet, daß er den Himmelsnordpol enthält. Fast ganz wird dieses Sternbild von dem Bogen des benachbarten Drachen eingeschlossen. Es setzt sich aber deutlich von diesem ab, und wenn man den Polstern gefunden hat, kann man es leicht erkennen.
Der Stern, der gegenwärtig dem Pol am nächsten ist, wird *Polarstern* genannt. Es ist α UMi, ein Veränderlicher mit einer Größe zwischen m = 1,99 und 2,1 vom Spektraltyp F8, seine absolute Größe beträgt M = −4,6, und er steht in einer Entfernung von 680 Lichtjahren. Er hat einen Begleiter der Größe 8,9. Der Stern β, Kochab, hat den Spektraltyp K4 und die Größe 2,04. Er ist also etwas heller als der Polarstern, ein δ Cephei-Veränderlicher, in seinem Minimum. Der Stern γ UMi, Pherkad, ist mit m = 3,14 deutlich schwächer.

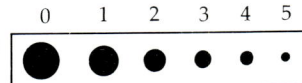

Vela

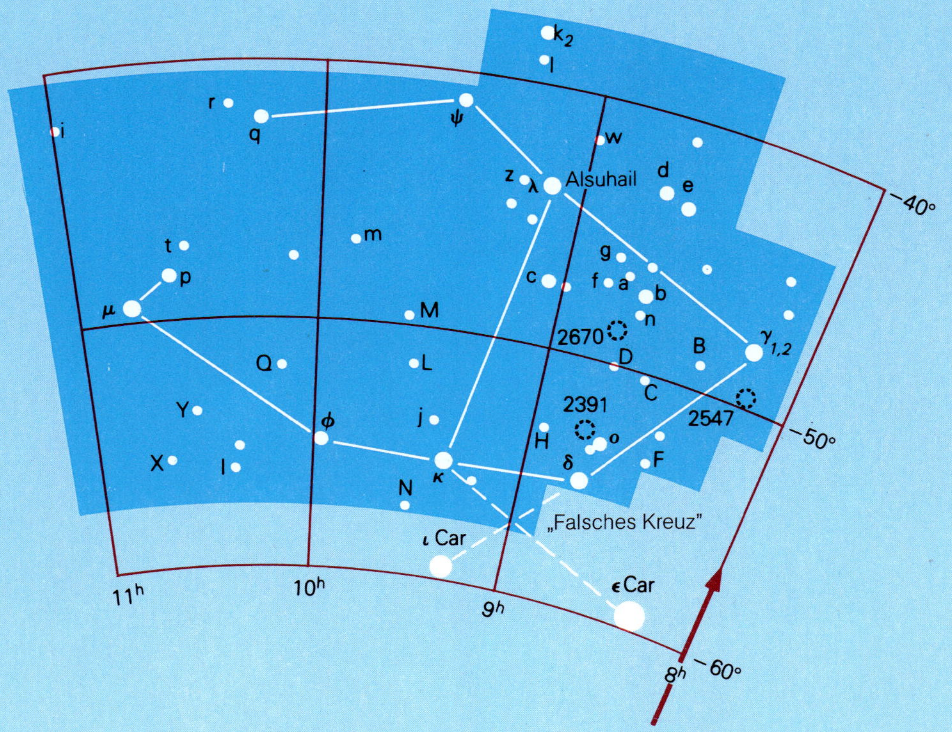

Vela Velorum Vel *Segel des Schiffs*

Vela gehört zu den drei Sternbildern, die früher in *Argo Navis* zusammengefaßt waren. Es wird begrenzt von Antlia, Pyxis, Puppis, Carina und Centaurus und liegt somit tief am Südhimmel. Die Bezeichnung der Sterne stammt noch aus der Zeit, als es kein selbständiges Sternbild war, so daß der hellste Stern γ Vel ist, ein Doppelstern mit den Komponentengrößen 2,2 und 4,8. Der Stern δ ist ein A0-Typ der Größe 1,95 mit einem Begleiter von m = 5,1. Ein dritter Begleiter ist selbst wieder ein spektroskopischer Doppelstern, den man als Objekt 10. Größe im Fernrohr sieht. Die Sterne δ und ϰ bilden zusammen mit ι und ε Carinae das *„Falsche Kreuz"*, das manchmal mit dem Sternbild Crux verwechselt wird.

---- Ekliptik
○ Veränderlicher m < 5
◇ Planetarischer Nebel
⬥ Doppelstern
○ Galaxie
⊕ Kugelhaufen
⊙ Veränderlicher m > 5
◐ Galaktischer Nebel
◌ Offener Haufen

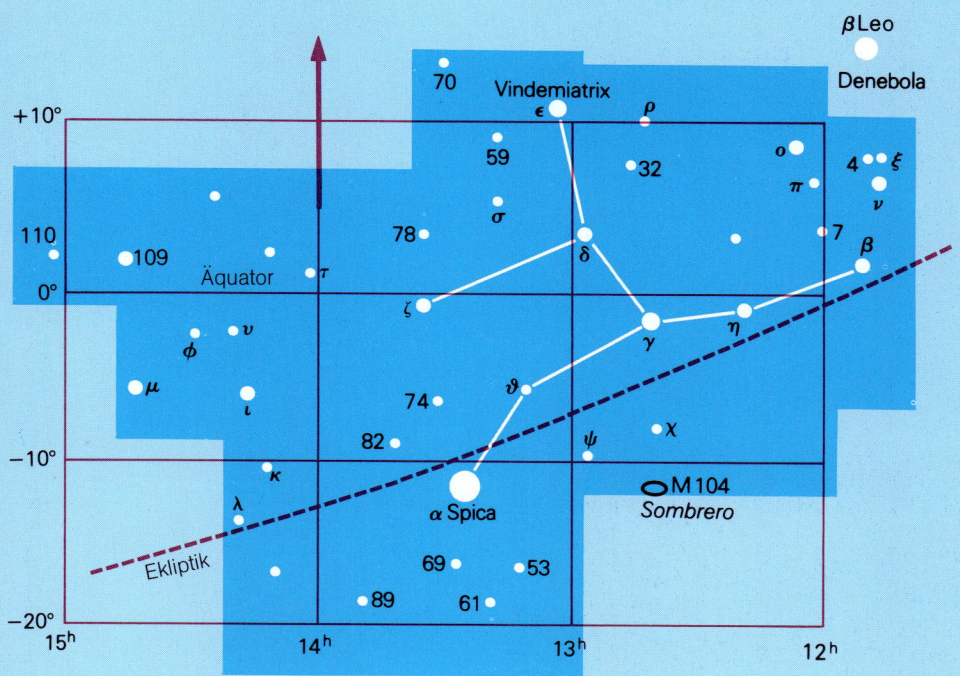

Virgo Virginis Vir *Jungfrau*

Virgo ist das zweitgrößte Sternbild, seine Fläche ist nur wenig kleiner als die der Hydra. Es gehört zu den Tierkreisbildern.

Der Hauptstern α, Spica, ist der südlichste von sieben hellen Sternen, die die Konstellation aufspannen. Spica ist 160 Lichtjahre entfernt und erscheint uns als Stern der Größe 0,96. Der Stern ist veränderlich mit einer Größe von 1,01. Seine weiße Farbe weist ihn als heißes Objekt aus. γ Vir ist ein enges Doppelsternpaar mit einer Gesamtgröße von m = 2,76. Seine Entfernung beträgt nur 32 Lichtjahre, und seine absolute Helligkeit ist M = 2,5. Im äußeren Westen der Konstellation steht β, Zavijah, ein Stern der Größe 3,8, und ganz im Norden leuchtet ε Vir, Vindemiatrix, ein G 9-Stern der Größe 2,86 mit einer absoluten Helligkeit M = 0,6 in einer Entfernung von 90 Lichtjahren.

Virgo grenzt an Coma Berenices, und an der nördlichen Begrenzung findet man mehrere interessante Nebel, sämtlich selbständige Galaxien. Die helleren sind M 58, M 59, M 60, M 84, M 87, M 89 und M 90. An der Grenze zu Corvus im Südwesten enthüllt ein Teleskop die wunderbare Sombrero-Galaxie M 104; M 49 und M 61, zwei weitere Galaxien, liegen zwischen den Sternen β und ε.

Zeichenerklärung der Karten
Skala der Größenklassen

0 1 2 3 4 5

Volans

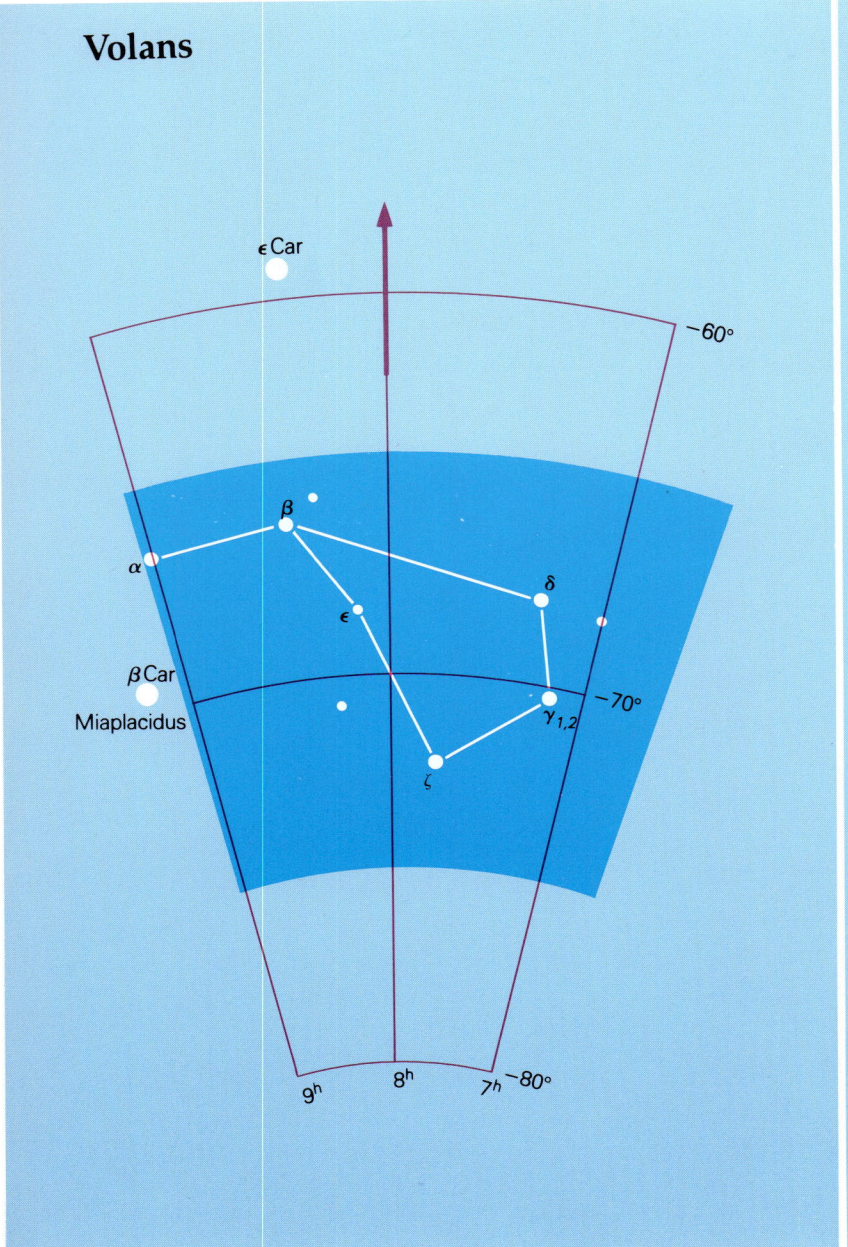

Vulpecula

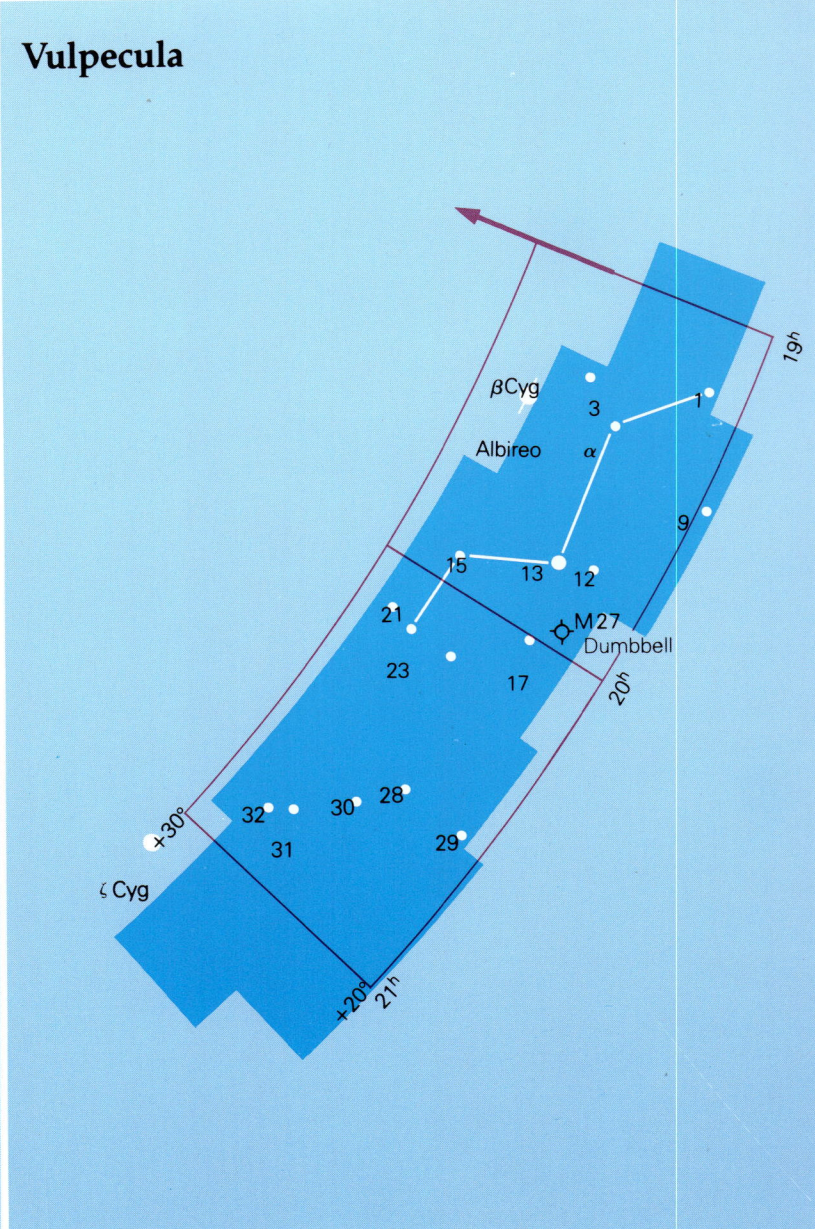

Volans Volantis Vol *Fliegender Fisch*

Dieses Sternbild des BAYERschen Katalogs ist mehr ein Anhängsel von Carina. Am besten findet man es, wenn man von den Sternen ε und β Car aus nach Süden geht. Wegen seiner Lage tief am Südhimmel ist es von Mitteleuropa aus nicht zu sehen. Auch enthält es keine Sterne heller als 3. Größe. Ein guter Beobachter kann vielleicht bei ζ Vol einen schwachen Begleiter der 9. Größe unterscheiden. Leichter ist es, die beiden Komponenten des Doppelsterns γ zu erkennen. Es handelt sich um einen F 5- und einen G 0-Stern.

Vulpecula Vulpeculae Vul *Fuchs*

Vulpecula erhielt seinen Namen im Jahre 1690 von HEVELIUS. Es liegt neben Sagitta, aber besser kann man es von Albireo, β Cygni, aus auffinden. Das Sternbild liegt über den Hintergrundsternen der Milchstraße, und die Verlängerung der großen Teilung im Cygnus erstreckt sich bis in diese Himmelsregion. Alle Sterne von Vulpecula sind sehr schwach und unscheinbar, und auch sonst gibt es nichts Bemerkenswertes in dem Sternbild. Im Süden an der Grenze zu Sagitta liegt M 27 (NGC 6853). Es ist ein planetarischer Nebel, bekannt als *Dumbbell-Nebel*.

Die Sternbilder

Lateinischer Name	Genitiv	Abkür-zung	Übersetzung	Rektas-zension (h)	Dekli-nation (Grad)	Fläche (Grad)^2
Andromeda	Andromedae	And	Andromeda	1	+40	772
Antlia	Antliae	Ant	Luftpumpe	10	−35	239
Apus	Apodis	Aps	Paradiesvogel	16	−75	206
Aquarius	Aquarii	Aqr	Wassermann	23	−15	980
Aquila	Aquilae	Aql	Adler	20	+ 5	652
Ara	Arae	Ara	Altar	17	−55	237
Aries	Arietis	Ari	Widder	3	+20	441
Auriga	Aurigae	Aur	Fuhrmann	6	+40	657
Bootes	Bootis	Boo	Bootes/Bärenhüter/Ochsentreiber	15	+30	907
Caelum	Caeli	Cae	Grabstichel	5	−40	125
Camelopardalis	Camelopardalis	Cam	Giraffe	6	+70	757
Cancer	Cancri	Cnc	Krebs	9	+20	506
Canes Venatici	Canum Venaticorum	CVn	Jagdhunde	13	+40	465
Canis Major	Canis Majoris	CMa	Großer Hund	7	+20	380
Canis Minor	Canis Minoris	CMi	Kleiner Hund	8	+ 5	183
Capricornus	Capricorni	Cap	Steinbock	21	−20	414
Carina	Carinae	Car	Schiffskiel	9	−60	494
Cassiopeia	Cassiopeiae	Cas	Kassiopeia	1	+60	598
Centaurus	Centauri	Cen	Zentaur	13	−50	1060
Cepheus	Cephei	Cep	Cepheus	22	+70	588
Cetus	Ceti	Cet	Walfisch	2	−10	1231
Chamaeleon	Chamaeleontis	Cha	Chamäleon	11	−80	132
Circinus	Circini	Cir	Zirkel	15	−60	93
Columba	Columbae	Col	Taube	6	−35	270
Coma Berenices	Comae Berenices	Com	Haar der Berenike	13	+20	386
Corona Australis	Coronae Australis	CrA	Südliche Krone	19	−40	128
Corona Borealis	Coronae Borealis	CrB	Nördliche Krone	16	+30	179
Corvus	Corvi	Crv	Rabe	12	−20	184
Crater	Crateris	Crt	Becher	11	−15	282
Crux	Crucis	Cru	Kreuz des Südens	12	−60	68
Cygnus	Cygni	Cyg	Schwan	21	+40	804
Delphinus	Delphini	Del	Delphin	21	+10	189
Dorado	Doradus	Dor	Schwertfisch	5	−65	179
Draco	Draconis	Dra	Drache	17	+65	1083
Equuleus	Equulei	Equ	Füllen	21	+10	72
Eridanus	Eridani	Eri	(Fluß) Eridanus	3	−20	1138
Fornax	Fornacis	For	(chem.) Ofen	3	−30	398
Gemini	Geminorum	Gem	Zwillinge	7	+20	514
Grus	Gruis	Gru	Kranich	22	−45	366
Hercules	Herculis	Her	Herkules	17	+30	1225
Horologium	Horologii	Hor	Pendeluhr	3	−60	249
Hydra	Hydrae	Hya	Nördl. Wasserschlange	10	−20	1303
Hydrus	Hydri	Hyi	Südl. Wasserschlange	2	−75	243
Indus	Indi	Ind	Indianer/Inder	21	−55	294
Lacerta	Lacertae	Lac	Eidechse	22	+45	201
Leo	Leonis	Leo	Löwe	11	+15	947
Leo Minor	Leonis Minoris	LMi	Kleiner Löwe	10	+35	232
Lepus	Leporis	Lep	Hase	6	−20	290
Libra	Librae	Lib	Waage	15	−15	538
Lupus	Lupi	Lup	Wolf	15	−45	334
Lynx	Lyncis	Lyn	Luchs	8	+45	545
Lyra	Lyrae	Lyr	Leier	19	+40	286
Mensa	Mensae	Men	Tafelberg	5	−80	153
Microscopium	Microscopii	Mic	Mikroskop	21	−35	210
Monoceros	Monocerotis	Mon	Einhorn	7	− 5	482
Musca	Muscae	Mus	Fliege	12	−70	138
Norma	Normae	Nor	Winkelmaß/Lineal	16	−50	165
Octans	Octantis	Oct	Oktant	22	−85	291
Ophiuchus	Ophiuchi	Oph	Schlangenträger	17	0	948
Orion	Orionis	Ori	Orion	5	+ 5	594
Pavo	Pavonis	Pav	Pfau	20	−65	378
Pegasus	Pegasi	Peg	Pegasus	22	+20	1121
Perseus	Persei	Per	Perseus	3	+45	615
Phoenix	Phoenicis	Phe	Phönix	1	−50	469
Pictor	Pictoris	Pic	Maler/-staffelei	6	−55	247
Pisces	Piscium	Psc	Fische	1	+15	889
Piscis Austrinus	Piscis Austrini	PsA	Südlicher Fisch	22	−30	245
Puppis	Puppis	Pup	Achterschiff	8	−40	673
Pyxis	Pyxidis	Pyx	Schiffskompaß	9	−30	221
Reticulum	Reticuli	Ret	Netz	4	−60	114
Sagitta	Sagittae	Sge	Pfeil	20	+10	80
Sagittarius	Sagittarii	Sgr	Schütze	19	−25	867
Scorpius	Scorpii	Sco	Skorpion	17	−40	497
Sculptor	Sculptoris	Scl	Bildhauer(werkstatt)	0	−30	475
Scutum	Scuti	Sct	(Sobieskischer) Schild	19	−10	109
Serpens	Serpentis	Ser	Schlange			
Serpens caput			Kopf der Schlange	16	+10	429
Serpens cauda			Schwanz der Schlange	18	− 5	208
Sextans	Sextantis	Sex	Sextant	10	0	314
Taurus	Tauri	Tau	Stier	4	+15	797
Telescopium	Telescopii	Tel	Fernrohr/Teleskop	19	−50	252
Triangulum	Trianguli	Tri	Dreieck	2	+30	132
Triangulum Australe	Trianguli Australis	TrA	Südliches Dreieck	16	−65	110
Tucana	Tucanae	Tuc	Tukan	0	−65	295
Ursa Major	Ursae Majoris	UMa	Großer Bär	11	+50	1280
Ursa Minor	Ursae Minoris	UMi	Kleiner Bär	15	+70	256
Vela	Velorum	Vel	Segel des Schiffs	9	−50	500
Virgo	Virginis	Vir	Jungfrau	13	0	1294
Volans	Volantis	Vol	Fliegender Fisch	8	−70	141
Vulpecula	Vulpeculae	Vul	Fuchs	20	+25	268

Die Sonne

Man darf niemals mit irgendeinem Instrument oder mit bloßem Auge direkt in die Sonne schauen! Blindheit oder bleibende Augenschäden können die Folge davon sein. Sogar wenn die Sonne tief am Horizont steht, ist die Infrarotstrahlung noch schädlich.

Sonnenfilter, die mit kleinen Teleskopen verkauft werden, sind oft ungenügend. Man sollte sie besser nicht benutzen. Die einzige sichere Beobachtungsweise ist die Projektion des Sonnenbildes auf einen geeigneten Schirm. Ein weißes Stück Pappe oder Papier, das man vor das Okular des Fernrohrs hält, genügt schon, vor allem, wenn man es seitlich vor Störlicht schützt. Besser ist ein an einer Seite offener Kasten. Es muß immer darauf geachtet werden, daß auch der Sucher eines Fernrohrs geschützt ist. Auch das zweite Objektiv eines Fernglases muß man mit der Schutzkappe abdecken, wenn man das eine zum Projizieren benutzt. Außerdem ist es für das Objektiv nicht gut, wenn es zu lange ungeschützt der Sonneneinstrahlung ausgesetzt wird. Es gibt verschiedene andere Methoden zur Sonnenbeobachtung, die Projektion ist allerdings das einfachste Verfahren.

Die leuchtende Sonnenoberfläche bezeichnet man als *Photosphäre*. Sie hat eine Temperatur von etwa 6000 °K. Auf ihr zeichnen sich dunkle (und kühlere) Flecken ab. Diese *Sonnenflecken* haben meist ein sehr dunkles Zentrum (Umbra) und eine etwas hellere Umgebung (Penumbra). Die Anzahl der Flecken variiert in einem 11jährigen Rhythmus, und es kommt vor, daß gar keine Flecken zu sehen sind. Häufig findet man zwei Flecken dicht nebeneinander (sie sind durch Magnetfelder miteinander verbunden), und es gibt aktive Gebiete mit vielen Einzelflecken. Die Sonnenrotation, die am Äquator etwas schneller ist als an den Polen, läßt die Flecken über die Oberfläche wandern. Obwohl die meisten Flecken nicht lange stabil sind, bleiben einige über mehr als eine volle Rotation (etwa 27 Tage) sichtbar. Man kann ihre Zahl und ihre Bewegung bequem durch Projektion des Sonnenbildes von Tag zu Tag verfolgen. Die großen Aktivitätszentren wandern im Laufe eines Fleckenzyklus allmählich auf den Äquator zu, und neue entstehen in höheren Breiten.

Bei guten Sichtverhältnissen kann man auf der Sonnenoberfläche außerdem die körnige Struktur (*Granulation*) erkennen sowie größere helle Gebiete (*Fackeln*), die zum Sonnenrand hin deutlicher werden. Während einer totalen Sonnenfinsternis werden riesige *Protuberanzen* am Rand sichtbar, in denen Materie von der Oberfläche hochgeschleudert wird und wieder herunterströmt. Mit besonderen Instrumenten sind diese Protuberanzen auch außerhalb einer Finsternis zu sehen. Sie stellen sich auf der Sonnenscheibe als dunkle Filamente dar. Hin und wieder leuchten helle Eruptionen (sog. „flares") direkt über der Oberfläche auf, welche die benachbarten Filamente beeinflussen und Partikel in den Raum schleudern können.

Auch die äußere Sonnenatmosphäre (*Korona*) wird bei einer Finsternis sichtbar. Sie hat eine extrem geringe Dichte, aber ihre Gase sind sehr heiß (bei 2 Millionen °C). Wenn die Sonnenscheibe völlig vom Mond abgedeckt ist, sieht man häufig in der Korona Strahlen, die sich bis weit in den Raum hinein erstrecken.

Die beiden Hauptflecken dieser Gruppe zeigen deutlich die Umbra und die Penumbragebiete sowie „Brücken" quer über dem Zentralgebiet.

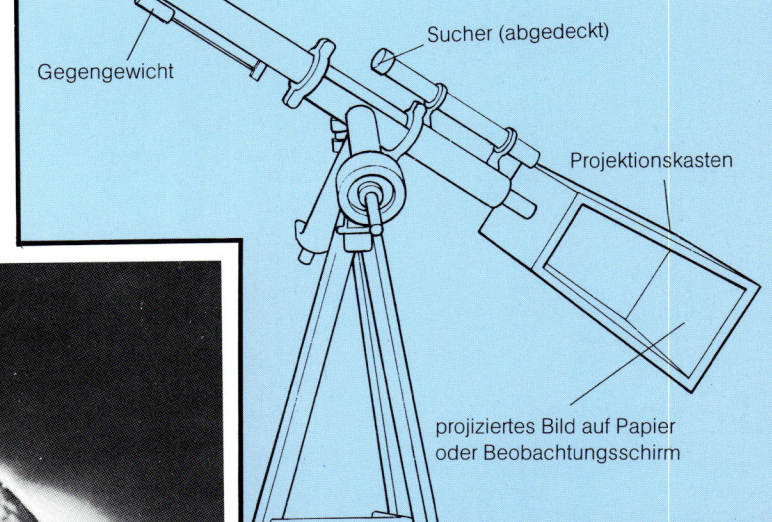

Ein Kasten bietet die bequemste Methode, um das Bild der Sonne gefahrlos zu studieren, das auf ein Stück weißes Papier projiziert wird und sich dann leicht zeichnen läßt.

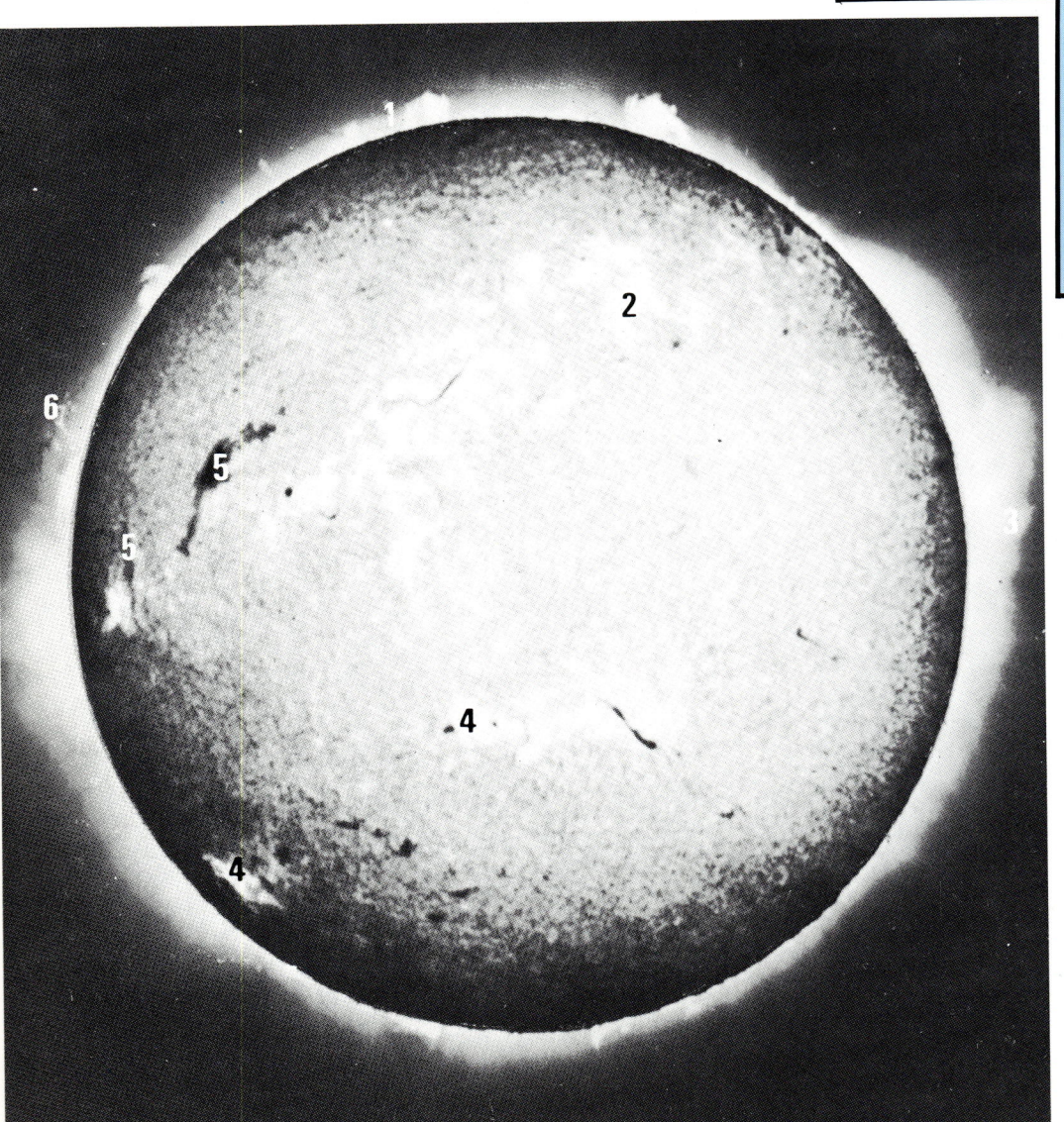

Ein Foto, das im Licht der Hα-Linie des Wasserstoffs aufgenommen wurde, ist einer Aufnahme der weißen Korona überlagert. Die im weißen Licht als Fackeln bekannten hellen Strukturen entsprechen den hier sichtbaren „plages".
1. Ruhende Protuberanz
2. Wasserstoff α-„plage"
3. Coronale „plumes" (kurze Strahlen)
4. Fleckengruppen
5. Filamente
6. Aktive Protuberanz

Polarlichter

Nur in höheren geographischen Breiten – etwa ab 50° Nord oder Süd – treten Polarlichter auf; allerdings kann man sie in seltenen Fällen bis fast hinunter zum Äquator beobachten. Die Häufigkeit ihres Aufleuchtens hängt von der Sonnenaktivität ab, und zwar liegt das Maximum der Polarlichter etwa zwei Jahre nach dem Sonnenfleckenmaximum. Schwächere Polarlichter gibt es allerdings fast immer. Nur die ganz hellen Ausbrüche hängen enger mit der Stärke der Sonnenaktivität zusammen. Energiereiche *flares* auf der Sonne stoßen Ströme geladener Teilchen als Bestandteile des Sonnenwindes in den Raum aus. Diese treten in der Magnetosphäre der Erde mit dem Erdmagnetfeld in Wechselwirkung und erzeugen Schauer von energiereichen Teilchen, die sich entlang der Magnetfeldlinien bis auf die Erdoberfläche bewegen. In der höheren Atmosphäre zwischen etwa 100 und 300 km (manchmal auch bis zu 1000 km) werden dabei Atome verschiedener Atmosphärengase zum Leuchten angeregt und erscheinen als Polarlichter. Besonders intensiv ist dieser Vorgang in den beiden Regionen um die magnetischen Pole. In Perioden starker Sonnenaktivität weiten sich diese Gebiete aus. Die Polarlichter reichen dann bis in niedrige Breiten. Die Lichterscheinungen können vielerlei Formen annehmen. Meistens beginnen sie relativ ruhig, sind gegen Mitternacht am intensivsten und verebben allmählich in den Morgenstunden. Ihre Formen und Muster hängen vom Beobachtungsort ab. Manchmal sind sie auch in den Morgenstunden sehr aktiv, an manchen Orten hören sie schon gegen Mitternacht auf. Es gibt Polarlichter, die überaus rasch wie Schleier über den Himmel streichen. Andere entwickeln sich langsam oder leuchten nur wenig auf und erlöschen bald wieder.

Eine häufige Form ist der *Bogen* (A, von englisch *arc*), der sich allmählich über den Himmel erstreckt. Andere Polarlichter gleichen faltenreichen Vorhängen, sie werden als *Bänder* (B) bezeichnet. Bogen und Bänder haben immer nach unten hin verschwommene Ränder. Wenig ausgeprägte *Flekken* (P, von *patch*) sind leicht mit Wolken zu verwechseln. Einzelne nach oben ragende Lichtsäulen bezeichnet man als *Strahlen* (R, von *ray*). Die Bezeichnungen *homogen* (H) und *strahlenförmig* (R) werden zur detaillierten Charakterisierung der verschiedenen Formen verwendet. *Homogene Bögen* (HA) sind z. B. recht häufig. Im Verlauf einer Erscheinung kann ein Typ in einen anderen übergehen, die Helligkeit kann in Wellen fortschreiten, und die Farben können wechseln.

Obwohl das Aussehen eines Polarlichts wesentlich vom Standort des Beobachters abhängt, kann sich die Erscheinung doch im Verlauf der Nacht nach Norden oder Süden hin verschieben. Manchmal ist nur in Richtung zum magnetischen Pol ein Glühen am Horizont zu sehen, manchmal erkennt man nur die Spitzen der höchsten Strahlen. Wenn man der Erscheinung näher ist, können einzelne Bögen oder Bänder sich über einen großen Teil des Himmels erstrecken. Hin und wieder sieht man den Lichtschein hoch über sich. Bei solchen *koronalen Lichtern* (C) scheinen Lichtbündel von allen Seiten zu kommen und im Zenit zu konvergieren.

Oben:

Ein aktiver homogener Bogen (HA) mit scharfer unterer Kante und diffuser oberer Begrenzung, fotografiert in Schottland. Die verschiedenen Farben werden von Sauerstoffemissionen erzeugt.

Oben rechts:

Ein ruhiges homogenes Band (HB) mit dem charakteristischen unteren Rand und der einem Vorhang ähnlichen Faltung. Fotografiert in Kanada vor dem aufgehenden Sternbild Taurus.

Unten:

Aktive Bänder mit zahlreichen Strahlen (RB), die sich ständig in Form und Intensität änderten, zeigen etwas von der Komplexität größerer Erscheinungen.

Unten rechts:

Eine Korona (C) über dem Sternbild Fuhrmann, fotografiert von Skibotn (Norwegen). Die klassische Fächerform der Strahlen ist hier gut zu erkennen.

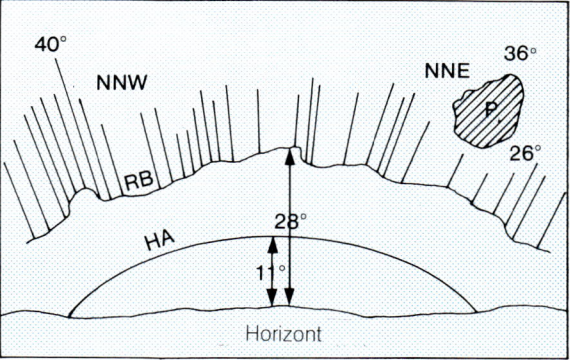

Die Lage der Polarlichter wird durch ihren Winkelabstand vom Horizont und die Himmelsrichtung, die ein Kompaß anzeigt, angegeben.
RB = Strahlenband
HA = Homogener Bogen
P = Fleck

Sonnen- und Mondfinsternisse

Finsternisse kommen nicht häufig vor, weil die Bahnebene des Mondes gegen die Ekliptik (Bahnebene der Erde) geneigt ist. Dieser Neigungswinkel beträgt im Mittel etwa 5°, ist aber wegen der Wirkung der Sonne auf die Mondbahn etwas veränderlich. Finsternisse können offensichtlich nur bei Neumond oder Vollmond auftreten, wenn die drei Objekte in etwa auf einer Geraden liegen. Meistens ist der Mond dann jedoch oberhalb oder unterhalb der Erdbahn. Nur wenn er gerade während der Vollmond- oder Neumondphase seinen Knoten — einen der beiden Schnittpunkte der Bahnen — kreuzt, kann eine Finsternis entstehen.

Die Schwankungen im scheinbaren Durchmesser der Mondscheibe sind besonders bei Sonnenfinsternissen wichtig. Wenn der Mond nahe beim *Perigäum* (erdnächster Bahnpunkt) ist, kann er die Sonne vollständig abdecken und so eine totale Finsternis erzeugen. Ihre maximale Dauer ist $7^m\,40^s$, meistens ist sie aber viel kürzer. Andererseits ist der Mond bei einer ringförmigen Finsternis in der Nähe seines *Apogäums* (erdferner Bahnpunkt). Dann erreicht der dunkle Kernschatten die Erdoberfläche nicht ganz, so daß ein heller Ring um den Mond sichtbar bleibt. Selbst unter den günstigsten Bedingungen beträgt die Breite des Totalitätsstreifens auf der Erde nur etwa 270 km. Die Spur einer ringförmigen Finsternis ist noch schmaler. Eine Sonnenfinsternis kann ringförmig beginnen und enden und in der Mitte eine kurze Totalitätszone haben. Außerhalb des schmalen Zentralgebiets liegt die sehr viel ausgedehntere Region der partiellen Verfinsterung.

Pro Jahr gibt es zwischen zwei und fünf Sonnenfinsternisse. Man sieht sie aber jeweils nur von einem kleinen Gebiet der Erde aus, so daß mehr als 300 Jahre vergehen können, bevor sich an einem bestimmten Ort eine totale Finsternis wiederholt. Mondfinsternisse sind etwas seltener (2 bis 3 pro Jahr), aber man erlebt sie häufiger, da sie jeweils von der gesamten Nachtseite der Erde aus zu sehen sind. Wenn der Mond durch den Halbschatten der Erde wandert, wird er nur so wenig abgedunkelt, daß man es kaum bemerkt. Bei partiellen oder totalen Mondfinsternissen ist der Helligkeitsunterschied dagegen beträchtlich. Da die Erdatmosphäre den blauen Anteil des Lichts absorbiert und den Rest in das Zentrum des Kernschattens streut, bleibt der Mond in einem trüben rötlichen Licht eben noch sichtbar. Der Mondabstand spielt dabei auch noch eine Rolle, denn wenn der Trabant der Erde besonders nahe ist, taucht er tiefer in die dunkle Zentralregion des Kernschattens ein.

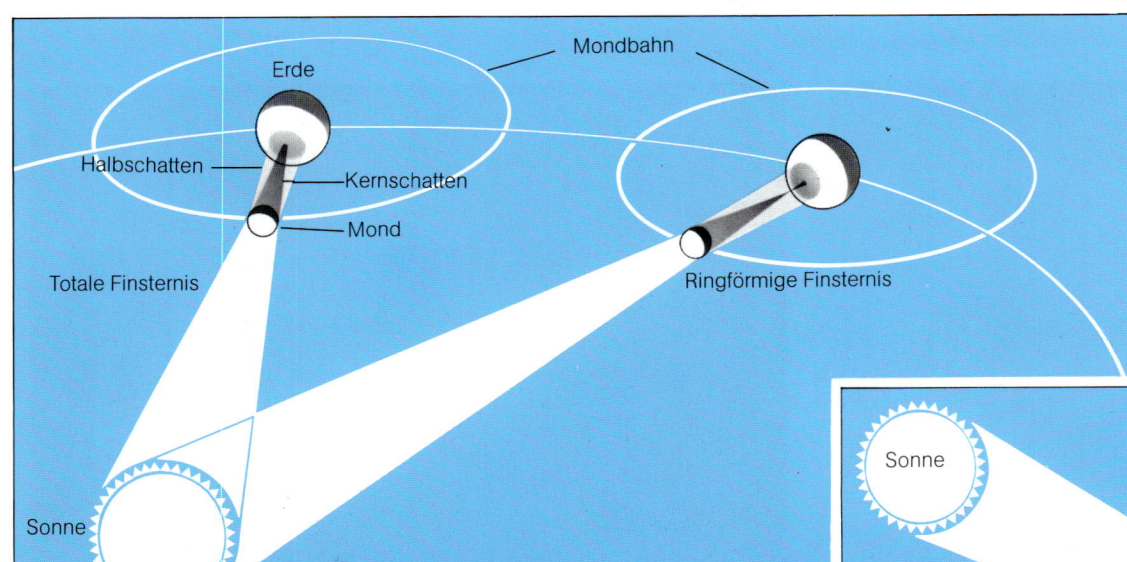

Links:

Totale und ringförmige Sonnenfinsternis. Zur Vereinfachung wurde die Mondbahn hier in die Ekliptik projiziert. In Wirklichkeit ist sie mit etwas variierendem Winkel gegen diese geneigt, und der Mond läuft auf einer komplizierteren Bahn um die Erde.

Obwohl die Erde einen langen Halbschattenkegel wirft (der hier nicht eingezeichnet ist), macht sich eine Mondfinsternis nur dann bemerkbar, wenn der Mond durch den dunklen Kernschatten läuft.

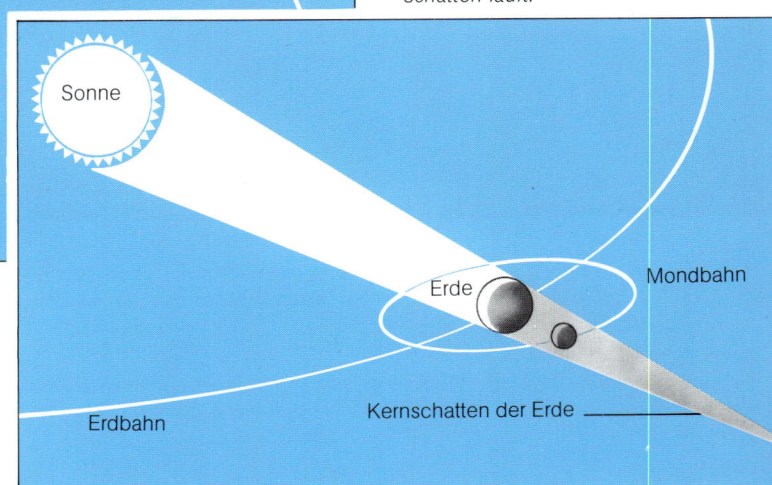

Sonnenfinsternisse 1985–1999

Datum	Typ	Maximale Dauer	Weg (der Zentrallinie)
1985 19. Mai	partiell		Arktis
1985 12. Nov.	total	1 m 55 s	südl. Pazifik, Antarktis
1986 9. April	partiell		Antarktis
1986 3. Okt.	ringf./tot.	0 m 1 s	Nordatlantik
1987 29. März	ringf./tot.	0 m 56 s	Argent., Atlantik, Kongo, Ind. Ozean
1987 23. Sept.	ringförmig		UdSSR, China, Pazifik
1988 11. März	total	3 m 46 s	Ind. Ozean, Ostindien, Pazifik
1988 11. Sept.	ringförmig		Ind. Ozean, Südaustral., Antarktis
1989 7. Mai	partiell		Arktis
1989 31. Aug.	partiell		Antarktis
1990 26. Jan.	ringförmig		Antarktis
1990 22. Juli	total	2 m 33 s	Finnland, UdSSR, Pazifik
1991 15.–16. Jan.	ringförmig		Australien, Neuseeland, Pazifik
1991 11. Juli	total	6 m 54 s	Pazifik, Mittelamerika, Brasilien
1992 4.–5. Jan.	ringförmig		Mittlerer Pazifik
1992 24. Dez.	partiell		Arktis
1993 21. Mai	partiell		Arktis
1994 10. Mai	ringförmig		Pazifik, Mexiko, USA, Kanada, Atlantik
1994 3. Nov.	total	4 m 23 s	Peru, Brasilien, Südatlantik
1995 29. April	ringförmig		Süd-Paz., Peru, Brasil., Südatlantik
1995 24. Okt.	total	2 m 5 s	Iran, Indien, Ostindien, Pazifik
1996 17. April	partiell		Antarktis
1996 12. Okt.	partiell		Arktis
1997 9. März	total	2 m 50 s	UdSSR, Arktis
1997 2. Sept.	partiell		Antarktis
1998 26. Febr.	total	3 m 56 s	Pazifik, Süd-Panama, Atlantik
1998 22. Aug.	ringförmig		Indischer Ozean, Ostindien, Pazifik
1999 16. Febr.	ringförmig		Indischer Ozean, Australien, Pazifik
1999 11. Aug.	total	2 m 23 s	Atlantik, England, Frankreich, Mitteleuropa, Türkei, Indien

Mondfinsternisse 1985–2000

Datum	Typ	Dauer	Sichtbarkeitsgebiete
1985 4. Mai	total	70 m	Europa, Afrika, Asien, Australien
1985 28. Okt.	total	42 m	Europa, Afrika, Asien, Australien
1986 24. April	total	68 m	Ostasien, Australien, Antarktis
1986 17. Okt.	total	74 m	Asien, Europa, Afrika, Australien
1987 7. Okt.	partiell	–	–
1988 3. März	partiell	–	Osteuropa, Ostafrika, Asien, Australien
1988 27. Aug.	partiell	–	Ostasien, Australien, Antarktis, Nordamerika
1989 20. Febr.	total	76 m	Europa, Asien, Afrika, Nordamerika
1989 17. Aug.	total	98 m	Amerika, Europa, Afrika
1990 9. Febr.	total	46 m	Ostatlantik, Europa, Afrika, Asien, Australien
1990 6. Aug.	partiell	–	Australien, Asien, Antarktis
1991 21. Dez.	partiell	–	Asien, Nordaustralien, Nordamerika
1992 15. Juni	partiell	–	Amerika, Afrika, Westafrika
1992 10. Dez.	total	74 m	Amerika, Europa, Afrika, Westasien
1993 4. Juni	total	98 m	Ostasien, Australien, Antarktis
1993 29. Nov.	total	50 m	Amerika, Westeuropa, Nordostasien
1994 25. Mai	partiell	–	Amerika, Westeuropa, Afrika
1995 15. April	partiell	–	Ostasien, Australien, Pazifik, Nordamerika
1996 4. April	total	84 m	Amerika, Europa, Afrika, W-Asien
1996 27. Sept.	total	72 m	Amerika, Europa, Afrika
1997 24. März	partiell	–	Amerika, W-Europa, W-Afrika
1997 16. Sept.	total	66 m	Europa, Afrika, Asien, Australien, Antarktis
1998 (keine Finsternis)			
1999 28. Juli	partiell	–	Ostasien, Australien, Pazifik, Nordamerika
2000 21. Jan.	total	84 m	Amerika, Europa, W-Afrika
2000 16. Juli	total	102 m	Ostasien, Australien, Antarktis

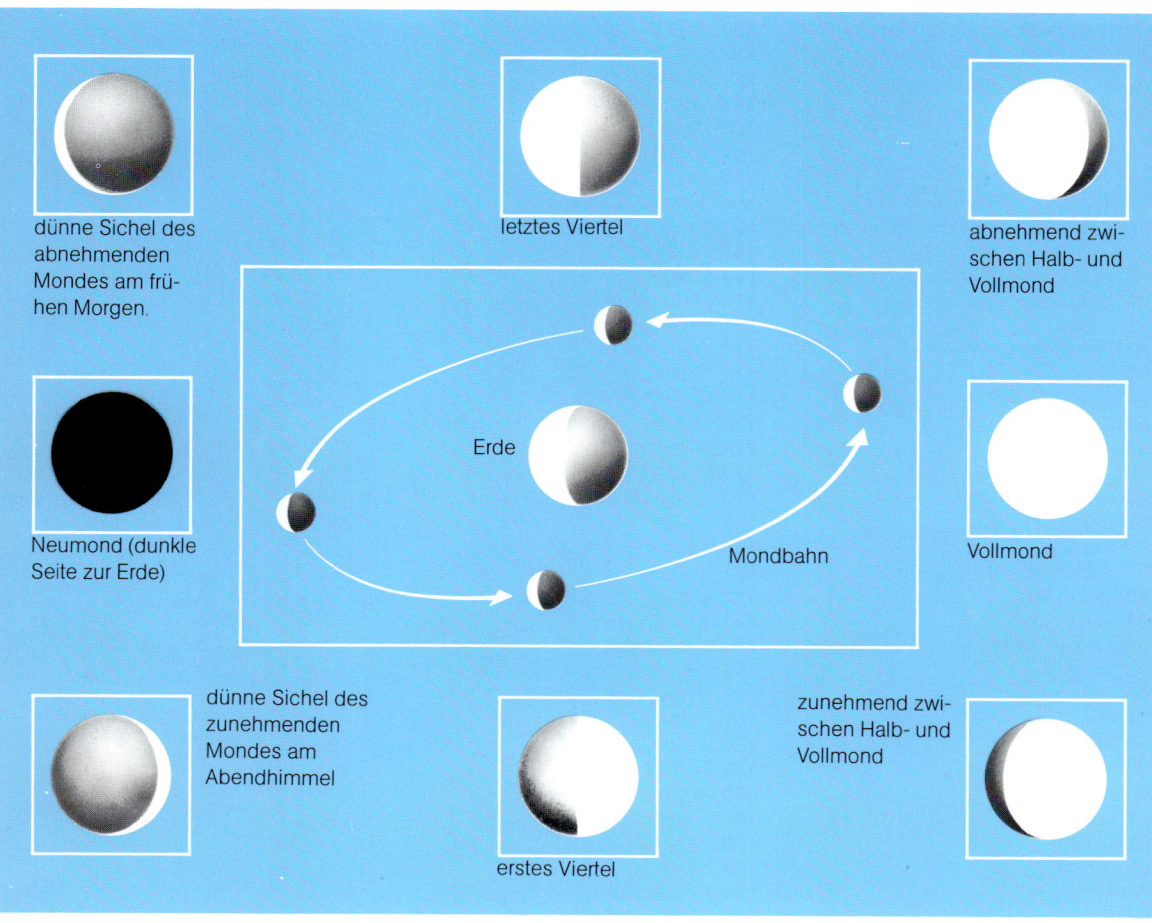

dünne Sichel des abnehmenden Mondes am frühen Morgen.

letztes Viertel

abnehmend zwischen Halb- und Vollmond

Neumond (dunkle Seite zur Erde)

Erde

Mondbahn

Vollmond

dünne Sichel des zunehmenden Mondes am Abendhimmel

erstes Viertel

zunehmend zwischen Halb- und Vollmond

Der Mond wendet uns auf seinem 29,5 Tage dauernden Weg um die Erde stets die gleiche Seite zu. Die meisten Einzelheiten sind während dieser Zeit zweimal besonders deutlich zu sehen, nämlich dann, wenn sie in der Nähe des Terminators stehen (d. h. in der Region des Mondes, wo die Sonne gerade auf- oder untergeht). Während der Mond eine schmale Sichel zeigt, können einige Einzelheiten durch Licht sichtbar werden, das von der Erde reflektiert wird (Erdschein). Bei Vollmond treten die hellen Strahlensysteme besonders deutlich hervor.

Unten links:
Die Montes Apenninus sind ein Teil des Randgebiets, welches das Mare Imbrium begrenzt. Der Boden des Kraters Archimedes wurde von Lava aus dem Mare überflutet.

Unten:
Der Krater Kopernikus hat innen terrassierte Wälle, einen Zentralberg, Sekundärkrater in der Umgebung und ein helles Strahlensystem.

Der Mond

Fast das gesamte helle Hochland des Mondes ist lückenlos mit *Kratern* übersät, die durch den Einfall von Meteoriten entstanden sind. Kleine Krater wie z. B. BIRT (siehe Nr. 165 auf der nächsten Seite) sind im Inneren ziemlich glatt. Größere haben ebene Böden (DAVY 169) oder Zentralberge (AGRIPPA 44).

Die größten wie z. B. BAILLY (152) mit einem Durchmesser von 300 km sind sehr flach, manchmal nur 2 bis 4 km tief. Sie haben meistens komplexe Wälle mit terrassierten Innenseiten und mehreren Zentralbergen (LANGRENUS 245) und Sekundärkratern in ihrer Umgebung (KOPERNIKUS 96). Einige haben ganz ebene Böden (PTOLEMÄUS 170), während andere sehr zerklüftet sind (GASSENDI 123, PETAVIUS 238). Viele Krater überdecken sich zum Teil, andere bilden Ketten wie das Vallis RHEITA neben dem Krater RHEITA (218). THEBIT (164) hat einen ausgeformten Krater in seinem Hauptwall. Die jüngeren Einstürze haben Material ausgeschleudert und dabei die hellen Strahlensysteme erzeugt, die man besonders gut bei TYCHO (156) und KOPERNIKUS (96) beobachten kann. Einige Einzelkrater wie ARISTARCHUS (91) sind sehr hell und auffällig.

Die großen dunklen *Maria (Meere)* wurden durch Lavaflüsse gebildet. Kreisrunde Maria wie das Mare Crisium hängen unmittelbar mit riesigen Einsturzbecken zusammen. Ähnliches gilt für das Mare Imbrium, die umgebenden Gebirge (einschließlich der Montes Apenninus und der Montes Alpes) sind Teile des ursprünglichen Kraterrandes. Andere Gipfel wie PITON (74) und PICO (75) ragen noch über die Lavaschicht hinaus. Das Auswurfmaterial dieser Einstürze hat große Teile der Landschaft modelliert, noch über Mare Vaporum und Sinus Medii hinaus. Die unregelmäßigen Maria wie Mare Vaporum, Mare Spumans und Palus Epidemiarum wurden nicht durch einzelne Einschläge gebildet, sondern sind entstanden, als dünne Lavaflüsse niedrig gelegene unregelmäßig geformte Gebiete überfluteten.

Krater, die von Lava überdeckt wurden, haben völlig flache Böden (ARCHIMEDES 85). Einige sind sehr dunkel (PLATO 76, GRIMALDI 114, BILLY 116). Viele andere wurden teilweise durch Lava aus dem Mare zerstört. Sinus Iridum ist dafür das beste Beispiel, weitere sind FRACASTORIUS (221), LE MONNIER (27) und LETRONNE (115). Einige alte Krater wurden unter Lavamassen begraben, es sind *Geisterkrater* wie STADIUS (95) und die Krater bei ARAGO (36) und LAMBERT (87). Man braucht sehr schräg einfallendes Licht, um diese Ringe und verwinkelten Wälle zu sehen, wie sie in Mare Serenitatis und Oceanus Procellarum vorkommen.

In der Mitte der Mondscheibe sieht man zahlreiche Rillen (Rimae) um Krater TRIESNECKER (46) und HYGINUS (48) sowie die lange Rima Ariadaeus. Ein Riß durchbricht die Wälle des Kraters GOCLENIUS (241) und verläuft bis weit in

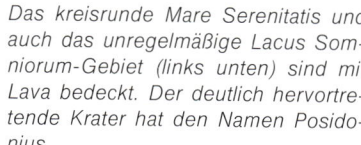

Das kreisrunde Mare Serenitatis und auch das unregelmäßige Lacus Somniorum-Gebiet (links unten) sind mit Lava bedeckt. Der deutlich hervortretende Krater hat den Namen Posidonius.

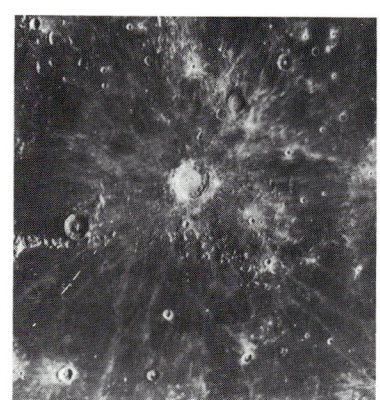

Das Mare Nubium mit Rupes Recta (Gerader Wall). Die stark verkraterten Hochlandgebiete liegen nördlich und östlich davon. Die drei großen Krater sind Alphonsus, Arzachel und Ptolemäus.

das Mare Foecunditatis. Weitere Rillen sind an den Rändern des Mare Humorium zu finden. Das benachbarte Mare Nubium enthält Rupes Recta, eine Furche dicht bei dem Krater BIRT (165). Das lange Rupes Altai ist wahrscheinlich eine alte Formation, die durch spätere Krater verändert wurde. Wellenförmig verlaufende Rillen wie das auffallende Vallis SCHRÖTERI (93) und ein anderes auf dem Grund des Vallis Alpes sind die Überbleibsel von röhrenförmig eingebrochenen Lavahohlräumen.

Karte des Mondes

Die Karte enthält die meisten größeren Formationen auf dem Mond sowie mehrere wichtige kleine. Sie sind mit ihren international festgelegten lateinischen Namen bezeichnet. Um das Auffinden zu erleichtern, wurden einige Strukturen betont. Die Sichtbarkeit hängt stark vom Einfallswinkel des Sonnenlichts ab. Selbst große Krater können unter senkrechtem Lichteinfall fast verschwinden. Verschiedene unter der Bezeichnung *Libration* zusammengefaßte Effekte bewirken, daß der Mond etwas vor- und zurückzuschwingen scheint. Deswegen scheinen sich die Strukturen etwas in Form und Lage zu ändern.

1	Neper	80	Bianchini	159	Nasireddin
2	Apollonius	81	Sharp	160	Lexell
3	Firmicius	82	Promontorium Heraclides	161	Walter
4	Condorcet	83	Mairan	162	Regiomontanus
5	Taruntius	84	Mons Rümker	163	Purbach
6	Picard	85	Archimedes	164	Thebit
7	Proclus	86	Timocharis	165	Birt
8	Macrobius	87	Lambert	166	Arzachel
9	Cleomedes	88	Euler	167	Alpetragius
10	Hahn	89	Delisle	168	Alphonsus
11	Berosus	90	Prinz	169	Davy
12	Gauss	91	Aristarchus	170	Ptolomaeus
13	Burckhardt	92	Herodotus	171	W. Herschel
14	Geminus	93	Vallis Schröteri	172	Flammarion
15	Messala	94	Eratosthenes	173	Mösting
16	Mercurius	95	Stadius	174	Guericke
17	Franklin	96	Copernicus	175	Parry
18	Cepheus	97	Gay Lussac	176	Bonpland
19	Oersted	98	Mayer	177	Fra Mauro
20	Atlas	99	Gambart	178	Manilius
21	Hercules	100	Reinhold	179	Jacobi
22	Endymion	101	Landsberg	180	Cuvier
23	De La Rue	102	Encke	181	Licetus
24	Vitruvius	103	Kepler	182	Stöfler
25	Promontorium Argaeus	104	Marius	183	Faraday
26	Littrow	105	Reiner	184	Aliacensis
27	Le Monnier	106	Otto Struve	185	Werner
28	Chacornac	107	Seleucus	186	Blanchinus
29	Posidonius	108	Krafft	187	Lacaille
30	Mason	109	Cardanus	188	Apianus
31	Plana	110	Cavalerius	189	Playfair
32	Bürg	111	Hevelius	190	Airy
33	Maskelyne	112	Hedin	191	Argelander
34	Sabine	113	Riccioli	192	Albategnius
35	Ritter	114	Grimaldi	193	Klein
36	Arago	115	Letronne	194	Hipparchus
37	Julius Caesar	116	Billy	195	Vlacq
38	Plinius	117	Hansteen	196	Hommel
39	Promontorium Acherusia	118	Sirsalis	197	Pitiscus
40	Menaelaus	119	Rocca	198	Baco
41	Bessel	120	Crüger	199	Barocius
42	Linné	121	Darwin	200	Maurolycus
43	Godin	122	Byrgius	201	Buch
44	Agrippa	123	Gassendi	202	Büsching
45	Rhaeticus	124	Mersenius	203	Riccius
46	Triesnecker	125	Cavendish	204	Rabbi Levi
47	Pallas	126	Vieta	205	Zagut
48	Hyginus	127	Lagrange	206	Pontanus
49	Boscovich	128	Piazzi	207	Sacrobosco
50	Manilius	129	Agatharchides	208	Azophi
51	Conon	130	Bullialdus	209	Abenezra
52	Autolycus	131	Kies	210	Geber
53	Aristillus	132	Mercator	211	Tacitus
54	Theatetus	133	Campanus	212	Almanon
55	Cassini	134	Vitello	213	Abulfeda
56	Callipus	135	Hesiodus	214	Fabricius
57	Alexander	136	Pitatus	215	Janssen
58	Eudoxus	137	Gauricus	216	Metius
59	Aristoteles	138	Würzelbauer	217	Brenner
60	Gärtner	139	Cichus	218	Rheita
61	Arnold	140	Capuanus	219	Neander
62	Meton	141	Heinsius	220	Piccolomini
63	W. Bond	142	Wilhelm	221	Fracastorius
64	Barrow	143	Mee	222	Beaumont
65	Goldschmidt	144	Schickard	223	Catharina
66	Anaxagoras	145	Wargentin	224	Cyrillus
67	Philolaus	146	Phocylides	225	Theophilus
68	Anaximenes	147	Schiller	226	Mädler
69	Carpenter	148	Longomontanus	227	Isidorus
70	J. Herschel	149	Clavius	228	Capella
71	Pythagoras	150	Blancanus	229	Torricelli
72	Babbage	151	Scheiner	230	Hypatia
73	Harpalus	152	Bailly	231	Alfraganus
74	Mons Piton	153	Curtius	232	Delambre
75	Mons Pico	154	Moretus	233	Furnerius
76	Plato	155	Maginus	234	Stevinus
77	Le Verrier	156	Tycho	235	Snellius
78	Helicon	157	Saussure	236	Reichenbach
79	Promontorium Laplace	158	Orontius	237	W. Humboldt
				238	Petavius
				239	Santbech
				240	Colombo
				241	Goclenius
				242	Gutenberg
				243	Messier & Messier A
				244	Vendelinus
				245	Langrenus
				246	Ansgarius
				247	La Pérouse
				248	Kästner

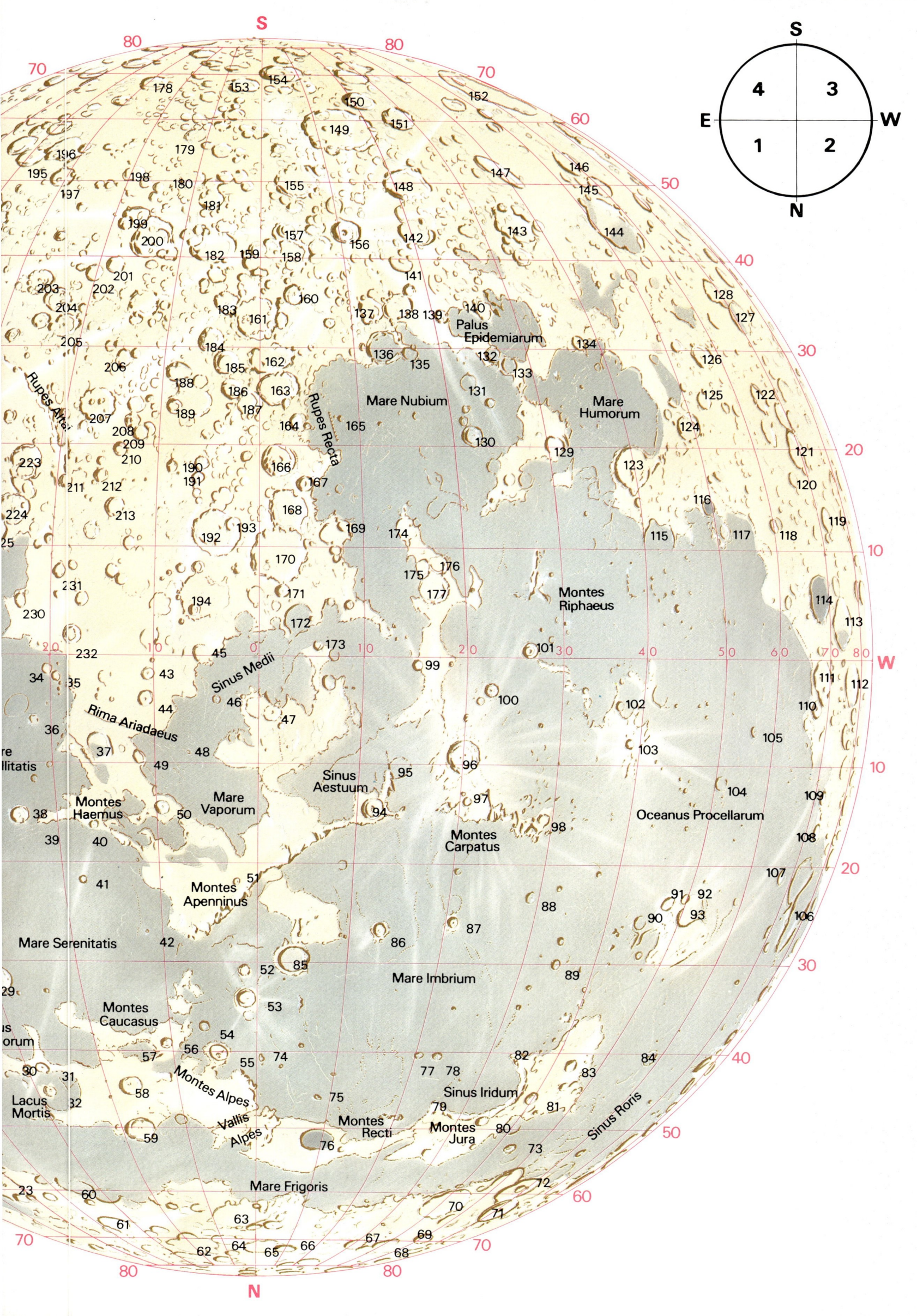

Planetenbahnen

Die Erde dreht sich rechtläufig, d.h. vom Nordpol aus gesehen entgegen dem Uhrzeigersinn, um ihre Achse, und in derselben Richtung läuft sie auch um die Sonne. Dasselbe gilt für die Planeten. Nur Venus dreht sich in umgekehrter Richtung. Normalerweise scheint sich ein Planet am Himmel gegenüber den Fixsternen in östlicher Richtung zu bewegen, ebenso wie das auch Sonne und Mond tun. Jedoch wächst die Dauer eines Umlaufs (das „Jahr") nach dem 3. Keplerschen Gesetz mit der Entfernung eines Planeten von der Sonne. (Das Quadrat der Umlaufzeiten verhält sich wie die 3. Potenz der Entfernungen.) Deshalb überholt die Erde die weiter außen laufenden Planeten ständig, und sie wird von den weiter innen laufenden (Venus und Merkur) überholt. So entsteht der Eindruck, daß alle Planeten in gewissen Zeitabständen ihre Bewegungsrichtung am Himmel umkehren (rückläufig werden) und sich von Ost nach West bewegen. Wir sagen, daß die Planeten an den Punkten ihrer Umkehr stationär sind. Bei den beiden inneren Planeten sind dies zugleich die Positionen ihres größten Winkelabstands (Elongation) von der Sonne. Dann sind sie am Abend- oder Morgenhimmel am günstigsten zu sehen.

Die äußeren Planeten kann man am besten bei ihrer Opposition beobachten, wenn sie gegen Mitternacht den Südmeridian kreuzen. Nun sind aber

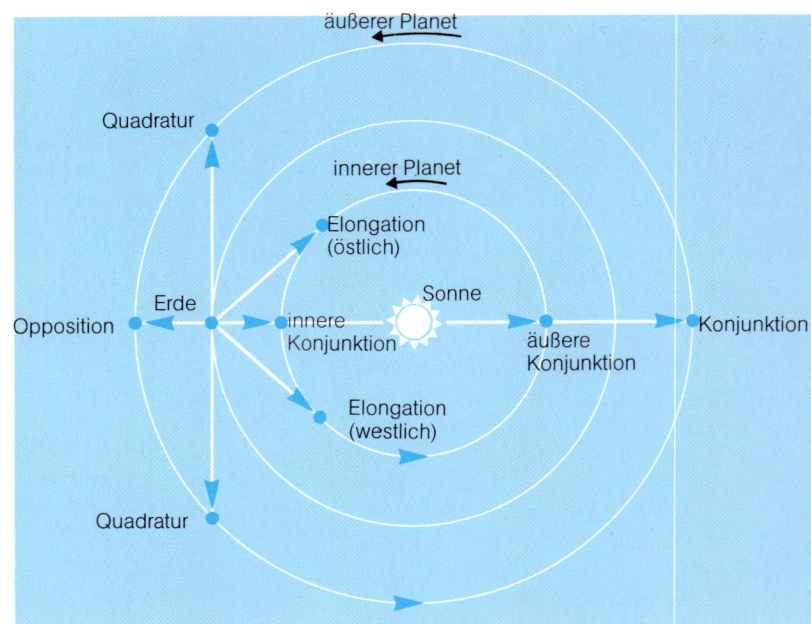

Bedeutung der Bezeichnungen für die verschiedenen Stellungen der Planeten in bezug auf die Sonne und die Erde.

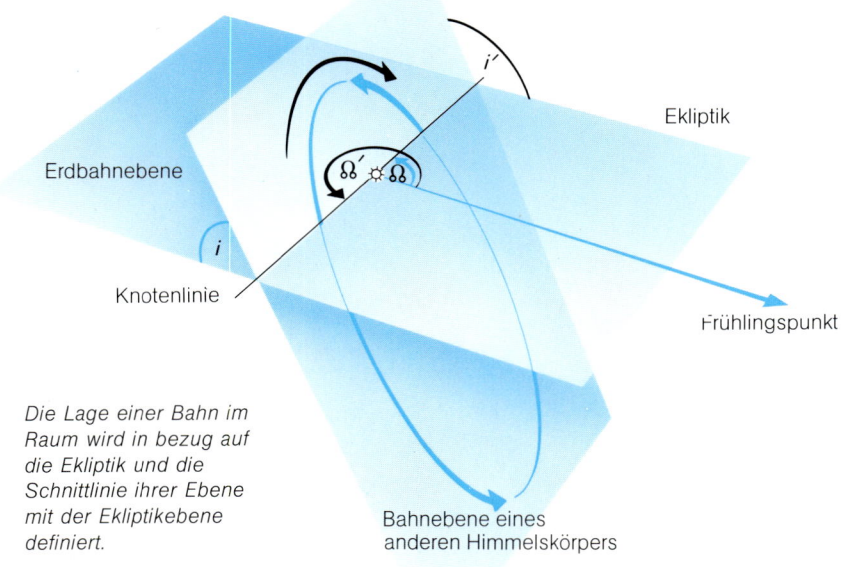

Die Lage einer Bahn im Raum wird in bezug auf die Ekliptik und die Schnittlinie ihrer Ebene mit der Ekliptikebene definiert.

Unten:
Die Bahnen aller Objekte im Sonnensystem haben die Sonne in einem Brennpunkt ihrer Ellipse.

Ganz unten:
Die Verbindungslinie zwischen Sonne und Planet überstreicht in gleichen Zeiten gleich große Flächen. Deswegen bewegt sich der Planet in Sonnennähe rascher.

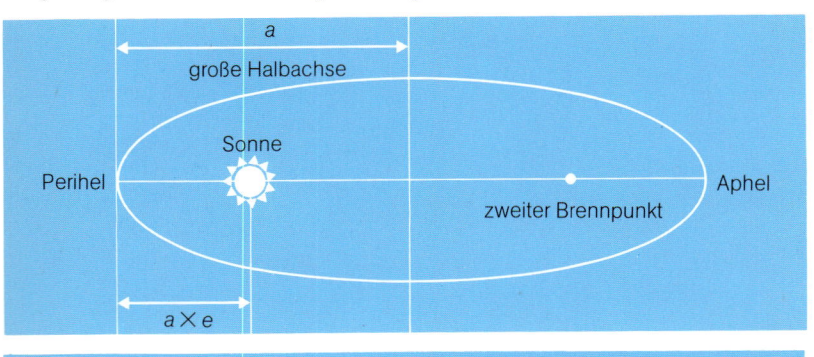

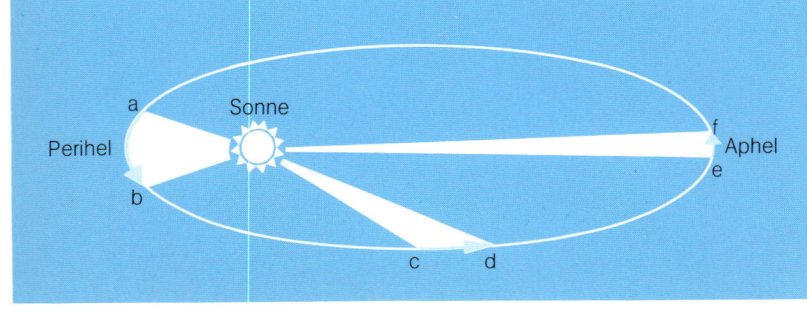

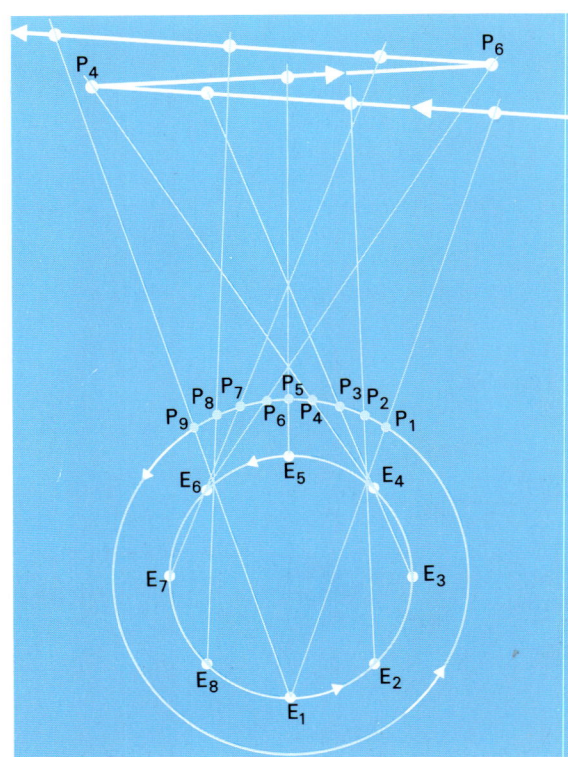

Während die Erde sich auf ihrer Bahn von E_1 bis E_8 bewegt, scheint ein äußerer Planet zeitweise, nämlich zwischen P_4 und P_6 rückläufig zurückzuweichen. Seine Spur am Himmel ist dabei häufig eine Art Schleife.

alle Planetenbahnen Ellipsen, und deswegen ist die Entfernung Erde–Planet nicht bei jeder Opposition die gleiche. Entsprechend ändert sich der scheinbare Durchmesser des Planetenscheibchens. Am günstigsten ist es, wenn die Erde bei der Opposition im Aphel (sonnenfernster Punkt) und der Planet im Perihel (sonnennächster Punkt) steht. Das wirkt sich besonders bei Mars aus, weil hier die relative Abstandsänderung am größten ist. Entsprechendes gilt für die Planetoiden, deren Bahnen fast ganz zwischen Jupiter und Mars verlaufen. Sie sind meist sehr lichtschwach, und man sieht sie genauer nur um die Zeit ihrer Opposition. Da sie dann in der Nähe ihres Perihels sind, erreichen ihre Geschwindigkeiten dann ihr Maximum, und sie bewegen sich sehr rasch am Himmel.

Die Kometen nähern sich der Sonne aus allen Richtungen. Ihre Bahnen sind statistisch verteilt, und viele bewegen sich – im Gegensatz zu den Planeten – in rückläufiger Richtung. Außerdem sind ihre Bahnen sehr langgestreckte Ellipsen. Einige haben daher Umlaufzeiten von vielen zehntausend Jahren. Ihre Periheldistanzen besitzen sehr unterschiedliche Werte. Es gibt Kometen, die in die Sonne gestürzt sind, während sich andere uns nur bis auf sechs oder sieben astronomische Einheiten nähern.

Planetenörter

Das Diagramm auf dieser und der nächsten Seite gibt eine Übersicht über die Stellung der fünf großen Planeten am Himmel für die Zeit bis zum Jahr 2000. Die diagonalen Streifen zeigen die Konstellationen auf der Ekliptik und sind durch die üblichen Abkürzungen für die Sternbilder gekennzeichnet (S. 67). Skorpion und Ophiuchus wurden zusammengezogen, aber sonst ist die Breite der Streifen ein Maß für das Längenintervall auf der Ekliptik, welches das betreffende Sternbild überdeckt.

Die Position der Sonne wird durch die vertikale Linie in der Mitte des Diagramms markiert. Die *Elongationen* der Planeten östlich oder westlich von der Sonne werden in Grad auf der Ekliptik gemessen (Skala am oberen Rand der Abbildung). Wenn man auf dem Diagramm entlang einer Horizontalen von rechts nach links geht, erhält man für ein bestimmtes Datum (linker Rand) die Reihenfolge der Planetenaufgänge. Planeten sind unsichtbar, wenn sie in Richtung der Sonne stehen (*Konjunktion*), d. h. wenn ihre Spur die vertikale Mittellinie kreuzt. Sie sind erst wieder zu sehen, wenn sie aus der Zone mit Elongationen kleiner als 10° (blauer Streifen) heraustreten. Objekte mit westlicher Elongation gehen vor der Sonne auf und stehen am Morgenhimmel, solche mit östlicher Elongation sind abends nach Sonnenuntergang zu sehen. Merkur und Venus sind in unterer Konjunktion, wenn sie sich zwischen Sonne und Erde befinden. Sie bewegen sich dann am Himmel rückläufig von links nach rechts in westlicher Richtung. Bei der oberen Konjunktion (Sonne zwischen Erde und Planet) gilt das Umgekehrte. Ein äußerer Planet erreicht seine Opposition, wenn seine westliche Elongation 180° beträgt (rechter Rand des Diagramms). Er zieht sich anschließend immer weiter an den Abendhimmel zurück (östliche Elongation), bis er nach einigen Monaten in Konjunktion steht.

Die beiden inneren Planeten Merkur und Venus zeigen Phasen, wie wir sie vom Mond kennen. Sie sind „voll" bei oberer Konjunktion, und ihr scheinbarer Durchmesser erreicht dann sein Minimum. Wenn die Entfernung zwischen Planet und Erde dann abnimmt und sich der Planet seiner unteren Konjunktion nähert, wird er immer sichelförmiger, nimmt aber gleichzeitig an (scheinbarem) Durchmesser zu. Schließlich wird er als große, schmale Sichel unsichtbar. Die äußeren Planeten zeigen dagegen kaum eine Phasenänderung, sie erscheinen uns immer fast als volle Scheibe. Nur Mars ist uns so nahe, daß ein Teil seiner nicht beleuchteten Fläche sich zeitweise bemerkbar macht.

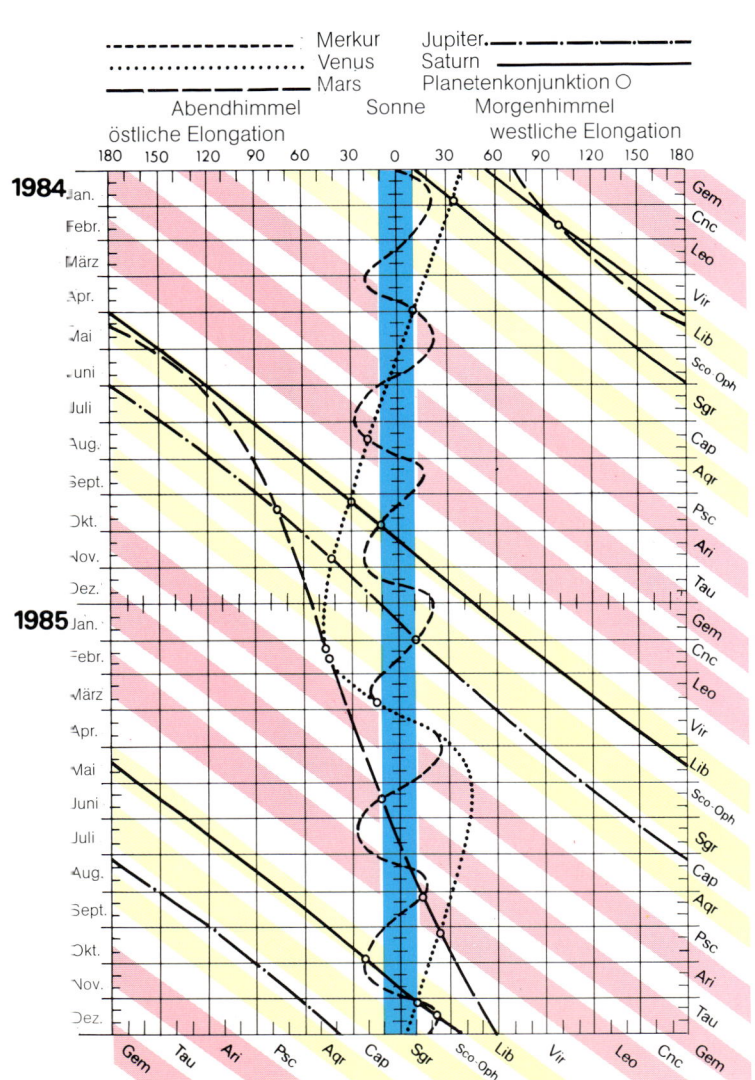

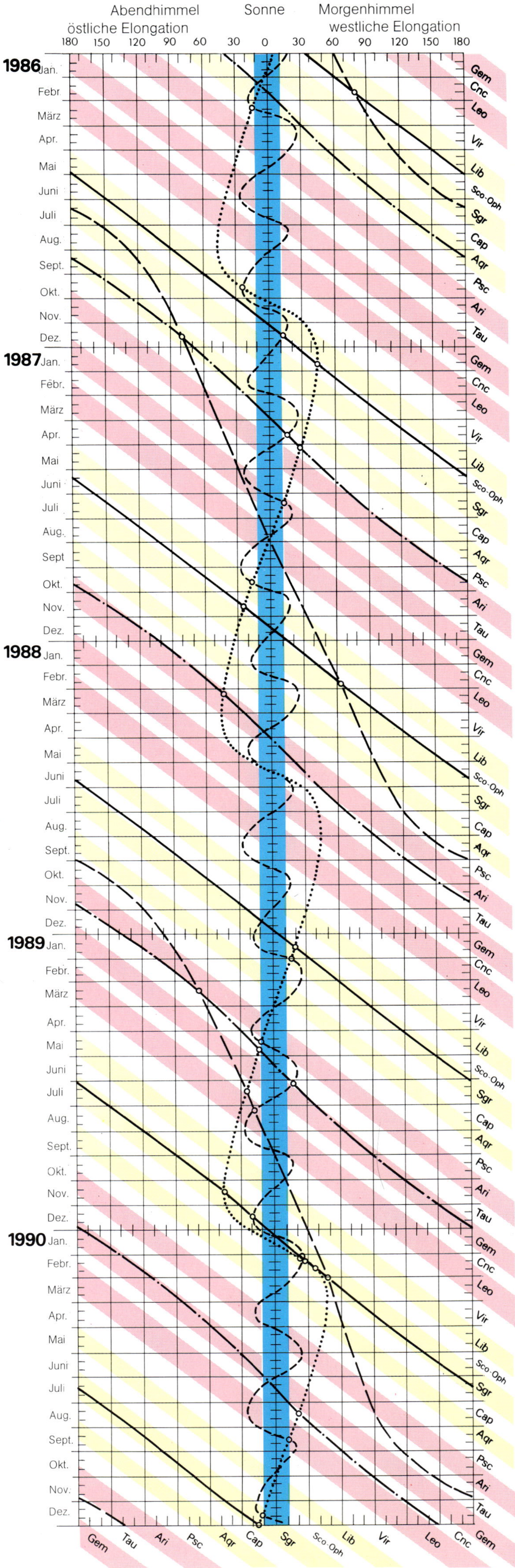

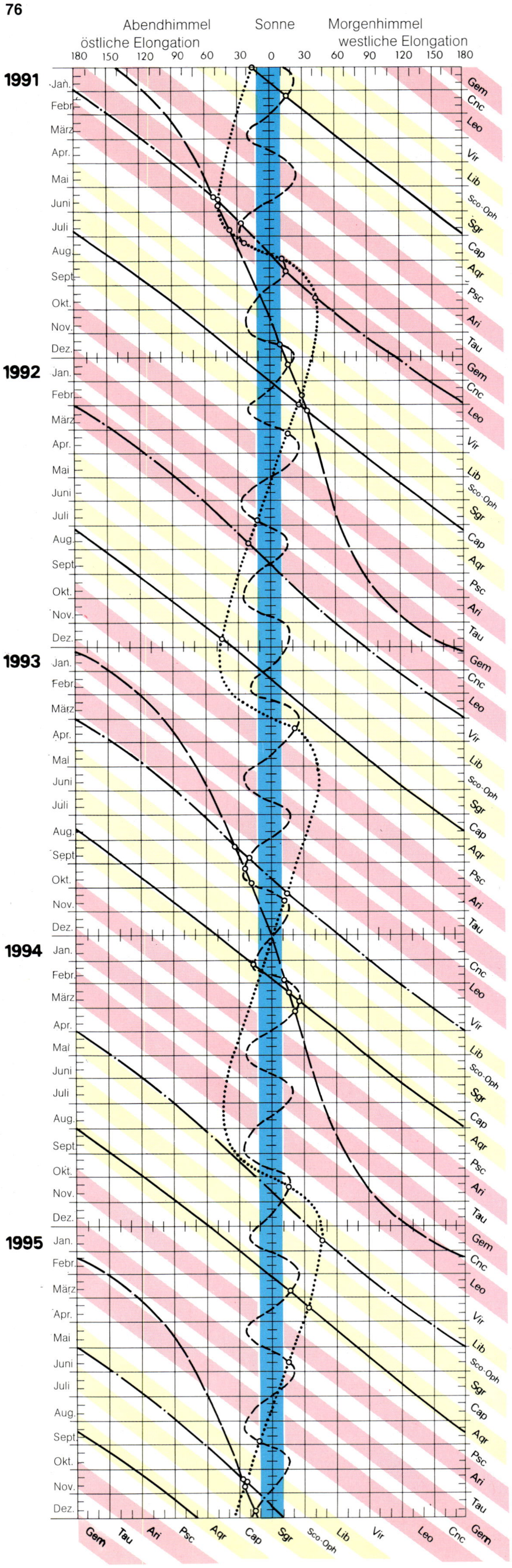
Abendhimmel
östliche Elongation
Sonne
Morgenhimmel
westliche Elongation
180 150 120 90 60 30 0 30 60 90 120 150 180
1991
1992
1993
1994
1995
Jan.
Febr.
März
Apr.
Mai
Juni
Juli
Aug.
Sept.
Okt.
Nov.
Dez.
Gem Cnc Leo Vir Lib Sco·Oph Sgr Cap Aqr Psc Ari Tau
Gem Tau Ari Psc Aqr Cap Sgr Sco·Oph Lib Vir Leo Cnc Gem

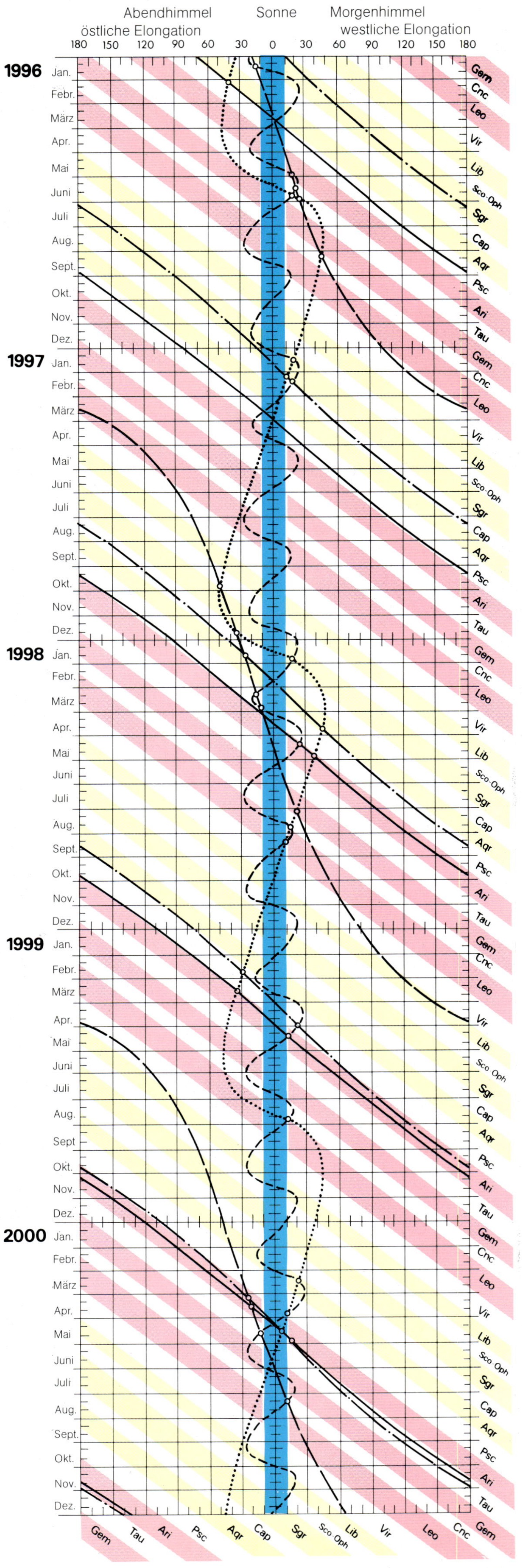
Abendhimmel
östliche Elongation
Sonne
Morgenhimmel
westliche Elongation
180 150 120 90 60 30 0 30 60 90 120 150 180
1996
1997
1998
1999
2000
Jan.
Febr.
März
Apr.
Mai
Juni
Juli
Aug.
Sept.
Okt.
Nov.
Dez.
Gem Cnc Leo Vir Lib Sco·Oph Sgr Cap Aqr Psc Ari Tau
Gem Tau Ari Psc Aqr Cap Sgr Sco·Oph Lib Vir Leo Cnc Gem

Mars

Mars ist ein dankbares Beobachtungsobjekt. Seine Rotationsperiode ist der unseren sehr ähnlich (24,6 Stunden). Schon bei kurzer Beobachtungszeit kommen immer neue Oberflächenpartien in unser Gesichtsfeld. Auch von Nacht zu Nacht sehen wir andere Gebiete. Überall erscheint die Scheibe rötlich-orangefarben. Meistens kann man dunklere Strukturen darauf erkennen. Einige besonders auffallende bleiben Jahr für Jahr nahezu unverändert, aber Einzelheiten können sich ändern, wenn der Wind auf dem Mars Material von einer Region in eine andere transportiert. Zeitweise sind große Sandstürme beobachtet worden, die weite Gebiete in einen gelblichen Schleier einhüllen. Solche Stürme können sich über den gesamten Planeten ausbreiten, so daß die ganze Oberfläche unter einer strukturlosen Wolkenschicht verborgen wird.

Die polaren Eiskalotten erkennt man als helle Flecken. Man sieht aber jeweils nur eine, da die Rotationsachse des Mars nicht senkrecht auf der Ekliptik steht. Die Größe dieser Polkappen ändert sich mit der Jahreszeit auf dem Mars. Ihr Schrumpfen im Marsfrühling und Sommer läßt sich häufig beobachten, aber Details in der Ausbreitung werden oft durch eine Wolkenkappe über den Polen verborgen, die sich im Marsherbst entwickelt. Auch an anderen Stellen der Marsoberfläche kann man manchmal Wolken sehen, vor allem in der Nähe der morgendlichen Schattengrenze zwischen Nacht und Tag, wo sie sich erst im Verlauf der Tageserwärmung durch die Sonne auflösen.

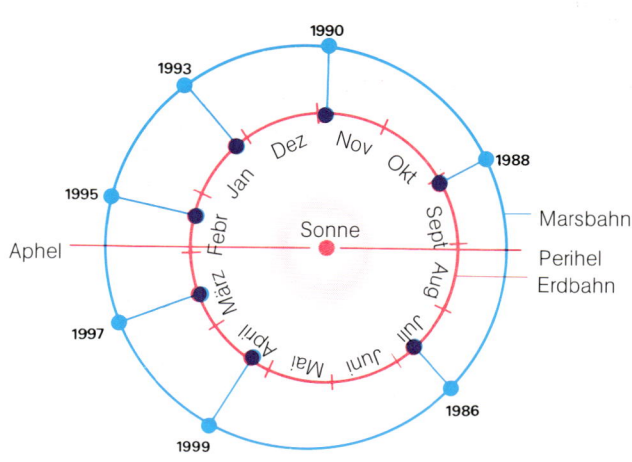

◀ *Die Zeichnungen zeigen das Schrumpfen der südlichen Polkappe auf dem Mars.*

Die Marsoppositionen der Jahre 1986 und 1988 sind etwa gleich günstig. Die von 1980 war so ungünstig wie nur möglich.

Jupiter

Die auffallendsten Strukturen auf der wolkenbedeckten Oberfläche des Jupiter sind die dunklen Streifen, die Polargebiete und die hellen Zonen. Alle diese groben Strukturen weisen viele feine Details auf. Man erkennt zahlreiche Filamente und Flecken, deren Form und Intensität sich ständig verändern. Der berühmte *Große Rote Fleck* ist seit mindestens 300 Jahren beobachtet worden, aber während dieser Zeit hat er sich erheblich verändert und scheint jetzt allmählich schwächer zu werden. Die schnelle Rotation des Planeten (rund $9^h 50^m$ am Äquator) bewirkt, daß das Aussehen der Planetenscheibe laufend wechselt. Zeichnungen, die genau sein sollen, müssen deshalb sehr rasch angefertigt werden.

Fast ebenso faszinierend wie der Planet sind seine vier großen Satelliten *Io, Europa, Ganymed* und *Kallisto*. Man kann sie schon mit einem gewöhnlichen Fernglas sehen. Mit etwas größeren kann man beobachten, wie sie vor der Planetenscheibe vorbeiwandern (*Durchgang*) oder wie sich ihr Schatten auf den Planeten projiziert (*Schattendurchgang*). Außerdem können die Satelliten hinter dem Planeten verdeckt werden (*Bedeckung*) oder in seinen Schatten eintauchen (*Finsternis*).

Eine Amateurzeichnung von Jupiter zeigt die komplexen Einzelheiten auf seiner Scheibe und den Schatten eines Mondes.

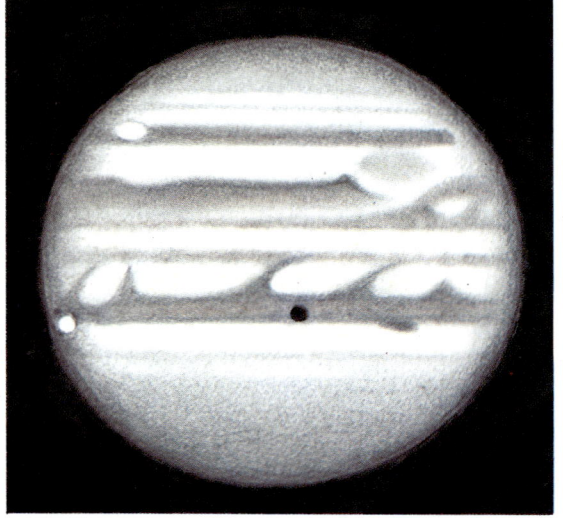

Gürtel des Jupiter (B), Polarregionen (PR) und Zonen (Z):
E = Äquator;
N = Nord;
S = Süd;
T = gemäßigt;
Tr. = tropisch.
GRS = Großer Roter Fleck.

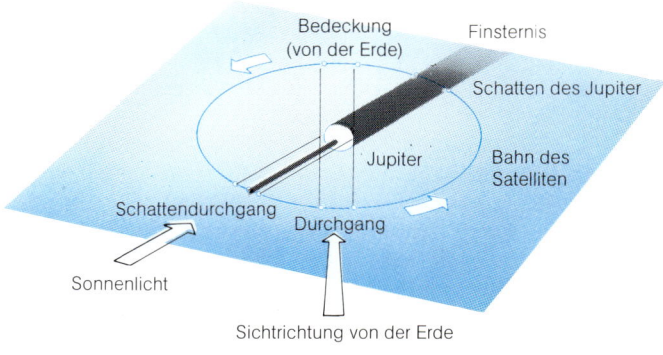

Eine schematische Zeichnung zeigt die verschiedenen Stellungen der Jupitermonde und die dabei auftretenden Phänomene.

Saturn

Saturn zeigt wie Jupiter ein System heller und dunkler Streifen auf seiner Oberfläche. Weitere Strukturen sind meist schwer zu erkennen, da sie unter einer Dunstschicht liegen. Um so wichtiger werden Beobachtungen, wenn diese Strukturen einmal sichtbar sind. Der Planet entschädigt uns allerdings durch seine wunderbaren Ringe. Man kann die beiden Hauptringe A und B, die durch die *Cassinische Teilung* voneinander getrennt werden, leicht erkennen. Der C-Ring (*Kreppring*) innerhalb des B-Ringes ist schwerer zu beobachten. Obwohl diese Ringe äußerst dünn sind (höchstens einige 100 Meter), kann man ihren Schatten auf der Planetenoberfläche häufig sehen. (Der Schatten, den der Planet auf die Ringe wirft, ist zwar immer vorhanden, aber man sieht ihn kaum, wenn die Erde gerade in der Ringebene steht.)

Saturn hat wie Jupiter mehrere Satelliten, die in kleinen Fernrohren sichtbar werden. *Titan* und der Jupitermond *Ganymed,* die beiden größten Monde des Sonnensystems, übertreffen sogar den Planeten Merkur an Größe. Titan hat eine scheinbare Helligkeit von etwas weniger als 8. Größe.

Dieses Foto wurde aus mehreren von der Erde aus gemachten Aufnahmen zusammengesetzt. Es zeigt etwa dieselben Einzelheiten, die man auch mit kleinen Teleskopen auflösen kann.

26.4°

Ekliptik

Die Polachse des Saturn ist um gut 26° gegen die Ekliptik geneigt. Aber zweimal im ,,Saturnjahr'' sehen wir auf die Kante des Ringes, und dann wird er für uns unsichtbar.

Die übrigen Planeten

Von den restlichen Planeten ist *Venus* wohl am interessantesten. Ihre scheinbare Größe und ihr Aussehen ändern sich ständig während ihres Umlaufs um die Sonne, und mit einem guten Fernglas kann man ihre sichelförmigen Phasen erkennen. Sie kann äußerst hell werden (m = −4) und ist dann manchmal am Taghimmel zu sehen. Leider ist ihre Oberfläche ständig unter einer dicken Wolkenschicht verborgen, deren Oberseite nur wenig Einzelheiten aufweist. Hin und wieder sind hellere Flecken und dunklere Schattierungen zu sehen.

Merkur läßt sich nur schwer beobachten, weil er sich nie weit von der Sonne entfernt. Am besten sucht man ihn bei seiner Elongation, oder wenn er in der Nähe eines anderen Planeten steht (s. die Schnittpunkte zweier Planetenspuren im Diagramm auf S. 75 bis 76). Wie Venus zeigt auch Merkur Phasen, der Durchmesser seines Scheibchens am Himmel ist aber zu klein, um Einzelheiten erkennen zu lassen.

Uranus, der auf Saturn folgende Planet, ist gerade noch mit bloßem Auge zu erkennen. Mit einem Fernglas kann man ihn gut beobachten. Seine Scheibe erscheint in einem fahlen Blaugrün, und nur die größeren Teleskope können für einen guten Beobachter ein schwaches Streifensystem auflösen. Als einziger im Planetensystem weist er eine sehr hohe Neigung seines Äquators (98°) gegen die Ekliptik auf, die Polachse liegt also praktisch in der Ekliptikebene. Deswegen weisen seine Pole zeitweise direkt in Richtung zur Sonne.

Als letzter der vier großen Gasriesen folgt *Neptun*. Er erreicht bei seiner Opposition fast die 8. Größe, so daß man ihn mit einem durchschnittlichen Fernglas finden kann, wenn man seine Position ungefähr kennt. Einzelheiten sind auf seiner kleinen Scheibe nicht zu erkennen.

Normalerweise ist *Pluto* der äußerste Planet. Da aber seine Bahn sehr exzentrisch ist, läuft er augenblicklich innerhalb der Neptunbahn. Er ist sehr klein und sehr lichtschwach (Oppositionshelligkeit etwa m = 15). Deshalb braucht man größere Teleskope und genaue Karten, nur um ihn zu finden. Keiner der Satelliten dieser äußeren Planeten Uranus (5), Neptun (2) und Pluto (1) ist mit kleineren Fernrohren zu sehen.

Zwischen Mars und Jupiter liegt das Gebiet der *Planetoiden* (oder *Astero-*

iden, wie man sie wegen ihres sternartigen Erscheinungsbildes auch nennt). Wir kennen heute mehr als 1000, und sicher ist dies erst ein kleiner Bruchteil ihrer Gesamtzahl. Alle sind klein, der größte, *Ceres,* hat einen Durchmesser von etwa 1000 km. Deshalb sind die meisten auch sehr lichtschwach. Nur etwa 20 werden bei ihrer Opposition heller als 10. Größe.

Die Bahnen von Uranus (unten) und Neptun (oben).

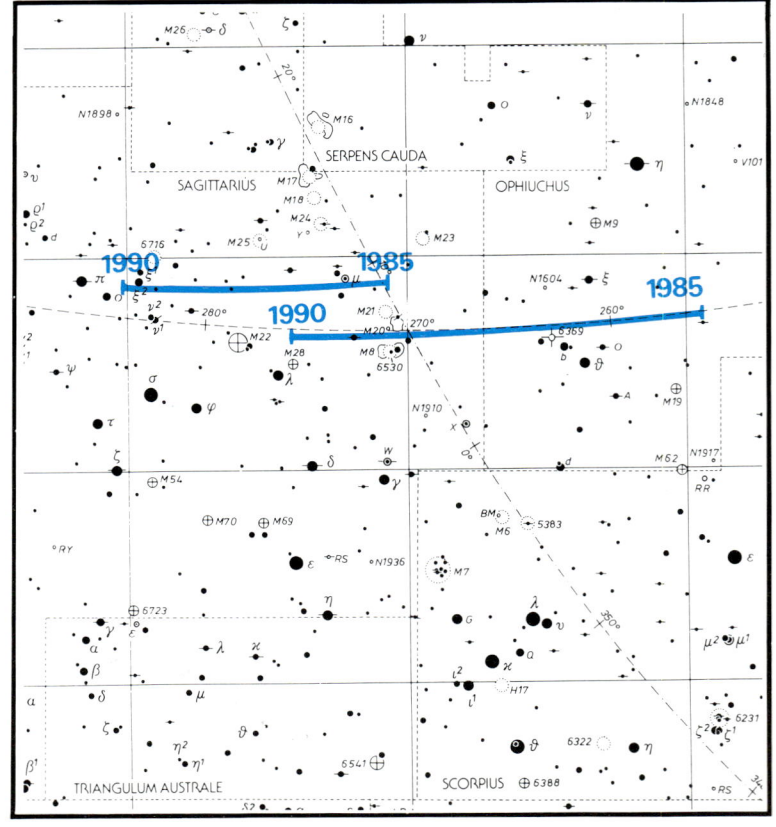

Kometen und Meteore

Die Kometen geben immer noch viele Rätsel auf, weil sie unvorhergesehen und an jeder Stelle des Himmels auftauchen können. Manche bleiben nahe bei der Sonne und sind deshalb schwer zu beobachten. Nur wenige werden bei ihrem Schwung um die Sonne auffallend hell. Alle periodischen Kometen, deren Bahnen wir genau kennen, sind sehr lichtschwach und wenig spektakulär. Es ist ein wesentlicher Grund für die Berühmtheit des HALLEYschen Kometen, daß er sehr hell ist und wir seine Wiederkehr vorausberechnen können. Man weiß niemals genau, wie sich ein Komet im einzelnen entwickelt. Alle haben einen Kopf, die *Coma,* die aus Material besteht, das der Kern ausgeworfen hat. Dieser kleine Kern besteht aus gefrorenen Gasen und Staubpartikeln. Bei manchen Kometen ist das bereits alles, und sie erscheinen uns dann nur als kleine, verwaschene Lichtfleckchen. Einige jedoch entwickeln einen Schweif, der bei manchen nur eine dünne Lichtspur ist, bei anderen aber auch zu einer spektakulären leuchtenden Fahne aus Gas und Staub werden kann. Manchmal sieht man in der Coma eine punktförmige Helligkeitskonzentration, die den Ort des Kerns angibt. Bei jeder Wiederkehr verlieren die Kometen Materie. Die Staubteilchen bleiben auf Keplerbahnen und zerstreuen sich allmählich über ein größeres Gebiet. Wenn sie in die Erdatmosphäre geraten, glühen sie als Meteore. Die meisten Meteore tauchen sporadisch auf. Außerdem passiert die Erde aber in jedem Jahr mehrmals einen dichteren Meteorstrom, es kommt zu den bekannten periodischen Meteorschauern. Einige lassen sich eindeutig bestimmten Kometen zuordnen, z. B. die *Orioniden* dem HALLEYschen Kometen. In anderen Fällen kennt man keine zugehörigen Kometen. Die Anzahl der Meteore pro Schauer ist keineswegs konstant, obwohl einige Schauer wie z. B. die *Perseiden* ziemlich gleichmäßig eine große Anzahl von Sternschnuppen erzeugen. Die *Leoniden* sind eine spektakuläre Ausnahme. Normalerweise sind sie schwach, aber etwa alle 33 Jahre (der Umlaufszeit des Mutterobjekts) können sie sehr auffallend werden. Im Jahre 1966 stieg die stündliche beobachtete Zahl der Sternschnuppen für etwa 20 Minuten auf eine Rate von rund 150 000 pro Stunde.

Der Komet West zeigt auf diesem Foto zwei Schweife: den schmalen Gasschweif, der fast genau von der Sonne weg gerichtet ist, und den breiten Staubschweif, der mehr in Richtung der Bahnbewegung nachgeschleppt wird.

Die größten Meteorströme*

Name	Datum des Maximums	normale Zeitspanne	ZHR*	Radiant RA h	m	Dec °	Bemerkungen
Quadrantiden	4. Jan.	1.–6. Jan.	80	15	30	+50	Blaue Meteore mit schmaler Spur – viele schwache Meteore
η-Aquariden	5. Mai	1.–8. Mai	40	22	27	00	Meteore mit anhaltender Spur
δ-Aquariden	28. Juli	15. Juli–15. Aug.	35	22	39	00	Doppelter Radiant; Meteore mit langen Spuren
				22	36	−17	
Perseiden	12. Aug.	25. Juli–18. Aug.	100	03	08	+58	Schöner Strom; viele helle Meteore mit mit anhaltender Spur
Orioniden	21. Okt.	16.–26. Okt.	20	06	27	+15	Meteore mit anhaltender Spur
Tauriden	8. Nov.	20. Okt.–30. Nov.	12	03	47	+14	Doppelter Radiant; helle Meteore
				03	47	+22	
Leoniden	17. Nov.	15.–19. Nov.	10	10	11	+22	Nicht regelmäßig auftretender Strom; eine ZHR** um 10 ist normal, aber alle 33,3 Jahre verstärkte Aktivität. Große Aktivität 1799, 1833, 1866 und 1966 – als die maximale ZHR** etwa 150 000 betrug und etwa 20 Minuten anhielt.
Geminiden	14. Dez.	7.–15. Dez.	60	07	31	+32	

*Eine ausführliche Liste (einschl. vieler kleinerer Ströme) enthält das jährlich erscheinende Handbuch der „British Astronomical Association".

**Die stündliche Rate (Zenithal Hourly Rate, ZHR) ist die errechnete, pro Sekunde auftretende Sternschnuppenzahl für einen Beobachter, der den Radianten im Zenit hat. (Die tatsächlichen Raten können davon von Jahr zu Jahr erheblich abweichen, und die angegebenen Werte sollen nur einen Eindruck von der durchschnittlichen Aktivität vermitteln.)

Halleyscher Komet

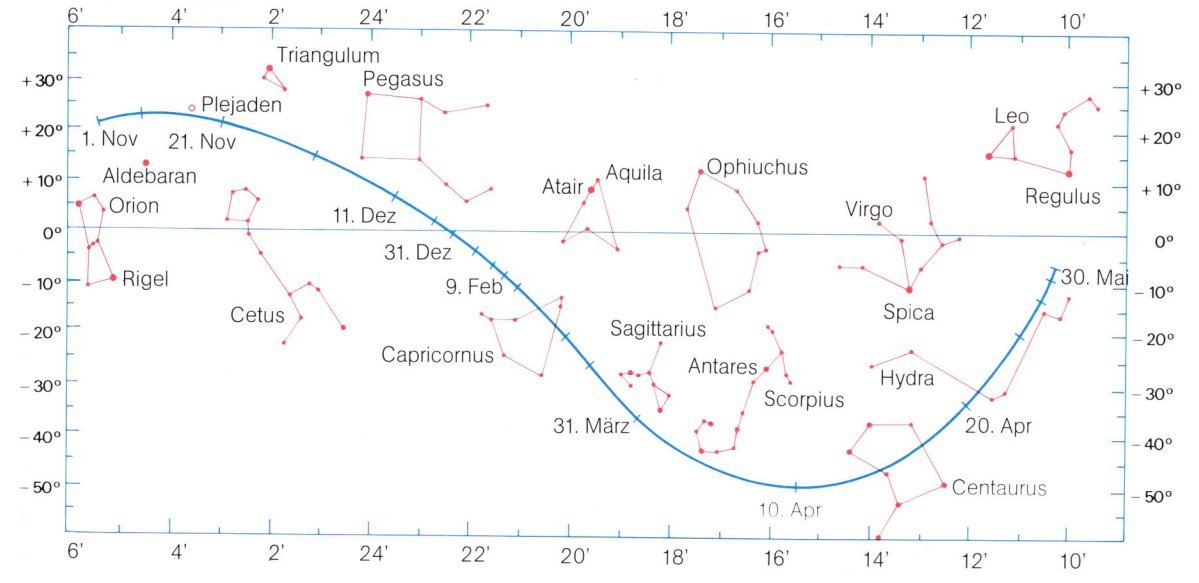

Die scheinbaren Bahnen der Kometen am Himmel sind oft über längere Zeiten rückläufig und können in große Entfernungen von der Ekliptik führen, wie z. B. die des Halleyschen Kometen in den Jahren 1985/86.

Mit Kosmos einen Schritt näher zum Kosmos

Cambridge Fotoatlas der Planeten

Das neue Bild des Sonnensystems

Ein wissenschaftlich exaktes Standardwerk, das die neuesten Ergebnisse planetengeologischer Forschung kompetent und verständlich darstellt! 255 Seiten, 239 z.T. farbige Abbildungen und Karten.

Percy Seymour — Astronomie ganz einfach

Bauen und Beobachten – Von der Sonnenuhr zum Spiegelfernrohr

Der beste Weg, sich die Welt der Sterne zu erschließen, ist der Selbstbau einfacher astronomischer Geräte. In 22 Kapiteln, die die Entwicklung der Astronomie durch die Jahrhunderte nachzeichnen, gibt dieses Buch Anleitungen fürs Bauen und Beobachten. 72 Seiten, 143 z.T. farbige Abbildungen.

MARS — Westliche und östliche Hemisphäre — Kosmos-Handkarte 1:23 500 000 — Hellmuth Wolf

ERDMOND — Vorderseite · Rückseite — Kosmos-Handkarte 1:12 000 000 — Hellmuth Wolf

Ein großes Programm

Immer den entscheidenden Schritt voraus

Astrofotografie durch die Modelle 2080 und 2120

Cassegrains, Refraktoren, Teleobjektive, Riesenangebot an Zubehör usw.
Bitte fordern Sie sofort gegen Voreinsendung von DM 4,– Schutzgebühr in Briefmarken (Ausland: 6 Int. Antwortscheine) unseren großen Katalog MEADE-Astrogeräte Neuausgabe Best.-Nr. 970 537 an.

**Wir bieten Fernrohre, Montierungen und reichhaltiges Zubehör für den anspruchsvollen Amateur. Unsere 50-jährige Erfahrung garantiert Ihnen erstklassige Beratung und Kundenservice.
Auszug aus unserem neuen Katalog (siehe abgebildete Musterseiten): Spiegelteleskope nach Newton, Schmidt-**

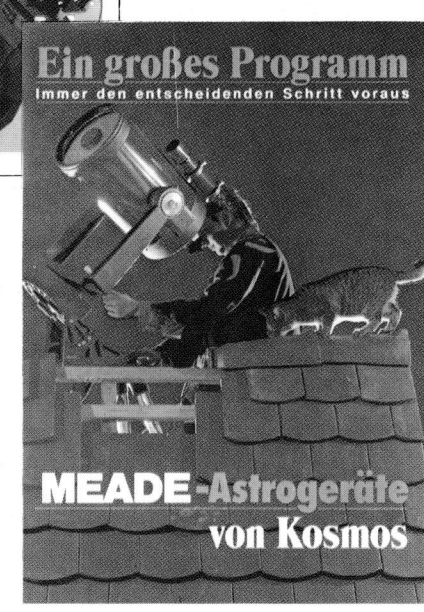

Ein großes Programm
Immer den entscheidenden Schritt voraus
MEADE-Astrogeräte von Kosmos

Meade — Alleinvertretung Deutschland und Österreich

KOSMOS SERVICE
POSTFACH 640 · 7000 STUTTGART 1

Unseren Sonderprospekt Selbstbauteile und Kosmos Selbstbaufernrohr (Best.-Nr. 970 320) erhalten Sie kostenlos unter obiger Adresse.

Mars
Westliche und östliche Hemisphäre
1:23 500 000. Karte offen: 109 × 66 cm; Textheft 44 Seiten.

Erdmond
Vorderseite – Rückseite
1:12 000 000. Karte offen: 109 × 66 cm; Textheft 73 Seiten. Die einseitig bedruckten Karten sind problemlos zu entnehmen und besonders einfach zu handhaben. Im umfangreichen Textheft wird alles Wichtige zum Thema erklärt.

J. Klepesta/A. Rückl
Kosmos-Himmelskarten
Nördlicher und südlicher Himmel. 2 Karten: Kosmos-Himmelskarte des nördlichen Himmels 1950.0 / Kosmos-Himmelskarte des südlichen Himmels 1950.0.
2 mehrfarbige Sternkarten, Format 76,5 × 88 cm offen, auf 25,5 × 22 cm gefalzt.

Das Himmelsjahr 1986 — Hans-Ulrich Keller — *SONNE, MOND UND STERNE IM JAHRESLAUF*

Das Kosmosbuch der Sterne — Colin A. Ronan
Eine Einführung in die Astronomie durch Beobachtung und Experiment

„…liest sich angenehm und vermittelt über das Grundlagenwissen hinaus auch schon eine ganze Reihe spezieller Kenntnisse…"
Stuttgarter Zeitung
208 Seiten, 536 z.T. farbige Abbildungen, 40 Sternkarten, 17 Tabellen.

Das Kosmosbuch des Weltalls — Colin A. Ronan
Vom Sonnensystem bis an die Grenzen des Universums

„…Eine interessante, leicht verständliche Einführung in ein schwieriges Thema."
Fuldaer Zeitung
208 Seiten, 419 z.T. farbige Abbildungen.

Hermann-Michael Hahn — Zwischen den Planeten — ASTRO KOSMOS
Kometen Asteroiden Meteorite

Eine umfassende Übersicht über das Wissen von der „Materie zwischen den Welten"! 208 Seiten, 41 Abbildungen.

Schwerpunktthemen: Quasare, Merkur und Venus vor der Sonnenscheibe etc. Neu: Aufsuchkarten für den HALLEY-schen Kometen, Tabelle der Merkur- und Venusdurchgänge, Sternzeittafel u.v.m. Ca. 160 Seiten, ca. 140 Abbildungen.

Prospekt kostenlos von Franckh/Kosmos, Postfach 640, 7000 Stuttgart 1.

FRANCKH KOSMOS Verlagsgruppe

In Ihrer Fach/Buchhandlung!